江苏省中小学教学研究重点自筹课题
“育人视角下科学探究实践活动质量监测评价研究”成果

科学核心概念
百词百问

单道华　主编

南京出版传媒集团 南京出版社

图书在版编目（CIP）数据

科学核心概念百词百问 / 单道华主编. -- 南京 : 南京出版社

ISBN 978-7-5533-4630-4

Ⅰ. ①科… Ⅱ. ①单… Ⅲ. ①科学知识-小学-教学参考资料 Ⅳ. ①G623. 63

中国国家版本馆 CIP 数据核字（2024）第 030599 号

书　　名　科学核心概念百词百问
编　　者　单道华
出版发行　南京出版传媒集团
南　京　出　版　社
社址：南京市太平门街 53 号　　邮编：210016
网址：http：//www. njcbs. cn　电子信箱：njcbs1988@ 163. com
联系电话：025-83283893、83283864（营销）　　025-83112257（编务）

出 版 人　项晓宁
出 品 人　卢海鸣
责任编辑　翟聪睿
装帧设计　张　淼　俞　朋
责任印制　杨福彬

排　　版　南京布克文化发展有限公司
印　　刷　南京玉河印刷厂
开　　本　787 毫米×1092 毫米　1/16
印　　张　15. 25
字　　数　230 千字
版　　次　2024 年 9 月第 1 版
印　　次　2024 年 9 月第 1 次印刷
书　　号　ISBN 978-7-5533-4630-4
定　　价　70. 00 元

用微信或京东 APP扫码购书

用淘宝APP 扫码购书

写在前面

2022年4月，教育部颁布了《义务教育科学课程标准（2022年版）》，从课程性质、课程理念、课程目标、课程内容、学业质量、课程实施方面做出纲领性规定。简单地说，新课标对学什么、学到什么程度、怎么学、怎么评做出规定。通过聆听课标编写专家的学习辅导报告，广大一线教师对新版课程标准核心变化形成整体认识。课标语言属于学术语言，并非课堂教学语言，适用于同行交流，不适用于具体课堂学习活动，不适合面对面、学为中心的教学场景。课程标准该如何学，才能转化为教师教学力？熟练背诵、倒背如流就能实现教学转化吗？答案是否定的。就认知水平而言，对课标内容能复述或再现，仅属于知识提取阶段，要达到知识应用水平必须经过知识理解和知识应用阶段。

核心素养时代和数字时代，科学知识的可靠性、实用性、跨学科性、精确性、创新性变得越来越重要。《义务教育科学课程标准（2022年版）》课程内容结构按13个核心概念平行展开，用4个跨学科概念联系起13个核心概念。小学阶段纵向学习进阶由54个一般概念和94个学习内容构成。每个核心概念包含的学习内容都通过简洁的科学词汇和科学陈述揭示。教师对这些科学词汇的理解越深刻，学生的概念发展进程越顺利，发展结果也越有成效。然而，教师对于13个核心概念所涉及的科学词汇、科学陈述的理解真的让人放心吗？事实是，迷思或多或少普遍存在于每一位专、兼职科学教师的认知体系中，主要表现在：对科学词汇边界认识不清，常窄化、泛化概念适用范围，影响课标精选知识的活化与跨学科应用；易混淆相近概念本质，用错地方或随意搭配，对合理解决问题造成干扰等。教师迷思概念的成因很复杂，与学生迷思概念的形成较相似：有的来自求学阶段不合理的教学所得，有的来自对科学概念不恰当的迁移，有的来自基于个人经验的自发建构，有的来自对他人观点不加思考的全盘接受，有的来自对教材的误读误解。

教师迷思概念对教学活动危害很大，不仅不能识别与转变学生迷思概念，甚至会导致新的错误概念，严重影响科学概念的发展和应用，以及思维方式、科学本质观的发展。提高科学教学质量的途径之一就是消除教师迷思概念和错误概念。然而，教师往往对自身的迷思概念并不自知。如何快速有效帮助教师检查个人现有科学知识的瑕疵？方法和载体并不唯一。例如，教材编写组会在教师用书中为每个单元提供一些参考资料，往往分散无序且偏重拓展；出版社按大学理科教材要求编撰教师继续教育读本，脱离课标、课堂，又过于繁难。究其本质，教师需要一个工具或载体来帮助检视自己的已有概念，进一步明确科学概念、规律、原理和这些知识的本质、现象、外延、实例、应用价值。为了帮助广大一线科学教师尤其是转岗教师、兼职教师深化与核心概念相关的科学认识，南京市小学科学单道华名师工作室于 2023 年启动了基于核心概念的新课标百问百答的编撰工作，尝试站在一线教师的视角，编撰一本适合一线科学教师提升基本科学背景的读本。

编撰读本、解读词汇对工作室的老师们来说是一项全新又富有挑战的工作。挑选出有必要解读的词汇不难，但词汇解读、问题回应如何科学、实用、浅易是面临的三大困难。通过行动研究我们将难点逐个击破。

科学是第一要求。科学解读词汇意味着必须借助可靠的解词工具，科学界定科学词汇的内涵或外延。为此，老师们学会使用《辞海》（第七版）、《中国大百科全书》（第三版）、《现代汉语词典》（第七版）、《义务教育科学课程标准（2022 年版）解读》等来检索，学会根据各种检索方法的优缺点选用它们，根据可靠性程度的高低选择更科学的表述。

实用、好用也是第一要求。实用意味着该读本要对澄清概念、设计教学活动有启发和帮助。不仅仅是给科学词汇下个定义，更要通过形成关联词串，多方面说明词汇所代表的事物是什么、在哪里、有什么用（正反事例），进一步凸显实用价值。好用意味着容易查找，方便自学。该读本以核心概念和重点词汇为线索，方便老师们按核心概念展开研习。

浅易意味着文字不能晦涩难懂，应尽可能降低阅读障碍，用直白的语言来说明事物的本质，不能用更多科学概念来解释某一个科学概念。在编撰时，老师们用较为直白的表述，替换同义拗口的表述，有效缓解了这个问题。

本词汇手册共收录了 500 余个词汇，100 余条问答，将同一核心概念中划定的重点词汇按相似、相近、相反、相关等联系结合成词串，予以结构化编排，先综述词串的联系，再从是什么、有什么用、相关事例等方面予以解释说明，尝试将精炼的专业语言转化为浅显易懂的交流语言。

读本是时间、心血和汗水凝成的。经过会议研讨、独立撰写、自主修订、交叉论证、领域审查和外部审查等程序，本书终于要和大家见面了。衷心希望本书能为广大一线小学科学教师优化基本科学知识、准确传达知识、改进科学教学提供帮助。

衷心感谢工作室 20 位精进向上的中青年科学教师，本书是全体成员勇于接受挑战、乐于奉献与合作的专业品质的真实体现；感谢天津领航科学名师的老师们，在对口交流活动中充分肯定了读本价值，给予我们信心和鼓舞；感谢南京师范大学教授何善亮、南师附中树人学校正高级教师朱文军、南京市教学研究室科学教研员徐燕（退休）、南京市第五中学高级教师鄂傲君应邀担任科学审查，以专业精神进一步提高了读本的可靠性。

您在使用过程中有任何存疑或感悟，欢迎与我们交流，您的反馈是我们改进的动力，您的参与更是我们进步的源泉。

南京市小学科学单道华名师工作室
2023 年 10 月 9 日

目录

核心概念一　物质的结构与性质

【重点词汇辨析】

【常见疑惑问答】

核心概念二 物质的变化与化学反应

【重点词汇辨析】

【常见疑惑问答】

核心概念三　运动与相互作用

【重点词汇辨析】

【常见疑惑问答】

核心概念四　能的转化与能量守恒

【重点词汇辨析】

【常见疑惑问答】

核心概念六　生物体的稳态与调节

【重点词汇辨析】

【常见疑惑问答】

【常见疑惑问答】

核心概念八　生命的延续与进化

【重点词汇辨析】

【常见疑惑问答】

核心概念十一　人类活动与环境

【重点词汇辨析】

【常见疑惑问答】

核心概念十三　工程设计与物化

核心概念一　物质的结构与性质

【内容标准与学业要求】

概念说明	世界是物质的，太阳系、地球、原子、基本粒子、电磁场等都是物质。不同组成与结构的物质具有不同的性质，物质的性质决定了其功能与用途。认识物质的组成、结构、性质及用途，有助于学生形成物质与能量、结构与功能、系统与模型、稳定与变化等跨学科概念。		
学习内容	**1—2 年级内容要求**	**3—4 年级内容要求**	**5—6 年级内容要求**
1.1　物质具有一定的特性与功能	①观察并描述物体的轻重、薄厚、颜色、表面粗糙程度、形状等外部特征，能根据物体的外部特征对其进行简单分类。 ②识别生活中常见的材料。	①能使用简单的仪器测量一些物体的长度、质量、体积、温度等常见特征，并使用恰当的计量单位进行记录。 ②能根据物体的特征或材料的性质将两种混合在一起的物体分离开来，如分离沙和糖、铁屑和木屑等。 ③描述某些材料的透光性、导电性，说出它们的主要用途。	①观察常见材料在水中的沉浮现象、导热性等，说出它们的主要用途。
1.2　空气与水是重要的物质	③认识空气是无色、无味的气体。 ④观察并描述水的颜色、状态、气味等特征。	④说明空气有质量并占有一定的空间，空气会充满各处。 ⑤观察并描述空气受热上升的现象。 ⑥知道风是一种空气流动的现象，列举生活中常见的形成风的一些方法。 ⑦说出冰、水、水蒸气在状态和体积等方面的区别，知道三者虽然状态不同，但都是同一种物质。 ⑧观察并描述水沸腾或结冰的现象。了解一般状况下，水沸腾和结冰时的温度，知道温度是影响水沸腾和结冰的重要因素。	②知道空气是一种混合物，含有氮气、氧气、二氧化碳等气体，空气中的氧气和二氧化碳对生命具有重要意义。 ③列举日常生活中水的蒸发和水蒸气凝结成水的实例，如晒衣服、雾、玻璃窗上的水珠等。

续表

学习内容	1—2年级内容要求	3—4年级内容要求	5—6年级内容要求
1.3 金属及合金是重要的材料	⑤举例说出生活中常见的金属，知道金属是常见的材料。		

	1—2年级	3—4年级	5—6年级
学业要求	能举例说出生活中常见物体和材料的外部特征；能说出空气和水的形态特点，知道金属是常见的材料。能依据一些外部特征对常见物体进行比较和分类。能利用感官和观察工具（如放大镜等）进行观察并描述，能口述或利用简单图形表达想法。能在好奇心驱使下，对事物外部特征表现出探究兴趣；能仔细观察和比较，如实表达观察到的现象；愿意使用工具辅助观察。	能举例说明物体具有长度、质量、体积、温度等特征；能说明某些材料的透光性、导电性等特性及其主要用途；能说出水有三种状态；能说出空气受热会膨胀，风是空气流动的现象。能比较水的三种状态的不同点，能利用证据说明空气占据空间、充满各处的性质等。能使用简单的仪器测量物体的长度、体积、温度、质量等；能用简单的物理方法把两种混合在一起的物体分离；能在教师指导下设计方案，观察空气受热上升的现象。对常见物体的特征和常见材料的性能表现出探究兴趣；认识到观察和测量的重要性，观察和测量的结果需要如实记录；能按要求进行合作探究学习；意识到各种材料对人们生活的意义。	能说明常见材料在水中的沉浮现象、导热性等及其用途；能解释水在日常生活中的三态变化现象及引起变化的主要因素，知道空气是一种混合物以及它的主要成分。能比较和分析常见材料在水中的沉浮现象、导热性；能以生活中的实例分析水的三态变化与温度的关系。能观察、描述常见材料的某些性能；能利用控制变量的方法设计方案并操作，探究不同材料在水中的沉浮现象和导热性等。认识到要基于证据判断物质的特性，面对有说服力的证据时能调整自己的观点；意识到水、空气是地球上十分重要的资源；发现材料的广泛用途，感受科学技术的发展对改善人们生活的作用。

7—9年级重点词汇：物理性质、化学性质、质量、密度、臭氧层、温室效应、吸附、沉淀、过滤、蒸馏、金属、非金属、合金、酸、碱、盐、酸碱指示剂、pH试纸、元素、元素符号、元素周期表、分子、原子、离子、微观粒子、

相对原子质量、相对分子质量、化学式、纯净物、混合物、单质、化合物、过滤、蒸发、结晶。

【重点词汇辨析】

1. 特征、性质、功能、用途

特征：通常指的是某个事物或物质可观察或可识别的特点、属性。例如，对于一个动物，其特征可以包括它的体形、毛色、眼睛的形状等。

性质：事物或物质本身所具有的根本属性，可以是物质的化学性质、物理性质、力学性质等。例如，对于一种物质，其性质可以包括熔点、沸点、密度、导电性、化学稳定性等。

功能和用途有一些相似之处，但也存在一些区别。

功能：通常指某个事物或系统所具备的能力、作用。它描述了事物的操作或执行方式，以及其在完成特定任务或满足特定需求时的能力。例如，手机的功能包括打电话、发送短信、拍照、浏览互联网等。

用途：强调事物的预期或实际使用场景、目的或目标。它强调事物的应用领域、功能的具体应用场景，例如，手机的用途可以是个人通信、商务沟通等。

功能强调操作和实现，而用途强调应用和目标。

2. 物理性质、化学性质

物理性质：物质的某种性质改变时，不涉及物质分子（或晶体）化学组成改变的性质。如聚集状态、密度、沸点、熔点、蒸气压、颜色、气味、硬度、导电性、溶解性、延展性、弹性和光学性质等。这些性质通常可以通过观察、测量和数值表示来描述。

化学性质：凡物质的某种性质必须在其分子（或晶体）起化学反应时方显示出来的，即属于化学性质，如氧化性、还原性、酸碱性、化学稳定性、可燃性、可溶性等。

物理性质和化学性质是描述物质特性的两个不同方面。物质的物理性质取决于分子之间的作用力；化学性质取决于组成物质的原子的核外电子得失能力，涉及物质分子化学组成的改变。

3. 质量、密度、体积

质量：物理学中的一个基本物理量，用于描述物体所具有的惯性和引力性质。质量可以简单地理解为物体所包含的物质量的多少，是物体固有的属性。在经典力学中，质量是一个物体抵抗受力和改变运动状态的量度。根据牛顿第二定律，质量越大的物体，在受到相同大小的力作用下，加速度越小，反之亦然。物体之间的万有引力也由他们的质量决定，物体之间的引力与它们的质量成正比。具有更大质量的物体会产生更大的引力，而具有较小质量的物体受到的引力则较小。在现有单位制下，实验证明，惯性质量和引力质量大小相等，所以不再区分它们而统称为质量。在国际单位制中，质量的单位是千克。

密度：单位体积某种物质的质量。本质上，密度反映了物质粒子之间的紧密程度或排列方式。密度大小等于物体的质量和其体积的比值。密度可以用来衡量物质的紧凑性和重量分布情况，同时也与物质的组成和结构有关。密度是物质的物理属性，不同物质具有不同的密度。密度对于物质的鉴别、浮力和沉浮以及材料工程等方面具有重要的意义。在国际单位制中，密度的单位是千克每立方米。

体积：几何学专业术语。当物体占据的空间是三维空间时，所占空间的大小叫作该物体的体积。在国际单位制中，体积的单位是立方米。

4. 元素、元素符号、元素周期表

元素：一般指化学元素，即具有相同的核电荷数（核内质子数）的一类原子的总称。元素无法通过化学反应进一步分解为更简单的物质，如碳、氧、硫、铁等。同一元素的原子具有相同的核电荷数（质子数），但可有不同的中子数。质子数相同、中子数不同的元素叫同位素。绝大多数元素都有若干个同位素。目前，已经发现和确认了 118 种元素，其中 94 种天然元素存在于地球上，其余的元素为人工合成。

元素符号：用以表示元素的化学符号，通常用元素的拉丁文名称的第一个字母来表示，如碳“C”。当第一个字母和其他元素相同时，则用该元素拉丁名称第一个字母的大写和第二个字母的小写表示，如铜“Cu”。

元素周期表：简称“周期表”，所有元素按原子序数顺序排列并表示化学元素属性周期性变化的表。形式很多，常见的是平面型长式周期表（长表）。表中将元素横排分为七个周期，纵列分为十八个分族。一般讲，同周期元素的属性依原子序数递增而递变，同族元素则具有大致相同的属性。

5. 分子、原子、离子、微观粒子

分子、原子、离子、基本粒子和微观粒子是物质组成的不同层次。

分子：物质中能独立存在并保持该物质所有化学特性的最小微粒。单质的分子由相同元素的原子组成，如 N_2、O_2 等；化合物的分子则由不同元素的原子组成，如 H_2O、CO_2、C_2H_5OH 等。大多数共价化合物的分子由原子通过共价键或配位键结合在一起。离子化合物则没有简单的分子，而是由相反电荷的离子聚集在一起，如 NaCl 等。

原子：组成单质和化合物分子的最小微粒。相同元素的原子组成单质，不同元素的原子组成化合物。原子由带正电荷的原子核和绕核运动着的、与核电荷数相等的电子所组成。原子核由带正电荷的质子和不带电荷的中子组成。原子的半径约为（2—3）$\times10^{-8}$ 厘米。各种元素的原子具有不同的平均质量和原子结构。原子的质量几乎全部集中于原子核，在一般化学反应中，原子核不发生变化。

离子：原子失去或获得电子后所形成的带电粒子。带电的原子团亦称“离子”。带一个或多个正电荷的称“正离子”，亦称“阳离子”，如 Na^+、NH_4^+、Fe^{3+}。带一个或多个负电荷的称“负离子”，亦称“阴离子”，如 Cl^-、SO_4^{2-}、CO_3^{2-}。离子所带的电荷数，代表该离子的价数。某些分子在特殊情况下，亦可形成离子，例如 O_2^{2+}。

微观粒子：一般指任一方向长度都小于 10 纳米，且具有特定性质的物质单元。包括电子、中子、质子、光子以及在宇宙射线和高能物理实验中发现的一系列粒子。每种粒子都有确定的质量、电荷、自旋、平均寿命等。至今科学家已发现 400 余种粒子。微观粒子的行为不能完全用经典物理学来描述，需要用量子力学的理论来分析。

6. 化学式、相对原子质量、相对分子质量

化学式：用化学符号表示各种物质的化学组成的式子。化学式通常使用元素符号和下标数字表示元素的原子数量。例如，H_2O 表示水，其中“H”表示氢元素，“O”表示氧元素，数字“2”表示氢原子的数量。化学式可以分为组成式、分子式、结构式等。

相对原子质量：化学中用来表示元素的质量的一种标准。相对原子质量指各种元素的相对质量。绝大多数的元素是由两种或两种以上的同位素组成。各元素的相对原子质量是它所含同位素以 $^{12}_{6}C=12.0000$ 作为标准所得的平均相对质量（同位素量的平均值）。例如氧的相对原子质量为 15.999 4、碳的相对原子质量为 12.011。相对原子质量在化学中具有重要作用，它用于计算化学反应中的物质的质量、摩尔质量和化学方程式的平衡。

相对分子质量：单质或化合物以分子形式存在时的相对质量，它是描述化合物分子质量的一种标准，即等于一分子中各组成元素的相对原子质量的总和。例如，水蒸气（H_2O）的相对分子质量是 $1.00794\times2+15.9994=18.01528$（氧的相对原子质量为 15.999 4，氢的相对原子质量为 1.007 94）。相对分子质量在化学中具有重要作用，它是比较和计算化合物质量的常用指标，有助于我们理解化合物的性质、反应和结构。

7. 成分、组成、结构

成分：一般指化合物或混合物中所含有物质（元素或化合物）的种类。有时也称“组成”。

组成：化合物、溶液或混合物中各个成分及其存在的相对量。用百分率来表示这个相对量的称“百分组成”，例如水的质量百分组成为：氢 11.2%，氧 88.8%。又如 10 克蔗糖溶解在 90 克水中的溶液，其质量百分组成为：糖 10%，水 90%。

结构：强调物质内部的排列、连接和组织方式。它描述了物质的空间构型、分子或晶体的排列方式以及它们之间的相互关系。例如，钻石和石墨的组成都是碳元素，但它们的结构不同，钻石由密排的碳原子构成，而石墨则是层状结构。

总结来说，成分、组成、结构相互关联，共同描述了物质的组合和特征，但

在侧重点和描述层面上略有不同。

8. 单质、化合物、纯净物、混合物

单质、化合物、纯净物和混合物是描述物质性质和组成的概念。

单质： 由同一种元素的原子所组成的均匀物质，是元素以游离状态存在的具体形式，如氧气、汞、石墨等。一种元素可能有几种单质，如白磷和红磷就是元素磷的两种单质。

化合物： 由两种或两种以上元素的原子或离子组合而成的物质，例如 CH_4、H_2O、$(NH_4)_2SO_4$ 等。每种化合物都具有一定的特性，既不同于它所含的元素或离子，亦不同于其他化合物。化合物的组成元素必须用化学方法才可分离。

纯净物： 由一种单质或一种化合物组成的物质，组成固定，有固定的物理性质和化学性质，有专门的化学符号，能用一个化学式表示。

混合物： 没有固定比例混合在一起的多种物质的集合体。彼此保留着原有的化学性质。一般可利用各种物理方法使其所含物质分开。例如，过滤可以去除水中的泥沙，蒸发海水可以制盐，在电磁场中可将铁屑与硫黄分开等。

纯净物可以是单质或化合物，而混合物是由多种物质组合而成，其组成和比例可以变化。

9. 电场、磁场、电磁场

电场： 传递电荷与电荷间相互作用的物理场，它是描述电荷周围空间中电力相互作用的一种概念。电荷周围总有电场存在，同时电场对场中其他电荷又有力的作用。电荷与观察者有相对运动时，则不仅有电场，还有磁场出现。除电荷可产生电场外，变化的磁场也可产生电场（电磁感应）。电场的概念在物理学中非常重要，它被广泛应用于电学、静电学、电动学等领域的研究和实际应用，例如电荷分布、电场力的计算、电场能量等。电场的理论和实验研究对于我们理解和应用电学现象具有重要意义。电场的强度和方向用电场强度表示，单位是牛顿/库仑（N/C）。

磁场： 电流、运动电荷、磁体或变化电场周围空间存在的一种物理场，可以对运动电荷或电流产生力的作用。通过磁感线可以表示磁场的方向和强度。磁感线从磁南极指向磁北极，形成一个闭合回路。磁感线越密集表示磁场越强。磁场的强度单位是特斯拉（Tesla，T）。磁场的概念在物理学中非常重要，它被广泛应用于电磁学、电动力学、磁共振等领域的研究和实际应用，例如电磁感应、磁力计的工作原理、电动机的运行等。

电磁场：相互依存的电场和磁场的总称。电场随时间变化时产生磁场，磁场随时间变化时又产生电场，两者互为因果，形成电磁场。变化的电场可能是由于变速运动的带电粒子所引起，变化的磁场可能是由于强弱变化的电流所引起。某处的电场或磁场一有变化，不论由于什么原因，都不能局限在一处，总是以光速向四周传播，形成电磁波。电磁场是物质存在的一种形式，具有质量、动量和能量。

10. 吸附、沉淀、过滤、蒸馏

吸附、沉淀、过滤和蒸馏是常用的物质分离和纯化技术，用于将混合物中的成分分离出来，获得目标物质或纯净物。

吸附：物质在两相界面处的浓度与体相浓度之间发生差异的现象。按界面性质，分气-液、气-固、液-液和液-固等吸附；按吸附力的性质，分物理吸附与化学吸附两类。气-固吸附在防毒、提纯气体和催化等方面有重要应用，液-固吸附主要应用在脱色、染色等方面。此外，固体若是离子交换树脂，则可对溶液中的离子进行交换吸附，广泛应用于分离及提纯电解质。

沉淀：从溶液中析出固体物质的过程，也指在沉淀过程中析出的固体物质。沉淀的产生是由于化学反应而生成溶解度较小的物质，或由于溶液中溶质含量超过了该温度调节下的溶解度。沉淀广泛应用于化学实验和生产实践中进行物质的分离。

过滤：一种分离悬浮在液体中的固体颗粒的方法，是液体中的悬浮颗粒经过具有孔隙的介质或滤网被截留分离出来的过程。如实验中用滤纸从溶液中分离固体，自来水厂用砂滤池过滤出絮凝体，冶金、化工、轻工业等工厂用各种过滤设备分离悬浮液和滤饼（留在滤层上的湿固体）等。

蒸馏：利用液体中各组分挥发性的不同，以分离液体混合物的方法。将液体混合物加热至沸腾，在所生成的蒸气中比原液含有较多的易挥发组分，而在剩余的混合液中则含有较多的难挥发组分，因此可使混合物中各组分得到部分乃至完全分离。蒸馏方法很多，主要有微分蒸馏、精馏、恒沸蒸馏、萃取蒸馏、真空蒸馏、分子蒸馏等。广泛应用于化学、石油、食品、冶金、核能等工业。

11. 透明度、透光率

透明度：物质允许光线通过并且能够清晰地看到背后的物体或图像的程度。透明度较高的物质可以让光线几乎完全穿过，不发生明显的散射或吸收，使背后的物体或图像能够清晰可见。透明度通常用于描述光的穿透性，如透明的玻璃或水。

透光率：表示光线透过介质的能力，是透过透明或半透明体的光通量与其入射光通量的百分率。假设一束平行单色光通过均匀、无散射的介质时，光的一部分被吸收，一部分透过介质，还有一部分被介质表面反射。透光率可以表示显示设备等的透过光的效率。

简而言之，透明度是关于视觉效果的，描述物体能否看到；透光率是关于能量损失的，描述光线经过物体后的衰减情况。

12. 金属、非金属、合金

金属：一类有特殊光泽、不透明，具有良好导电性、导热性、延展性的物质。其性质与内部结构、自由电子的存在有关，常温下通常呈固态（除汞外）。周期表中有许多元素为金属，可分为碱金属、碱土金属、过渡金属、锕系金属和稀土金属等。在工业和生活中多以合金形态获得广泛应用，一般分为黑色金属和有色金属两类。

非金属：与金属相反，没有金属光泽，缺乏延展性，是电与热的不良导体。在元素周期表中，位于铝、砷、硒右上方的元素一般为非金属。在常温下除溴外都是固态（如硫、碳、碘等）或气态（如氧、氮、氯、氖等）。倾向形成负离子或共价键。典型非金属的氧化物具有酸性，但金属与非金属之间并无严格的界限。

合金：由两种或多种化学组分（通常其中至少一种组分为金属元素）构成的固溶体或化合物形式的材料或物质。根据构成的化学组分数目分别被称为“二元合金”“三元合金”或“多元合金”，亦可按其所含相的数目，分“单相合金”和“多相合金”。合金的结构和性质与各组分的浓度以及他们之间的相互作用有关。合金的物理、化学和力学性能不同于其组分的纯金属。纯金属通过合金化能改变性能的局限性，满足不同的使用要求。

13. 酸、碱、盐

酸、碱和盐是化学中常见的三种物质类型，它们具有不同的化学性质和特征。

酸：通常指在水溶液中进行电离而产生水合氢离子（H_3O^+）或在其他介质中可放出质子 H^+ 的化合物。可分为一元酸、二元酸、多元酸或强酸、弱酸等，例如盐酸（HCl）、磷酸（H_3PO_4）、乙酸（$HC_2H_3O_2$）等。铵离子（NH_4^+）可放出质子（H^+），故也是酸。酸的共同性质为溶液具有酸味、使蓝色石蕊试纸变红、可中和碱等。广义的酸指可接受电子对形成配位键的化合物、原子和离子等。

碱：通常指在水溶液中电离产生氢氧根离子（OH^-）的化合物。例如，氢氧化钠（NaOH）、氢氧化钙［$Ca(OH)_2$］等。碱的共同性质为溶液具有涩味、有腐蚀性、使红色石蕊试纸变蓝，以及与酸中和形成盐和水等。广义的碱是指任何能接受质子（H^+）的分子或离子。氨分子（NH_3）获得质子而生成铵离子（NH_4^+），碳酸根离子（CO_3^{2-}）获得质子而生成碳酸氢根离子（HCO_3^-）和碳酸（H_2CO_3），因此氨分子及碳酸根离子都是碱。

盐：由金属离子（包括铵离子）与酸根离子所组成的化合物，即指酸（碱）的一个或几个氢原子（氢氧根）被碱（酸）的一个或几个阳离子（阴离子）取代所生成的化合物。可分为正盐（如硫酸钠）、酸式盐（如硫酸氢钠）、碱式盐（如碱式碳酸铜）、复盐（如明矾）、络盐等。

14. 指示剂、pH 试纸

指示剂：一种化学物质，常用于检测和指示溶液的酸碱性质或其他化学变化。它们可以通过改变颜色或其他可观察性质来显示溶液的酸碱性或反应的终点。在化学分析中，除一般作为指示反应的终点外，有时也直接用于检测溶液的pH 值或气体中含有的有害、有毒物质。常见的酸碱指示剂包括以下几种：酸性指示剂（酚酞、苏丹红和甲基橙）、碱性指示剂（酚酞和甲基红）、中性指示剂（酚酞）。酸碱指示剂的选择通常依赖于待测溶液的预期酸碱性质和所需的检测范围。每种指示剂都有其特定的酸碱变色范围和变色区间。

除了酸碱指示剂，还有其他类型的指示剂，用于检测或指示不同化学变化或条件，如氧化还原指示剂、复合指示剂、温度指示剂等。每种指示剂都有其特定的用途和适用范围。具体使用哪种指示剂取决于所需检测的化学变化或条件。在选择指示剂时，需要考虑其变色范围、灵敏度、稳定性以及对被测物质的干扰程度等因素。

pH 试纸：一种接触待测溶液后会显示颜色，以此与标准 pH 色板相比较来测量溶液 pH 的试纸。按照测量范围，有 pH1—pH10 或 pH1—pH12 的“广泛 pH 试纸”，色板梯度为 1pH 单位；还有测量不同 pH 范围，色板梯度为 0.1pH、0.2pH 等单位的“精密 pH 试纸”。

15. 臭氧层、温室效应

臭氧：由三个氧原子组成的分子（O_3），它是紫外线的主要吸收者，保护了地球上的生命免遭其伤害。地球的平流层中，在距离地面 20 千米—30 千米处臭氧含量最高，称为臭氧层。紫外线对人类、动植物和海洋生态系统都具有危害性。臭氧层能够吸收大部分来自太阳的紫外线辐射，对地球生物系统和生态系统具有重要保护作用。人类活动释放的氟利昂等化学物质在大气中上升到臭氧层后，会破坏臭氧分子，从而稀释和破坏臭氧层，导致紫外线辐射增加，对人类健康和生态系统产生危害。

温室效应：地球大气层中的温室气体吸收并重新辐射地球表面的红外辐射，导致地球表面温度升高的现象。温室气体种类很多，主要有二氧化碳、水汽、甲烷、臭氧、一氧化二氮、氟利昂等。这类气体含量在大气中增多，会促使气候增暖，也就是产生温室效应。燃烧化石燃料、砍伐森林等人类活动会导致大量温室气体排放。温室效应导致地球整体气温升高，引起全球变暖。全球变暖带来了一系列气候变化，如极端天气事件的增加、冰川融化、海平面上升等，给人类社会、生态系统和经济发展带来了许多问题。国际社会正在采取措施减缓温室效应和应对全球变暖的挑战。

16. 物质、材料、资源

物质：构成宇宙间一切物体的实物和场。物质可以以不同的形式存在，包括固体、液体和气体。物质由原子和分子组成，它们通过化学反应和物理变化进行相互作用和转化。

世界上所有的实体都是物质，人体本身也是物质。除这些实物之外，光、电磁场等也是物质，它们是以场的形式出现的物质。物质的种类形态万千，物质的性质多种多样：气体状态的物质，液体状态的物质或固体状态的物质；单质、化合物或混合物；金属和非金属；无机物和有机物；天然存在的物质和人工合成的物质；无生命物质与生命物质以及实体物质和场物质等。物质的种类虽多，但它们有其特性，那就是能够被观测或被理论预言，且具有质量和能量。不同化学式的是不同的物质，拥有同一种化学式而结构不同也是不同的物质。物质是不依赖于人类的意识而存在并能为人类的意识所反映的客观实在。

材料：人们用来构建物体、制造产品或者进行其他工艺过程所使用的物质。一般分为天然材料和人造材料。天然材料指自然界原来就有的未经加工或基本不加工就可直接使用的材料，例如木材、大理石、花岗岩等。人造材料又称合成材料，是人为地把不同物质经化学方法或聚合作用加工而成的材料，其特质与原料不同，如铜、铁、铝、陶瓷、塑料、合成纤维、合成橡胶等。不同的材料可以具有不同的特性和优势，在工程和制造领域，选择适合的材料对于产品的性能、耐久性和成本至关重要。

资源：在本书指自然资源。自然资源是人类可直接从自然界获得，并用于生产和生活的物质资源，如土地、矿藏、气候、水利、生物、海洋、太阳能等。资源具有有限性、区域性和整体性特点。按其成因与增殖性能可分为可再生资源及不可再生资源。可再生资源是指通过天然作用或人工经营，能被人类反复利用的各种自然资源，如生物、水、土壤等资源。要坚持合理开发利用和保护，使其消耗速度符合恢复速度，保持不断再生能力，达到永续利用的目的。不可再生资源是指经人类开发利用后蕴藏量不断减少，在相当长的时期内不可能再生的自然资源。主要指各种金属和非金属矿物、化石燃料等需要经过漫长的地质年代才能形成的资源。

【常见疑惑问答】

1. 石墨和金刚石是同一种物质吗？

石墨和金刚石的化学式都是 C，都属于碳单质，他们的化学性质完全相同，但金刚石和石墨不是同种物质。石墨和金刚石是碳元素的同素异形体，它们在结构和物理性质上有明显的区别。石墨由片层结构组成，每个碳原子通过共价键连接成六角形的层，层与层之间的相互作用较弱，因而质地相对较软。金刚石则是由每个碳原子与其他四个碳原子组成均匀的三维网状结构，形成非常坚硬的晶体。石墨具有润滑性和导电性，而金刚石则具有极高的硬度和耐磨性。金刚石和石墨物理性质上的差异，决定了二者在用途上的差异。

2. 为什么描述物体用“特征”？

“特征”通常用于描述物体或事物的可观察或可识别的属性或特点，它强调的是物体或事物的特殊性质或特征。例如，我们可以说一个物体的颜色、形状、大小、质地等是它的特征。“性质”则更常用于描述材料或物质固有的特性或行为。例如，我们可以说一个材料的硬度、导电性、熔点、溶解性等是它的性质。物体的特征通常更加主观，可能受到个体观察者的感知和解释的影响，而材料的性质更加客观，可以通过实验和测量来确定。在某些情况下，特征和性质可能会用作近义词，用于描述物体或材料的特点或属性。

3. 电磁场是物体吗？

电磁场本身并不是物体，而是一种物理现象或场。它是由电荷和电流所产生的力场和磁场的相互作用形成的。场没有静止质量，没有确定的空间范围，存在于整个空间，具有力和能的性质。需要注意的是，虽然电磁场本身不是物体，但它可以与物体相互作用，并对物体产生影响。物体中的电荷和电流会受到电磁场的力的作用，而且电磁场也可以通过与物体相互作用来传递能量和信息。

4. 温度是如何影响水的三态变化的？

一般情况下，在低温下，水以固态存在，形成冰。冰的温度通常低于 0 ℃。当温度升高到 0 ℃时，冰开始融化成液态水。在 0 ℃以上，水以液态存在。水的液态范围在 0 ℃至 100 ℃之间。当温度继续升高时，水分子的运动加快，其温度也会相应升高。当水的温度达到 100 ℃时，液态水开始沸腾并转变为气态的水蒸气。在气态状态下，水分子更加自由地运动，形成水蒸气。当温度下降时，水会经历相反的变化过程。在改变气压时，水的熔点（凝固点）和沸点也会有所变化。

5. 1 元硬币能被磁铁吸引吗？

先来了解 1 元硬币的成分。1992 年发行的牡丹图案 1 元硬币和 1999 年开始生产发行的菊花图案 1 元硬币的材质均为钢芯镀镍合金。其中铁含量在 86. 7%左右，铅含量在 13. 281%左右，银含量在 0. 19%左右。使用钢芯镀镍合金制作硬币具有以下优点：一是镀镍可以提高硬币的耐磨性和耐腐蚀性，延长硬币的使用寿命；二是钢芯提供了硬币所需的硬度和强度，使其不易变形或损坏；三是钢芯镀镍合金相对较便宜，生产成本较低，适合大规模制造和流通。

铁和镍能被磁铁吸引，因此它们通常被称为磁性材料。磁性材料可以与磁铁相互作用，产生吸引或排斥的力。除了铁和镍，还有其他一些金属和合金也具有磁性，如钴、钕、某些类型的不锈钢、铁铬合金、铁镍合金、钕铁硼合金等。需要注意的是，并非所有的合金都会被磁铁吸引。合金的磁性取决于其成分、结构和制造工艺，且磁性强度也有所不同。例如，当铁元素在某种合金中占据主导地位，并且合金的结构和性质使得铁元素的磁性能够被保留或增强时，合金可能会表现出一定的磁性并被磁铁吸引。

由此可见，人民币 1 元硬币能被磁铁吸引主要是因为其中含有较多铁元素。需要注意的是，能被磁铁吸引仅仅是硬币中铁元素的性质，而非整个 1 元硬币中的所有成分都具有的性质。

6. 物体在水中的沉浮由什么决定？

物体在水中的沉浮取决于物体所受到的重力和物体在水中所受浮力的大小。如果重力大于浮力，物体下沉；如果重力小于浮力，物体上浮。不论是什么物体，假设物体平均密度是 ρ_1，体积是 V，水的密度是 ρ_2，那么：物体完全在水中时，$G_{重}=\rho_1 Vg$，$F_{浮}=\rho_2 Vg$（g 为重力加速度，通常为 9.8 牛/千克）。因为 V 和 g 都是一样的，由此可见，物体在水中的沉浮由其平均密度与水的密度之间的关系决定。密度是物体单位体积的质量，用公式表示为密度=质量/体积。当物体的平均密度大于水的密度时，物体在水中会下沉。例如，金属块的平均密度远大于水的密度，所以金属块在水中会下沉。当物体的平均密度小于水的密度时，物体在水中会浮起。例如，木块的平均密度小于水的密度，所以木块会浮在水面上。当物体的平均密度等于水的密度时，物体会悬浮在水中。例如盐水中的鸡蛋，当盐水的浓度适当时，鸡蛋会悬浮在盐水中。

总结起来，物体在水中的沉浮取决于物体的平均密度与水的密度之间的关系。平均密度较大的物体会下沉，平均密度较小的物体会上浮。

核心概念二　物质的变化与化学反应

【内容标准与学业要求】

概念说明	物质是不断变化的，物质的变化分为物理变化和化学变化。物理变化是物质的状态发生了改变，没有新物质生成；化学变化是物质的性质发生了改变，有新物质生成。化学变化通过化学反应得以实现，其实质是原子的重新组合。化学反应需要一定的条件，合理利用与调控化学反应可以创造新的物质并为人类解决面临的问题。认识物质是变化的，物质的变化伴有能的转化，有助于学生形成物质与能量、稳定与变化等跨学科概念。		
学习内容	**1—2 年级内容要求**	**3—4 年级内容要求**	**5—6 年级内容要求**
2.1　物质的三态变化		①知道固体有确定的形状、体积和质量；液体有确定的体积和质量，液体静止时其表面一般会保持水平；气体有确定的质量，但没有确定的体积和形状。 ②描述加热或冷却时常见物质发生的状态变化，如水结冰、冰融化、水蒸发和水蒸气凝结。	
2.2　物质的溶解和溶液	知道有些物质能溶解在水中，如食盐和白糖等；有些物质很难溶解在水中，如沙和食用油等。	③描述一定量的不同物质在一定量水中的溶解情况。 ④知道是否搅拌和温度高低是影响物质在水中溶解快慢的常见因素。	
2.3　物质变化的特征		⑤知道有些物体的形状或大小发生了变化，如被切成小块、被挤压、被拉伸等，构成物体的物质没有改变。	知道有些物体发生了变化，如纸燃烧、铁生锈等，构成物体的物质也发生了改变。

	1—2 年级	3—4 年级	5—6 年级
学业要求	知道常见物质有些能在水中溶解，有些则很难溶解。能依据一定的标准，对常见物质的溶解现象进行分类。能操作简单的实验，观察和描述某些物质在水中的溶解现象。对生活中的溶解现象产生探究兴趣；能客观描述观察到的现象。	知道物质具有固态、液态、气态三种状态；认识物质在一定量水中的溶解程度；能说明影响物质溶解快慢的常见因素；知道有些物体的大小和形状发生改变时，其构成物质没有改变。能归纳概括气体、液体、固体在质量、体积、形状等方面的简单特征，初步建立直观模型解释物质在一定量水中的溶解程度。能设计对比实验探究物质在水中溶解快慢的影响因素；能用简单的文字和图画描述观察到的现象。能对影响因素进行大胆的推测；愿意分享自己的想法，乐于倾听他人观点，完善和改进探究活动。	能举例说明物质发生变化时有些产生了新物质，有些则没有。能寻找证据解释和判断物体发生变化时，其构成物质是否改变。能设计方案，探究身边物体的变化。认识到要基于证据得出结论，面对有说服力的证据时能调整自己的观点；乐于尝试运用多种思路和方法，完成探究和实践。

7—9 年级重点词汇：沸腾、熔化、凝固、粒子模型、饱和溶液、不饱和溶液、溶解度、悬浊液、溶质、乳浊液、溶剂、质量分数、物理变化、化学变化、沉淀、催化剂、氧化反应、化合反应、分解反应、置换反应、复分解反应、质量守恒定律、化学方程式。

【重点词汇辨析】

1. 固态、液态、气态

固态、液态和气态是物质的状态，描述物质在一定条件下的状态。固体、液体和气体是物质的形态，重在描述物质在不同条件下的特性，可以脱离物质去描述一个物体。例如，我们可以说冰是固体，但不能说冰是固态，而要说冰是水的固态形态。

固态： 物质的一种物态，具有确定的形状和体积。在固态下，物质的分子或原子紧密排列，相互之间的距离较小，有规则的结构。固态物质的分子或原子只能做微小的振动运动，它们之间有吸引力和相互作用力，使得物质保持稳定的形状和体积。

液态： 物质的一种物态，具有可变的形状但体积确定。在液态下，物质的分子或原子之间的距离较固态要大，它们可以自由移动和滑动。液态物质的分子或原子之间存在一定的相互吸引力，使得物质保持一定的凝聚力和表面张力。

气态： 物质的一种物态，具有可变的形状和体积。在气态下，物质的分子或原子之间的距离较大，它们具有高度的运动能量，可以自由运动和碰撞。气态物质的分子或原子之间的相互作用力较弱，分子之间的间隔比较大，使得气体具有较低的密度和可压缩性。

物质的物态可以随着温度、压力等条件的变化而改变，例如，固体在加热到一定温度时可以转变为液体，进一步升高温度可以转变为气体。这些转变过程称为相变。

2. 固体、液体、气体

固体： 有一定体积和形状的物质，宏观上看，在不太大的外力作用下，体积和形状的改变很小。

液体： 有一定体积且形状随容器改变的物质，在外力作用下不易改变其体积（不容易压缩），但容易发生流动。

气体： 没有确定的形状和体积、能自发充满任何容器的物质。

三种类型的物质中分子排列和分布并不相同。固体分子的间距很小，且呈规则排列，分子在确定位置上不停振动。所以，固体具有稳固性，它有一定的体积和形状。液体分子的间距通常比固体略大，不呈规则排列，分子不断振动的同时做短距离的自由移动。所以，液体具有流动性，有一定的体积，但没有一定的形状。气体分子的间距很大，不呈规则排列，分子可以在空间里到处自由运动。所以，气体具有弥散性，能充满所能到达的空间。它既没有一定的体积，也没有一定的形状。

3. 物理变化、化学变化、化学反应

物理变化：物质仅改变其物理性质（如聚集状态、密度、溶解度、电导率等），而不改变其化学组成和化学性质，即无新物质形成的变化。如水的蒸发和凝固等。

化学变化：有新物质形成的一种变化类型。变化时，物质的化学组成、性质、特征均改变，并伴随有能量的变化。如金属镁粉在氧气中燃烧生成氧化镁。

从微观的角度看，物理变化中物质的分子不会发生改变，而化学变化的本质是原子的重新组合，生成新的分子。化学变化发生时通常伴随着物理变化，而物理变化不一定同时发生化学变化。

化学反应：物质之间发生化学变化，导致原始物质的化学性质发生改变，生成新的物质。在化学反应中，化学键被断裂和形成，原子重新组合，化学物质的分子结构发生改变。化学反应可以涉及物质的颜色、形态、温度、气味、溶解性等方面的变化。化学反应通常伴随着能量的吸收或释放，例如放热反应和吸热反应。化学反应是化学研究和应用中的核心概念，它们有助于我们理解物质的性质和相互作用。化学反应有许多类型，常见的有化合、分解、置换、复分解和聚合等。

化合反应，由两种或两种以上的单质或化合物，形成一个成分较复杂的化合物的反应。简单表示为：$A+B \longrightarrow AB$。例如：

$Cu + Cl_2 \longrightarrow CuCl_2$ （两种单质的化合）
铜　氯气　　氯化铜

$KI + I_2 \longrightarrow KI_3$ （单质与化合物的化合）
碘化钾　碘　　三碘化钾

$CaO + H_2O \longrightarrow Ca(OH)_2$（两种化合物的化合）
氧化钙　水　　氢氧化钙

分解反应，由一种化合物产生两种或两种以上成分较简单的化合物或单质的反应。简单表示为：$AB \longrightarrow A+B$。例如碳酸钙（$CaCO_3$）加热分解为氧化钙（CaO）和二氧化碳（CO_2）。

置换反应，化合物中一个原子或原子团被另一个原子或原子团所代替的反应。简单表示为：A+BC ⟶AC+B。例如金属铁可从硫酸铜溶液中将金属铜置换出来。

复分解反应，两种化合物在反应时交换基团而生成两种新的化合物的反应。简单表示为：AB+CD ⟶AD+CB。例如：酸和碱反应产生盐和水。

聚合反应，由单体合成为分子量较高的化合物的反应，一般分两大类。一是加聚反应，不饱和的或环状的单体分子经链增长反应相互加成且不生成小分子副产物。例如，氯乙烯单体经加聚反应可得聚氯乙烯。由两种或两种以上的单体进行加聚反应，称“共聚反应”，产物称“共聚物”。例如，丁二烯与苯乙烯经共聚反应可得丁苯橡胶。单体在某些引发剂的作用下，聚合而成具有规整结构的聚合物的反应，称“定向聚合”。二是缩聚反应，具有两个或两个以上功能团的单体，相互缩合成聚合物并生成小分子副产物（如水、氯化氢等）的反应。例如，苯酚与甲醛经缩聚反应生成苯酚甲醛树脂，并析出水分子。

此外，还有许多其他特殊类型的化学反应，如加成反应、消除反应等，这些反应在特定的化学体系中发生。

需要注意的是，不同类型的化学反应具有不同的特征和反应条件，我们通过研究和理解这些反应类型可以更好地理解和应用化学知识。

4. 溶解、溶液、溶质、溶剂

溶解：一个物质 A（化学上称 A 为溶质）以分子或离子等状态均匀分散于另一物质 B（化学上称 B 为溶剂）中形成溶液的过程。在溶解过程中，溶质的分子或离子与溶剂的分子或离子之间发生相互作用，这可以是离子间的电荷作用、分子间的分子间力（如范德华力）、氢键等。这些相互作用使得溶质分散在溶剂中，并且溶剂分子包围和包裹住溶质分子或离子，使其稳定地存在溶液中。溶解后的物质就称为物质 A 的溶液。如糖溶解于水而形成糖的水溶液。

溶液：由两种或两种以上不同物质所组成的均匀物系，溶液中的任何部分都具有相同的性质，较多的组分称为溶剂，较少的组分称为溶质。在溶液中，溶质的分子或离子与溶剂的分子或离子彻底混合，形成一个单一相的混合物。溶液可以是固体溶解于液体、液体溶解于液体、气体溶解于液体或气体溶解于气体等不同组合。液态溶液如食盐水、糖水、氨水和碘酒等，固态溶液如铜镍合金等。一般情况下，我们常说的溶液指水溶液。按溶液中溶质含量的多少，可分为浓溶液和稀溶液两类；按溶质在溶液中的含量等于或小于该温度和压力下的溶解度，分饱和溶液和不饱和溶液两类。溶液的浓度可用质量分数、体积分数、物质的量浓度等表示。溶液具有均匀性、透明性和稳定性，其中溶质和溶剂的比例可以根据需要进行调整。

溶质：被溶解的物质，可以是固体、液体或气体。当溶质与溶剂接触时，溶质的分子或离子与溶剂的分子或离子相互作用，使溶质分散在溶剂中。

溶剂：用于溶解溶质的物质，通常是液体。溶剂具有较大的溶解能力，能够与溶质分子或离子相互作用，将溶质分散并均匀分布在溶剂中。同一种溶剂对不同溶质的溶解能力并不相同，例如，氯化钠能完全溶解于水，但只能微溶于乙醇，油脂可以溶解于乙醇但不能溶解于水；水和乙醇可以无限制地互相溶解，乙醇和煤油只能有限地互溶。

5. 模型、直观模型

模型：根据实物、设计图或设想，按比例、形态或其他特征制成的同实物相似的物体，是经过处理的简化系统，但能体现原系统的本质特征，是描述和理解系统的有效工具。

直观模型：通常使用图形、图表、示意图或实物模型等形式来呈现信息，以展示关系、过程、结构或模式。这些图像或模型可以帮助观察者直观地理解事物之间的联系、变化和相互作用。直观模型可以简化复杂的概念或系统，将其转化为可视化的形式，从而使观察者能够更容易地理解和解释。相比于概念模型等，直观模型具有生动性、直接性、具体性的特点，在教育、科学、工程等领域得到广泛应用。它可以用于教学中，帮助学生理解抽象的概念和理论，以及复杂系统的运作原理。在科学研究中，直观模型可以用来表示理论模型、实验数据的可视化呈现，以及研究结果的展示。在工程领域，直观模型可以用于设计和优化产品、系统或流程，以便更好地理解和改进工作方式。

总的来说，直观模型通过可视化的方式呈现信息，帮助人们更直观地理解和解释概念、理论或复杂系统，提供了一种直观而有效的方式来沟通和传达复杂的思想和信息。

6. 蒸发、凝结

蒸发：在液体表面发生的汽化现象，在任何温度下都能进行。从物质分子运动的观点来看，蒸发是由于同一时间内从液面逸出的分子数多于由液面外进入液体的分子数所致。在蒸发过程中，液体吸收能量，分子的动能增加，逐渐克服液体表面的吸引力，从而逃离液体表面成为气体。蒸发通常发生在液体表面，并受到温度、表面积、湿度和气压等因素的影响。温度越高，暴露面越大，液面附近该物质的蒸气密度越小，则蒸发越快（即一定时间内液体蒸发量越大）。在相同条件下，各种液体蒸发的快慢也不同（例如，酒精蒸发比水快，海水蒸发比淡水慢）。蒸发是一个吸热过程，蒸发时，液体必须从其周围吸收热量。海洋中的水不断蒸发而进入空气，是大气中水分循环的重要原因；湿衣晾干也是蒸发的结果。化学工业中，可以将有非挥发性溶质的溶液加热到沸腾，蒸去溶剂（通常为水），来浓缩溶质。

凝结：气体遇冷而变成液体，如水蒸气遇冷变成水。在凝结过程中，气体失去能量，分子的动能减小，分子之间的吸引力增强，从而形成液滴或液体颗粒。凝结通常发生在饱和的气体环境中，当气体达到饱和水平时，进一步降温或增加压力将导致气体分子凝结成液滴或液体形态。凝结是一个放热过程，释放出能量使气体冷却。

总的来说，蒸发是液体变为气体的过程，需要吸收能量；而凝结是气体变为液体的过程，释放能量。它们具有相反的方向和相反的能量变化。它们是相互关联的相变过程，在水循环、气候变化等自然过程中起着重要的作用。

7. 沸腾、熔化、凝固

沸腾、熔化和凝固是物质的相变过程，涉及液体和固体之间的转变。它们是物质在不同温度和能量条件下发生的相变现象，具有不同的特征和条件，对于物质的性质和物理状态有重要影响。

沸腾： 在液体表面和内部同时发生的剧烈汽化现象，液体内部的分子迅速变为气体形态，伴随着大量的能量转移和气体的形成。在一定压强下，沸腾只能在某一特定温度（沸点）发生。这时，液体的汽化突然加剧，在其内部特别在容器器壁处形成大量气泡上升，逸出液面，如水烧开时的现象。沸腾过程中，液体不断吸收热量，但温度保持不变。

熔化： 物质从固相转变为液相的过程。当固体受到足够的热量作用时，其分子或离子的能量增加，使得固体内部的结构松散，分子之间的相互吸引力减弱，从而使固体逐渐转变为液体。熔化发生在物质的熔点以上，是一个吸热过程，需要向固体提供足够的能量才能克服其结构的稳定性。不同物质的熔化过程温度变化情况不同，晶体加热到一定温度（熔点）时开始熔化，在熔化过程中温度保持不变，但要吸收一定的热量（即“熔化热”），直到全部变成液体为止。非晶体（如玻璃、树脂、石蜡、塑料等）在熔化过程中随温度升高而逐渐软化，最后成为液体，故无熔点可言。

凝固： 物质从液相转变为固相的过程。与熔化相反，当液体受到足够的冷却作用时，其分子或离子的能量减小，分子之间的相互吸引力增强，使液体内部的分子逐渐排列成有序的结构，形成固体。凝固发生在物质的凝固点以下，是一个放热过程，释放出能量使液体分子凝聚为固体。晶体物质冷却到一定温度（凝固点）时开始凝固，在凝固过程中放出热量（称“凝固热”，数值上等于熔化热），但温度保持不变。非晶体物质（如玻璃、塑料、树脂、石蜡等）在凝固过程中随温度降低而逐渐失去流动性，最后变为固体，故无凝固点可言。

8. 粒子模型

自然科学研究中，人们通过一定的科学方法，建立一个适当的模型来代替和反映客观对象，并通过研究这个模型来揭示客观对象的形态、特征和本质，这就是模型方法。

粒子模型： 一种用来描述物质组成和性质的简化模型，它基于物质由微小的、不可再分的粒子组成的假设，并通过粒子之间的相互作用来解释物质的行为。根据粒子模型，物质被认为是由不同类型的微观粒子组成的。对于原子性物质，最基本的粒子是原子，它们具有特定的质量、电荷和化学性质。对于复杂的物质，如分子化合物，粒子可以是由多个原子组成的分子。此外，还有离子、电子等不同类型的粒子。粒子模型假设粒子之间存在相互作用，包括引力、静电力、化学键等。这些相互作用决定了物质的性质和行为，如粒子之间的吸引或排斥导致物质的聚集或分散。

如图示例，在对微观粒子的研究中，科学家们利用放大的模型来解释小到难以观察的物体，人们常用粒子模型来表示分子由原子构成，这种方式更形象直观。

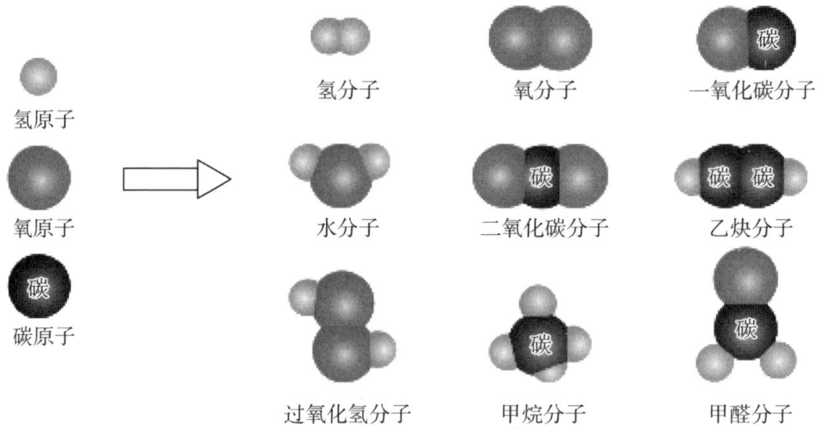

原子构成不同的分子

粒子模型为研究物质的性质、相互作用和变化提供了框架，也是许多其他理论和模型的基础，如动力学、热力学和量子力学等。

9. 饱和溶液、不饱和溶液、溶解度

饱和溶液： 溶质在溶剂中的浓度已达到溶解度的溶液。

不饱和溶液： 溶质在溶剂中的浓度未达溶解度的溶液称为“不饱和溶液”。

溶解度： 在一定温度和压力下，物质在一定量溶剂中溶解的最高量。固态或液态溶质一般以 100 克溶剂中能溶解物质的克数来表示。如在 20 ℃时，100 克水中可以溶解 7. 3 克氯酸钾，因此，氯酸钾在该温度时的溶解度是 7. 3 克/100 克水。气态溶质常用每毫升溶剂中能溶解的气体毫升数来表示。物质的溶解度随温度或压力的改变而变化。通常固体溶于液体时的溶解度随温度增加而增大，而气体的溶解度随温度增加或压力降低则减小。

10. 悬浊液、乳浊液

悬浊液：固体微粒以悬浮的形式分散在液体中，微粒的大小通常在 0.1 微米以上。悬浊液中的微粒在静止状态下会逐渐沉降到液体的底部，形成沉淀。悬浊液的例子包括面糊、泥浆、混凝土浆等。在悬浊液中，微粒与液体之间的相互作用较弱，随着时间的推移，微粒会逐渐沉降，使液体透明度增加。

乳浊液：由两种不相溶的液体所组成的分散系，即一种液体以小液滴的形式分散在另外一种液体之中形成的混合物。微粒的大小通常在 0.1 微米以上。乳浊液的例子包括乳汁、某些药剂的悬浮。乳浊液通常由水和油所组成，习惯上将不溶于水的有机液体，如苯、煤油等统称为油。如果是油分散在水中，称为水包油（油/水或 O/W）型乳浊液，如牛奶和某些农药制剂等。如果是水分散在油中，称为油包水（水/油或 W/O）型乳浊液，如石油、原油和人造黄油。乳浊液本身不稳定，静置一段时间后会分层，加入乳化剂有利于其稳定。

可见，悬浊液和乳浊液都是由两种或两种以上的物质混合而成的体系。两种体系在整体上都不是均匀分布的，并且随着时间的推移会发生变化，处于不稳定的状态。由于悬浊液中的固体颗粒和乳浊液中的液滴尺寸较大，两者都无法通过普通滤纸的孔隙。

11. 质量分数

质量分数：描述溶液中溶质质量与溶液总质量之比的物理量，用于表示溶液中溶质的含量。质量分数的计算公式如下：

质量分数=（溶质的质量）/（溶质的质量+溶剂的质量）

质量分数通常以百分比的形式表示，表示为百分数符号（%），故又称质量百分浓度。如果一个溶液中溶质的质量为 10 克，溶剂的质量为 90 克，则溶液中溶质的质量分数为：

质量分数=（10 克）/（10 克+90 克）=0.1=10%

例如，1 克氯化钠和 99 克水组成的溶液中，氯化钠的质量分数为 0.01 或

1%。质量分数不受温度变化影响。

质量分数可以用来描述溶液中溶质的浓度。当质量分数接近1时，表示溶液中溶质的含量非常高；而当质量分数接近0时，表示溶液中溶质的含量非常低。质量分数还可以用于计算混合溶液中不同组分的质量比例，以及进行稀释和浓缩的计算。

12. 催化剂

催化剂：能够增大化学反应速率的物质，作用原理是通过降低反应的活化能，提供新的反应路径或改变反应的反应机制，从而加速化学反应的进行。催化剂反应前后自身的化学性质和质量不变，因为催化剂本身并不参与反应，它在反应开始时与反应物发生相互作用，形成中间产物，然后在反应结束时再次释放出来，以便在其他反应中再次使用。这使得催化剂能够持续地促进多个反应过程。

常见的催化剂包括金属催化剂（如铂、钯、铜等）、生物催化剂（酶）、酸碱催化剂等。催化剂的选择取决于反应的特性、条件和所需的化学转化。催化剂在许多领域中都有广泛应用，包括化工、制药、能源生产和环境治理等。生物体内的新陈代谢过程也是在生物催化剂（酶）的作用下进行的。

13. 氧化反应

氧化反应：物质引入氧或脱去氢、失去电子的作用。狭义的氧化反应指物质与氧化合，氧气（O_2）通常充当氧化剂，接受其他物质的电子，并促使其他物质发生氧化。

氧化反应在许多化学和生物过程中都起着重要的作用。一些常见的氧化反应包括燃烧（如燃烧木材产生二氧化碳和水蒸气）、金属与氧气的反应（如铁的生锈过程）以及有机物的氧化反应（如脂肪酸的氧化代谢）等。

氧化反应是许多生物体中能量转化的重要过程，如细胞呼吸过程中，有机物被氧气氧化以释放能量。此外，氧化反应还可用于化学合成、电化学反应和环境处理等方面的应用。

14. 质量守恒定律

质量守恒定律：在化学反应中，质量守恒定律表述为参加化学反应的各物质的质量总和等于反应后生成的各物质的质量总和，这意味着在任何反应或变化中，反应物的质量应该与生成物的质量相等。这也是化学方程式中质量配平的基本原则。这个规律也是自然界的基本定律之一。在任何与周围隔绝的物质系统（孤立系统）中，不论发生何种变化或过程，其总质量保持不变。质量概念的发展使质量守恒原理也有了新的发展，质量守恒和能量守恒两条定律通过质能关系合并为一条守恒定律，即质量和能量守恒定律（简称质能守恒定律）。

15. 化学方程式

化学方程式：用化学符号和化学式表示化学反应的符号表示法。它包括反应物、生成物和反应条件等信息，描述了化学反应中化学物质的转化过程。一个化学方程式由以下几个部分组成：

反应物：表示参与反应的物质，通常写在方程式的左侧。

生成物：表示反应后形成的物质，通常写在方程式的右侧。

反应箭头：表示反应的方向，通常由左向右箭头表示正向反应，由右向左箭头表示逆向反应。

反应条件：表示反应发生的条件，如温度、压力、催化剂等。

反应系数：表示反应物和生成物的相对摩尔比例，用于平衡化学方程式。

举例：“碳+氧气$\xrightarrow{\text{点燃}}$二氧化碳”用化学式可以表示为“$C+O_2 \xlongequal{\text{点燃}} CO_2$”。

上述化学方程式可读作“碳和氧气在点燃的条件下反应生成二氧化碳”。

书写化学方程式的原则：①以客观事实为依据写出反应物和生成物；②要遵守质量守恒定律，即在方程式左、右两边各原子的种类与数目必须相等；③说明反应条件和生成物的状态，如果一个反应在特定的条件下进行，如需点燃、加热（通常用△表示）、高温、通电、使用催化剂等，必须把条件写在等号的上方或下方。如果反应物中没有气体，而生成物中有气体产生，则在气体生成物的化学式旁边用“↑”号表示；如果是溶液中发生的反应，反应物中无固体，而生成物中有固体的，则在固体生成物的化学式旁边用“↓”号表示。例如：

$$2H_2O \xlongequal{\text{通电}} 2H_2\uparrow + O_2\uparrow$$

$$CO_2+Ca(OH)_2 = CaCO_3\downarrow +H_2O$$

化学方程式是描述化学反应的重要工具，可根据化学方程式进行有关的化学计算，用来预测反应的产物、计算反应物的摩尔比例、计算反应的能量变化等。通过化学方程式，我们可以深入理解和研究化学反应的本质和机理。

【常见疑惑问答】

1. 发生化学反应需要哪些条件？

原子是保持化学性质的最小粒子。从宏观来看，化学反应表现为新物质的产生；从微观来看，化学反应的实质是旧化学键的断裂和新化学键的生成，引起原子的重新组合。因此，发生化学反应需要的条件本质上就是提供能量，称为化学反应的活化能。温度、压强、通电、反应的化学物质的浓度、催化剂等均会影响反应的速率。具体来说有如下几种。

（1）温度。提高温度可以提高反应速率，因为高温会增加分子的动能，使得碰撞频率和碰撞能量增加，促进反应发生。

（2）压力。对于气体反应，增加压力可以增加分子之间的碰撞频率，从而提高反应速率。对于液体和固体反应，压力的影响通常较小。

（3）浓度。增加反应物的浓度会增加反应物分子之间的碰撞频率，从而提高反应速率。

（4）催化剂。催化剂是一种物质，它可以提供反应过程中的可行反应路径，降低反应的活化能，从而加速反应速率，但催化剂本身在反应结束后不发生永久变化。

（5）光照。某些反应需要光的存在才能发生，这样的反应称为光化学反应。

2. 哪些因素会影响化学反应的速率？

（1）反应物浓度。增加反应物浓度会增加碰撞频率，从而加快反应速率。

（2）温度。提高温度会增加反应物分子的动能，增加碰撞能量和频率，从而加快反应速率。

（3）催化剂。催化剂可以降低反应的活化能，加速反应速率。

（4）反应物的物理状态。反应物的物理状态对反应速率有影响。通常情况下，气体反应速率较快，液体反应速率次之，固体反应速率较慢。

（5）反应物的粒度。较小的反应物颗粒具有较大的表面积，更容易发生反应，因此粉末状的反应物反应速率更快。

（6）反应物的化学性质。反应物的化学性质也会影响反应速率。例如，某些反应需要具有特定官能团的化合物才能发生。

这些条件和因素对不同的化学反应有不同的影响，化学反应的速率与这些因素之间存在复杂的关系。

3. 溶解是物理变化还是化学变化？

绝大部分的溶解是物理变化，因为溶质分子并没有发生化学反应，只是在分子间相互作用等物理过程中被分散，因此没有形成新的物质，也没有改变其化学性质。如蔗糖溶解于水形成蔗糖的水溶液是物理变化。有些特殊情况，如碳酸钙溶于稀盐酸（$CaCO_3+2HCl=CaCl_2+H_2O+CO_2\uparrow$）则是化学变化。因为碳酸钙与盐酸发生化学反应，生成了新的物质，最终在体系中也形成了分子状态的均匀相。

4. 影响物质在水中溶解快慢的因素还有哪些？

物质在水中的溶解快慢有内因和外因两部分影响因素。

内因就是溶质和溶剂的性质和状态，它们既会影响溶解速度又会影响溶解度。

外因包括温度、压力、溶质的粉碎程度、是否搅拌、有无其他添加物（比如催化剂）等。具体来说：

（1）搅拌。搅拌或搅动溶液可以增加物质与溶剂之间的接触面积，促进溶解速率。

（2）表面积。固体溶质的颗粒越小，表面积越大，与溶剂的接触面积也就越大，从而加快溶解速率。

（3）压力。对于气体溶解在液体中的情况，增加压力可以提高气体分子与液体分子之间的碰撞频率，加快溶解速率。

（4）pH 值。某些物质在特定的 pH 条件下更容易溶解。例如，许多酸性物质在酸性条件下更容易溶解。

（5）共溶剂。添加其他溶剂可以改变溶液的性质，影响溶解速率。例如，某些物质在混合溶剂中更容易溶解。

（6）化学反应。有些物质在溶解过程中会发生化学反应，反应速率也会影响溶解速度。

这些因素的相互作用可以对物质在水中的溶解速率产生影响。需要根据具体的物质和溶解条件来考虑这些因素的影响。

5. 物体与构成物质意思是否相同？

物体和构成物质是不同的概念。物体是指具体的、可见的实体，它有形状、大小、质量等特征，并且可以感知和触摸。物体可以由一个或多个构成物质组成。构成物质是指构成物体的基本物质单位，它是组成物体的微观粒子或分子，例如原子、离子、分子。构成物质可以是固体、液体或气体。简单来说，物体是我们能够感知和观察到的实体，而构成物质是构成物体的微观粒子或分子。一个物体可以由单一的构成物质组成，也可以由多种不同的构成物质混合而成。

核心概念三　运动与相互作用

【内容标准与学业要求】

概念说明	物质是运动的。物质的运动包括机械运动、热运动和电磁运动。物体之间存在相互作用力，包括电磁力、万有引力、强相互作用与弱相互作用；力可以改变物体的形状和运动状态。学习机械运动、热运动和电磁运动等，探究运动与相互作用之间的关系，有助于学生形成系统与模型等跨学科概念。		
学习内容	1—2 年级内容要求	3—4 年级内容要求	5—6 年级内容要求
3.1 力是改变物体运动状态的原因	①使用前后左右、东南西北、上下、远近等描述物体所处的位置和方向。 ②知道推力和拉力是常见的力，力可以使物体的形状发生改变。	①知道可以用相对于另一个物体的方向和距离来描述运动物体在某个时刻的位置。 ②知道测量距离和时间的常用方法。 ③知道用速度的大小来描述物体运动的快慢，知道自行车、火车、飞机等常用交通工具的大致速度。 ④描述生活中常见物体的直线运动、曲线运动等运动方式，比较不同的运动，举例说明各种运动的形式和特征。	①知道日常生活中常见的摩擦力、弹力、浮力等都是直接施加在物体上的力。 ②举例说明给物体施加力可以改变物体运动的快慢，也可以使物体开始或停止运动；学会使用弹簧测力计。 ③知道地球上一切物体都受到地球的吸引力，地球不需要接触物体就可以对其施加引力。
3.2 电磁相互作用	③列举常用的不同形状的磁铁。 ④知道磁铁可以直接或隔着一段距离对铁、镍等材料产生吸引作用。	⑤知道磁铁同时存在两个不同的磁极，相同的磁极互相排斥，不同的磁极互相吸引。 ⑥知道地球有磁场，指南针中的小磁针可以用来指示南北。 ⑦知道电源、导线、用电器和开关是构成电路的必要元件；说明形成电路的条件，切断闭合回路是控制电流的一种方法。 ⑧知道有些材料是导体，容易导电；有些材料是绝缘体，不容易导电。 ⑨列举电的重要用途，知道雷电、高压电、家庭电路中的交流电会对人体产生伤害，知道安全用电的常识。	

续表

学习内容	1—2 年级内容要求	3—4 年级内容要求	5—6 年级内容要求
3.3 声音与光的传播		⑩识别来自光源的光（如太阳光、灯光）或来自物体反射的光（如月光）。 ⑪描述光被阻挡时形成了阻挡物影子的现象。 ⑫举例说明声音因物体的振动而产生。 ⑬举例说明声音在不同物质中可以向各个方向传播。 ⑭知道声音有高低和强弱之分，声音高低和强弱的变化是由于振动的变化引起的；制作能产生不同高低、强弱声音的简易装置。 ⑮知道噪声的危害和防治，学会保护听力的常用方法。	④知道来自光源的光或来自物体的反射光进入眼睛，能使人们看到光源或该物体。 ⑤知道光在空气中沿直线传播。 ⑥知道光遇到物体会发生反射现象，光的传播方向会发生改变。 ⑦描述太阳光穿过三棱镜后形成的彩色光带，知道太阳光中包含不同颜色的光。

	1—2 年级	3—4 年级	5—6 年级
学业要求	能举例说明力可以改变物体的形状；能使用方位名词说出物体所处的位置和方向；能举例说明磁铁具有磁力。 能根据效果区别推力和拉力。 能通过动手操作，体验力对物体形状的改变；能在教师指导下操作简单的实验，比较磁铁对不同物质的吸引作用。 在体验活动和动手操作中，能如实表达观察到的现象，具有对推力、拉力、磁力等	能说明常见的物体运动方式和特点，知道速度可以描述物体运动的快慢；能说明形成简单电路的基本条件及控制方法，区别导体和绝缘体，知道安全用电；能识别生活中的光源，能解释影子形成的原因；能解释声音产生与物体振动的关系，以及声音高低、强弱的改变与振动变化的关系，能说明声音可以在不同物质中传播，了解生产生活中的噪声现象和防噪办法；能利用磁铁的基本性质解释某些生活现象。 能对常见的物体运动形式进行分类，概括不同运动的特点；利用简单电路比较不同材料的导电性；能	能说明有些力是通过接触物体施加的，有些力是不直接接触物体施加的，力可以改变物体的运动状态；能解释人眼看到光源和物体的原因；能举例说出光的反射现象，知道太阳光的色散现象。 能运用分析、推理的方法认识地球引力，能分析光的行进路线及反射现象。 能通过观察和实验理解常见的力对物体运动的作用，能通过观察、查阅资料等方法了解地球

续表

	1—2 年级	3—4 年级	5—6 年级
学业要求	现象的直觉兴趣；意识到学会描述方位在生活中的重要性。	解释物体振动与声音产生及其变化之间的关系。 能在教师指导下设计实验，探究声音与物体振动的关系；能用科学词汇、图示符号等表达物体运动的方式；会用简单工具测量距离、时间等；会用简单的元件连接简单电路。 能在探究过程中描述现象并如实记录；能在动手连接电路等活动中，耐心操作、反复检查；关注生活中电的重要作用。	引力，能通过实验认识光在传播过程中会发生折射现象，能设计制作简单的光学物品。能在好奇心的驱使下，表现出对日常生活中力与运动关系的探究兴趣；从人类探索太空的历程，体会现代科技的重要作用；关注光污染、噪声的危害，树立自我保护意识。

7—9 年级重点词汇：半导体、超导体、无线电波、微波、红外线、可见光、紫外线、X 射线、电磁波、响度、音调、噪声污染、电磁污染。

【重点词汇辨析】

1. 相互作用力、电磁力、万有引力

相互作用力：当物体对物体发生作用（直接接触或通过场）或物体的一部分对另一部分发生作用时，必然受到另一个物体或物体的另一部分对它的反作用力。这些相互作用力共同构成了物质世界中粒子之间的相互作用机制，使得物质能够具有多样的性质和行为。它们在不同尺度和能量范围内发挥着重要的作用，并对我们理解宇宙的运行方式提供了关键的线索。

电磁力、万有引力、强相互作用和弱相互作用是四种基本相互作用力，用于描述物质世界中粒子之间的相互作用方式。

电磁力：处于电场、磁场或电磁场的带电粒子所受到的作用力，其作用范围是无限大的，强度比万有引力要大得多。电荷之间、磁体之间、电荷与磁体之间

的相互作用表现形式不一样，但它们本质是一样的。物质内部分子与分子之间的相互作用力，就是电磁力的一种形式。由于电子与原子核分别带有负电荷与正电荷，它们之间会以电磁力相互吸引，使得电子环绕着原子核运动，电子与原子核共同组成原子。电磁力可以解释电磁现象，如静电吸引和斥力、电流的产生和磁场的形成。

万有引力：所有物体之间都存在的一种作用，其作用范围很大，不管是宇宙中的天体之间还是微观粒子之间都存在这种相互作用，由于它是四种相互作用力中最弱的，以至于一般物质之间存在的万有引力常常被忽略，只有在大的天体之间或天体与物体之间才会表现出来。万有引力是宇宙中最弱但作用范围最广的力，它解释了天体运动、行星轨道以及物体受重力的下落等现象。

2. 强相互作用、弱相互作用

强相互作用：最强的一种相互作用，这种作用力将原子核团聚在一起。强相互作用发生在超子、核子、介子之间，参加强相互作用的粒子统称为强子。强相互作用具有强度大、作用范围很小等特点。强相互作用也解释了核反应和粒子在加速器中的碰撞等现象。

弱相互作用：存在于放射线现象中，发生在轻子和轻子、强子和强子、强子和轻子之间。弱相互作用具有强度小、作用范围最小等特点。它导致了一些基本粒子的变化，如质子和中子的转变，以及放射性衰变等。

3. 方向、距离、位置

方向、距离和位置是描述物体在空间中的概念。

方向：表示物体或者物体运动的路径或朝向。它描述了物体相对于某个参考点或参考轴线的相对位置。方向可以用诸如上下、左右、前后等词语来描述，也可以用具体的角度或方向向量表示。

距离：两个物体或者两个位置之间的间隔或长度。它表示了物体或位置之间的空间隔离程度。距离可以通过测量、计算或估算得到，通常使用长度单位（如米、千米）来表示。

位置：物体在空间中的具体点或坐标，是用于描述物体相对于某个参考点的具体位置信息。位置可以使用坐标系统来表示，如直角坐标系或极坐标系。在三维空间中，通常使用三个坐标值（如 X、Y、Z 坐标）来表示位置。

方向、距离、位置在物理学、几何学和导航等领域中都非常重要，帮助我们描述和理解物体在空间中的位置和运动。

4. 形状、形态

形态和形状都是用于描述物体外观或外部特征的概念，但它们也有一些区别。

形态：物体的整体外观、轮廓或结构特征，涉及物体的整体形状、结构、组成部分以及其他特征。例如，一个建筑物的形态可以包括其建筑风格、楼层数、外部结构等。

形状：物体外部的几何外形或轮廓，主要关注物体外部边界线的特征和几何形状。形状可以用几何图形（如圆形、方形、三角形）或具体的几何参数（如长度、宽度、高度）来描述。

5. 直线运动、曲线运动

直线运动和曲线运动是物体运动的两种基本类型，它们有一些明显的区别。

直线运动：物体在路径上沿直线方向运动的运动形式。物体在直线运动中保持相同的方向，速度可以是匀速的，也可以是变速的。在直线运动中，物体的位置随时间的变化可以用简单的线性方程或直线图表示。直线运动常见于物体在直道上的运动，如物体的自由落体运动或汽车在平直的公路上行驶。

曲线运动：物体在路径上沿曲线或弯曲的轨迹运动的运动形式。物体在曲线运动中改变方向，速度和加速度的方向和大小可能会变化。曲线运动的路径可以是圆弧、螺旋线、椭圆轨道等曲线形状。曲线运动常见于物体在弯道上的运动，如飞行物体的抛物线运动、行星在椭圆轨道上的运动等。

直线运动的路径是直线，而曲线运动的路径是曲线或弯曲的轨迹。这些运动形式在物体的运动过程中具有不同的特点和行为。

6. 力、摩擦力、弹力、浮力

力：物质之间的相互作用。凡能改变物体运动状态或使物体发生形变的作用都称为力。力具有大小、方向和作用点三个要素。力是矢量，单位是牛顿。

摩擦力、弹力和浮力是三种不同类型的力，它们在物体运动和静止中扮演着不同的角色，有以下区别。

摩擦力：两个接触物体之间阻碍它们相对运动或相对运动趋势的力。摩擦力的大小取决于物体表面的粗糙度和两个物体之间的压力。它的方向与物体相对运动的方向相反。摩擦力可以分为静摩擦力（阻止开始运动）和动摩擦力（阻碍继续运动）。

弹力：物体发生形变而产生的力。当一个物体被压缩、拉伸或弯曲时，它会产生弹力，试图恢复到原来的形状或长度。弹力的大小取决于物体的弹性特性和形变的程度。弹力的方向通常与形变方向相反，即朝向恢复原来形状的方向。

浮力：液体或气体中物体所受到的向上的力。根据阿基米德原理，当物体浸入液体或气体中时，它所受到的浮力等于所排出的液体或气体的重量。浮力的方向是垂直于流体表面向上的。

7. 电子元件、闭合回路

电子元件：在电子技术中，元件是指用来构成电路的基本器件或组件。电子元件可以是被动元件（如电阻器、电容器、电感器）或主动元件（如晶体管、二极管、集成电路等）。这些元件根据其电子特性和功能，被用于在电路中传递、控制和处理电信号。

闭合回路：电流能够从电源沿着完整的路径流动的电路。在闭合回路中，电流可以从电源的正极流出，经过各个电子元件，然后返回电源的负极。这样的回路形成了一个连续的电流路径，允许电流顺利地流动。闭合回路是电流能够产生的必要条件。当电路中存在一个或多个断开的路径，电流无法完整地流动，这种情况被称为开路。只有当电路中的所有元件和导线都正确连接并形成一个连续的回路时，才能实现电流的流动。

8. 磁性、磁力、磁极

磁性：能激发磁场以及在磁场作用下能产生有关效应的性质。粗浅地说，是指物体具有吸引铁性物质（铁、钴、镍及其化合物），制成细长形自由悬挂时可指南北。磁性是物质的固有属性。

磁力：磁场对电流、运动电荷和磁体的作用。磁极在磁场中所受的力等于磁极强度和磁场强度的乘积。磁体的磁性是由分子电流引起的，所以磁极所受的磁力仍然是磁场对电流的作用力。

磁极：磁体上显示磁性最强的部分。针形、条形和马蹄形磁体的磁极，都在接近两端处。可以在水平面内自由转动的条形磁体或磁针，在地磁场的作用下静止时，方向大致指向南北；指北的一端称北（N）极，指南的一端称南（S）极。磁体的同名极相斥，异名极相吸引。在任何一个磁体上，南极和北极总是成对出现，而且它们的强度相等。

磁性、磁力、磁极之间相互关联，共同构成了磁学的基本概念和原理。

9. 直流电、交流电

直流电：电荷流动方向不随时间改变的电流。另一种含义较狭窄而更为常用的直流电是指恒定电流，即电路中电流的方向和大小都不随时间改变。直流电常常由电池、直流发电机或直流电源产生。在直流电路中，电子从正极（正电荷）流向负极（负电荷）。直流电传输距离有限，损耗较大。直流电常用于电子设备、电池供电的应用，例如电子器件、电动车和太阳能电池板等。

交流电：电荷流动方向随时间周期性变化且在一个周期内的平均值为零的电流。相应的电压也作类似的变化。在交流电中，电荷的流动方向会周期性地反转，电流的极性会交替变化。交流电通过发电厂产生，并通过输电线路传输到家庭、工厂和其他电力用户。交流电的频率通常为 50 赫兹或 60 赫兹，这意味着电流方向每秒钟发生 50 个或 60 个周期性变化，比如 50 赫兹的交流电，每个周期电流方向变化 2 次，则 1 秒钟电流方向变化 100 次。交流电传输距离较远，损耗较小。交流电广泛用于家庭电力供应、工业用电和电力系统中，例如家庭插座、电动机和发电厂等。

直流电和交流电都是通过电荷的流动来传递能量和信息的形式。

10. 用电器、电流、高压电

用电器：能够转换电能为其他形式能量、用于特定功能的设备或装置。常见的用电器包括电灯、电风扇、电视机、冰箱、洗衣机等。它们通过接入电源来获取电能，并将电能转换为光能、机械能、热能等以完成相应的功能。

电流：电荷在导体中流动的现象。它是电荷的移动，由带电粒子（通常是电子）在导体中的运动形成。电流的单位是安培（A），表示每秒通过导体横截面的电荷量。电流的大小取决于导体中电荷的数量和流动速度，可以使用电流表进行测量。

高压电：电压较高的电力，通常用于输送和分配电能。高压电通常涉及较高的电压水平，例如几千伏至数百万伏的电压。高压电用于长距离的输电线路，通过减少电流的大小来降低输送能量时的损耗。然后在需要的地方，通过变压器将电压降低到适合使用的电压水平，以供给家庭、工厂和其他用电设备。

11. 机械运动、热运动、电磁运动

运动是物质存在的基本形式及其固有属性。物质和运动不能分割，物质在不停地运动，运动的描述对象是物质。运动是绝对的，静止是相对的。运动的形式很多，常见的有机械运动、热运动和电磁运动等。

机械运动：自然界中最基本、最普遍的运动形式，是物体与物体之间或物体的各部分之间相对位置发生变化的运动。机械运动的表现形式非常多，但最基本的是平动和转动，另外还有机械振动与机械波（如声音的产生和传播）。

热运动：固体、液体、气体等物质内部的微观粒子（如分子、原子、离子等）永不停息地无规则运动。物体的温度越高，热运动就会越剧烈。

电磁运动：电荷运动以及由它引起的场的传播现象。它是自然界基本而普遍的运动形式。

机械运动是物体在外力作用下的位置或形状改变，热运动是物体内部微观粒子的无规则运动，而电磁运动涉及电荷和电磁场之间的相互作用。这些运动形式在物体的性质、机制和应用方面有着不同的特点。

12. 振动、音调、响度

振动：物体往复经过平衡位置的变化过程。物体（或其一部分）沿直线或曲线经过其平衡位置所做的往复运动，称为“机械振动”。每经过一定时间后又

回到原来状态的振动，称为“周期性振动”，如钟摆、弦线、音叉等的运动。

音调：声音频率的高低。物体振动得快，发出的声音音调就高，振动得慢，发出的声音音调就低。

响度：又称音强、音量，是指人耳对所听到的声音大小强弱的主观感受，其客观评价尺度是声音的振幅大小。振幅越大，音量就越大，振幅越小，音量就越小。

音调和响度是声音的两个基本属性，它们对应振动的频率和振幅。音调和响度可以各自独立地改变。例如，当唱高音时，声带振动频率较高，产生高音调；而当唱大声时，声带振幅较大，产生大的音量，它们共同构成了声音的特征。

13. 光源、可见光、不可见光

光源：物理学名词，能发出一定波长范围的电磁波（包括可见光以及紫外线、红外线和 X 射线等不可见光）的物体。光源通常指自己能发光且正在发光的物体。光源可以是自然的，如太阳、星星，也可以是人造的，如电灯、激光器。光源产生的光可以辐射到周围空间，并传播出去。

可见光：一种电磁波，是电磁波谱中人眼可以感知的部分，可见光谱没有精确的范围。一般人的眼睛可以感知的电磁波频率为 380 太赫滋—750 太赫滋，波长在 780 纳米—400 纳米。可见光的主要天然光源是太阳，主要人工光源是白炽物体，它们所发射的可见光谱是连续的。二极管、激光器也发射可见光，其光谱是分立的。

不可见光：人类肉眼看不到的光，其中包括无线电波、微波、红外光、紫外光、X 射线、γ 射线、远红外线等。虽然我们不能直接看到不可见光，但它们在科学、医学、通信等领域具有重要的应用，例如紫外线可以用来杀菌，红外线在红外摄像中发挥作用，X 射线在医学影像中的应用等。

14. 光的反射、光的折射、光的色散

光的反射：一种光学现象，指光在传播过程中遇到不同物质时，在分界面上改变传播方向又返回原来物质中的现象。光在反射现象中，光路是可逆的。光线在与界面相交时，根据反射定律，入射角等于反射角。镜面反射指光线平行的反射，

使得我们能够看到清晰的像。漫反射指光线在不规则表面上以不同的方向反射，使得物体看起来亮度均匀。

光的折射：光从一种介质斜射入另一种介质时，传播方向发生改变，从而使光线在不同介质的交界处发生偏折的现象。光在折射现象中，光路也是可逆的。光线在进入另一种介质时会发生折射，并遵循折射定律。根据斯涅尔定律，入射光线和折射光线在界面上的入射角和折射角之间满足一定的关系。不同折射率的介质会使光线改变的速度和方向不同，导致光线弯曲。

光的色散：指的是复色光分解为单色光的现象，光线在经过介质时，由于不同波长的光具有不同的折射率而产生分离。牛顿在 1666 年最先利用三棱镜观察到光的色散，把白光分解为彩色光带（光谱）。光的色散可以用三棱镜、衍射光栅、干涉仪等来实现。

这些现象在光的传播和与物质的相互作用中起着重要的作用，并对我们观察和理解光现象提供了重要的信息。

15. 物理场、引力场、电场

物理场：在物理学里，场是一个以时空为变数的物理量。对于观察者来说，质点周围空间中任意一个几何点指向该质点的位移矢量，随空间位置变化或者随时间变化，这样的空间称为物理场。

引力场：由质量体产生的场，描述了物体间由引力引起的相互作用。引力场是普遍存在的，它是质量体周围空间的性质。根据万有引力定律，引力场的强度与物体的质量和距离有关，质量越大、距离越近，引力场的影响越明显。

电场：由电荷体产生的场，描述了电荷间的相互作用，是带电粒子周围的物理场，具有正负电荷的粒子会在电场中受到力的作用。电场的强度与电荷的大小和距离有关，电荷越大、距离越近，电场的影响越明显。根据库仑定律，电场的强度与电荷间距离的平方成反比。

引力场是由质量体产生的，电场是由电荷体产生的。引力场的作用对象是带质量的物体，电场的作用对象是带电粒子。引力场是吸引力的性质，电场包括吸引和排斥的性质。引力场没有正负的极性，电场有正负两种电荷的极性。

16. 导体、半导体、超导体、绝缘体

导体：具有大量能够在外电场作用下自由移动的带点粒子，因而能很好地传导电流的物体。各种金属和酸、碱、盐的水溶液以及电离气体、大地等都是导体。

半导体：导电性能介于金属和绝缘体之间的非离子性导电物质（室温时其电阻率约为 10^{-3} 欧·厘米—10^{9} 欧·厘米）。与金属的情况不同，半导体中杂质的存在和外界条件的改变（如温度变化、受光照射等），都会使它的导电性能发生显著变化。纯度很高、内部结构完整的半导体，在极低温度下几乎不能导电，随着温度升高，它的电阻率迅速减小。含有少量杂质的半导体分为 N 型和 P 型两类。半导体的 PN 结以及半导体同某些金属相接触的界面层，都具有单向导电或在光照下产生电势差的特性。利用这些特性可制成各种器件，如半导体二极管、三极管和集成电路等。

超导体：在温度和磁场都小于一定数值的条件下，导电材料的电阻和体内磁感应强度都突然变为零的物体称超导体。物体从正常态过渡到超导态时的温度称为超导体的“转变温度”（或“临界温度”）。当磁场达到磁场限值的“临界磁场”时，超导性就将被破坏。某些金属合金、铜氧化物和铁基超导体是常见的超导体材料，但超导性通常需要极低的温度来实现。

绝缘体：具有良好的电绝缘性或热绝缘性的物体。实用上常取空气、木、棉、毛等用作不导热的材料，而玻璃、电木、橡胶、石蜡、塑料等用作不导电的材料。

导体具有良好的电导性，半导体的电导性可调，而超导体在极低温下表现出无电阻和抗磁性。这些材料在电子学、能源传输等领域具有不同的应用和特点。

17. 电磁波、无线电波、微波

电磁波：在空间传播的交变电磁场。在真空中的传播速度为 3×10^{8} 米/秒。无线电波、红外线、可见光、紫外线、X 射线、γ 射线都是不同波长（或频率）的电磁波。有时也指用天线发射或接收的无线电波。

无线电波：频率范围约在几百赫兹到几百千赫兹的电磁波。一般用天线辐射或接收。其传播特性随频率的高低不同而有差别。国际上把无线电波的频率范围划成若干频段（或波段）。无线电波可用于广播、通信、雷达、无线电传输等，如广播电台、手机通信、无线网络等。

微波：一般指波段在分米波、厘米波、毫米波，频率在几百兆赫兹到几百千兆赫兹的无线电波。利用这些波段可以进行中继通信、卫星通信和散射通信等。大部分雷达也在这些波段上工作。微波具有较高的频率和较短的波长，常用于雷达、微波炉、通信、卫星传输等技术和应用。

18. 红外线、紫外线、X 射线

红外线：亦称“红外光”，在电磁波谱中，波长介于红光和微波之间（几百千兆赫兹到几百万千兆赫兹）的电磁辐射。不能引起人的视觉，但有显著的热效应，可以用温差电偶、光敏电阻或光电管等仪器来探测。按波长的差别，大致可分为三段：0.77 微米—3.0 微米为近红外区，3.0 微米—30.0 微米为中红外区，30.0 微米—1 000 微米为远红外区。红外线对云雾等充满悬浮粒子的物质有较强的穿透能力，应用广泛，可用于焙制食品、烘干油漆，也广泛应用于医疗、通信和遥感探测等。

紫外线：亦称“紫外光”，在电磁波谱中，波长介于紫光和 X 射线之间（几百万千兆赫兹到几百亿千兆赫兹）的电磁辐射。波长一般为 0.04 微米—0.39 微米，不能引起人的视觉。能透过可见光的物质均可强烈吸收紫外线的某些波段。玻璃对波长小于 0.35 微米的紫外线能强烈吸收，波长小于 0.2 微米的紫外线能被空气强烈吸收。自然界的主要紫外线光源是太阳。水银灯和电弧是常用的人工紫外线光源。紫外线通常用光电元件和感光乳胶来检测。在生物学和医学上常用于杀菌消毒、诱发突变、治疗皮肤病和软骨病等。

X 射线：亦称“伦琴射线”“X 线”，俗称“爱克斯光”，一种短波的电磁辐射，其波长为 0.006 纳米—2 纳米，大致介于紫外线和 γ 射线之间（几百亿千兆赫兹到几百万亿千兆赫兹）。由德国物理学家伦琴在 1895 年首先发现。通常可用高速电子流在真空中轰击阳极靶获得。它能穿透纸张以及金属薄片，能使荧光物质发光、照相乳胶感光、气体电离。可用于研究晶体结构或、分析元素成分、金属探伤以及医疗诊断等。直接照射人体过量时，会造成伤害，工作时须用能强烈吸收 X 射线的铅板或铅玻璃等保护人体。X 射线具有较高的频率和能量，常用于医学影像学、材料分析、安全检查等领域。

19. 光污染、噪声污染、电磁污染

光污染：干扰光或过量的光辐射（含可见光、紫外线和红外线）对人、生态环境和天文观测等造成的负面影响的总称，也泛指所有人造光产生的不良影响。

噪声污染：使人感到烦躁不安，干扰人们工作、学习、休息，以及影响人们身心健康的声音。从物理学上来看，噪声是无规律的、不协调的声音，以及频率和声强都不同的声波的杂乱组合，如交通声音，压缩机的进、排气声音等。

电磁污染：天然和人为产生的各种电磁波干扰及有害的电磁辐射。由于广播、电视、微波技术的发展，射频设备功率成倍增加，人类生活空间的电磁辐射大幅度增加，已达到直接威胁人体健康的程度。

【常见疑惑问答】

1. 推力和拉力有什么联系？如何区别？

推力和拉力在物理上是相互作用力的两种表现形式。这两种力都指外加的力使物体向前运动。在物体的后方用力推使物体前进的力叫推力，在物体的前方用力拉使物体前进的力叫拉力。若推力和拉力都是水平的，在同一接触面上，同一人的最大推力和最大拉力是相等的，都等于他与水平面的最大静摩擦力。推力和拉力总是成对出现的，它们有以下联系：

（1）都适用于牛顿第三定律。根据牛顿第三定律，每个作用力都有一个大小相等、方向相反的反作用力。当一个物体施加推力给另一个物体时，被推的物体同时对施力物体产生反向的推力。一个物体对另一个物体施加拉力，亦如此。

（2）相同大小。对于相同的物体和相同的作用条件，最大推力和最大拉力的大小相等。

（3）不同的方向。推力和拉力的方向不同。推力是从物体的背面向前方推动

物体，而拉力是从物体的正面向前方拉动物体。它们的方向是根据力的作用对象和作用方式来确定的。

2. 荧光物质是光源吗？

光源是可以自己发光的，非光源不能自己发光，但是可以通过反射或者其他方式提供光。光源发光时是自己发出的光，而不是反射其他物体的光，例如太阳、萤火虫、点燃的蜡烛等。像月亮这样，自己不能发光，而是反射太阳的光，就不是光源。

需要注意的是，有些物体或物质在特定条件下可以被激发而发光，如荧光物质、磷光物质等，它们在受到激发后会暂时产生光，但它们并不是真正意义上的光源，因为它们无法持续地自身产生光。

3. 如何区别物质和物体的运动形式？

物质的运动形式和物体的运动形式是物理学中描述物质和物体运动的两个概念，物质的运动形式包括物体的运动形式，物体的运动形式属于物质的运动形式的其中一种。

物质的运动形式：物质微观粒子的运动方式，包括分子、原子、离子等微观粒子的运动，通常描述的是微观粒子在空间中的位置和速度的变化。

物体的运动形式：宏观物体的整体运动方式，通常描述的是宏观物体在空间中的位置、速度和加速度等宏观性质。

4. 噪音和噪声有区别吗？

噪音是物理学的声学术语，与“乐音”相对，是指由物体不规则地振动而产生的声音，即音高和音强变化混乱、听起来不谐和的声音。它通常被认为是干扰正常听觉或传递信息的声音。噪音可以来自各种源头，例如机械设备、交通、人声、碰门声、刮风声、划玻璃声等。在科学和工程领域，噪音通常被定义为频谱中的广泛频率分量，其中包含了与所关注信号无关的干扰成分。（乐音指由物体有规则地振动而产生的声音，即有一定频率、听起来比较和谐悦耳的声音，钢琴、胡琴、笛子等发出的声音与语音中的元音都是乐音。）

噪声是环境科学术语，也是现在人们日常生活中高频度使用的普通名词，是指使人厌烦的声音，即干扰人们休息、学习和工作的声音，是干扰或干扰信号的不相关或非期望的能量。它可以是电信号、无线信号或其他类型信号中的干扰成分。噪声可能来自电子设备、电源干扰、电磁辐射等。在通信和电子技术领域，噪声通常被视为降低信号质量和可靠性的干扰源。（乐音也可以成为噪声，如夜半的歌唱声、钢琴声等扰人不得入睡，这歌唱声、钢琴声之类的乐音就成了噪声。）噪声也是通信（旧称通讯）技术中的术语，指一切有干扰性的信号。如由于外部原因（如工业干扰等）或内部原因（如元件、器件内部的热骚动等）引起的妨碍电信接收的电子干扰。

在科学和技术领域中，噪音通常更多地指涉声音领域的干扰，而噪声则更广泛地指涉信号和电子领域的干扰。

5. 磁铁摔断后，磁力大小会变化吗？

当磁铁摔断时，它会受到外部的力和应力，这可能会导致磁性颗粒的重新排列或磁性材料的结构改变。这些变化可能会减弱磁力或改变磁极的性质。①磁性颗粒的移动。磁铁摔断可能会导致磁性颗粒的移动和重新排列，从而影响整体磁场的形成和磁力的大小。磁铁内部的无序排列，会减弱磁性，甚至让磁性消失，加热磁铁或者铁片、大力敲击（或摔）磁铁也会使磁铁无序排列，从而使磁性减弱。②磁化强度的减弱。摔断可能会导致磁铁的磁化强度减弱，从而减少磁力。③磁场的破坏。磁铁摔断可能导致磁场的破坏或部分失效，进而影响磁力的分布和大小。

磁铁摔断后磁极的性质可能会发生变化，包括磁极的位置、形状和磁场分布。磁铁的断裂面上可能会出现新的磁极。

总之，磁铁摔断后磁力大小和磁极性质的变化取决于具体情况，可能会有一定的变化。这些变化取决于磁铁的结构、磁性材料的性质以及摔断的方式和程度。

6. 彩虹为什么是半弧形的？

彩虹是由太阳光在水滴中的折射、反射和内部反射所产生的光学现象。彩虹通常呈现出半弧形的形状，而不是圆形的原因如下：

太阳光从空气进入水滴内部时会发生折射，在水滴内部，光又会发生多次的反射和折射，并最终从水滴的背面折射出来。这个过程会导致光被分散成不同波长的颜色，形成光谱。只有特定的角度范围内的光才能从水滴背面射出来形成彩虹。这个角度范围导致彩虹呈现出半弧形的形状，而不是完全的圆形。

虽然彩虹一般呈现出半弧形的形状，但如果在飞机上或在高山等特殊位置观察，有可能看到更大的圆形彩虹，甚至是双重彩虹。这是因为观察者的位置和光线的折射角度不同，产生了不同的观察效果。不过，这样的圆形彩虹并不常见。

7. 场作为一种物质，具有哪些特性？

场是一种物质或物质的属性。可以将其类比为一种填满空间的物质，就像大海中的水或空气一样。这种物质不是由实际的物质粒子构成的，而是由一种力或能量的分布组成。

它具有以下特性：

（1）存在性。场是广泛存在的，可以存在于空间中的任何地方。例如，电场存在于带电粒子周围，磁场存在于磁性物体附近。

（2）可感知性。虽然场本身是无形的，但我们可以通过其对其他物质或物体的影响来感知它。例如，冬天触摸金属物体时，会有电击的感觉，可以感受到电场的存在。

（3）力的来源。场可以施加力或相互作用于其他物质或物体。就像风可以对物体施加压力一样，场物质也可以对其他物体施加力。例如，电场可以施加电力，引力场可以施加引力。

（4）空间分布。场具有特定的空间分布特征。不同位置的场强度和方向可能不同，这取决于场源和周围的物质或条件。

（5）可相互作用性。场可以相互作用并相互影响。例如，电场和磁场可以相互作用形成电磁场，引力场可以与其他引力场相互作用。

（6）可变性。场可以随着时间和空间的变化而变化。它们可以通过运动的粒子或变化的条件而产生变化。

总的来说，场物质就像一种填满空间的虚拟物质，它可以施加力并与其他物体相互作用。尽管场并不是由实际的物质粒子组成的，而是一种力或能量的分布，但这种比喻可以帮助我们理解场的概念。

8. 虹和霓有什么区别？

虹和霓都是大气光学现象，由光在水滴或冰晶中的折射、反射和色散效应产生。两者区别具体如下：

（1）成因不同。若阳光在雨滴中经两次折射、两次内反射而以最小偏向角出射的光，恰好投射到背阳而立的人眼中，看到的弧形环便是霓。若在与太阳相对的另一半天空中的水滴，被阳光照射，阳光在雨滴中经两次折射、一次内反射而以最小偏向角出射的光，恰好投射到背阳而立的人眼中，看到的弧形光环便是虹。

（2）色彩排序不同。霓的彩环为内红外紫的排序，虹的彩环排序为内紫外红。

（3）位置不同。一般情况下虹的位置较低，霓的位置较高。

（4）出现条件不同。虹一般在下雨后出现，太阳在观察者的背后，且观察者的位置与虹的中心呈对称关系时才能看到。而霓的出现条件更复杂，通常需要空气中存在冰晶或微小水滴，并且太阳的高度角较低。

9. 机械波和电磁波有什么不同特性？

机械波和电磁波是两种不同类型的波动，它们具有一些不同的特性。

（1）传播介质。机械波需要介质来传播，例如声波需要空气介质、水波需要水介质；而电磁波可以在真空中传播，无需介质。

（2）传播方式。机械波是通过介质中的分子或粒子的振动传递能量和扰动。它们需要在介质中产生压缩和稀疏的区域，通过相继的振动传递能量。电磁波是由电场和磁场的相互作用而产生的波动，电场和磁场的变化相互耦合并在空间中传播能量。

（3）振动方向。机械波可以是纵波，也可以是横波；而电磁波则是横波，没有纵波的形式。横波质点的振动方向与波的传播方向相互垂直，纵波质点的振动方向与波的传播方向一致。

(4) 频率范围。机械波的频率范围相对较窄，例如声波的频率范围通常在几十赫兹到几万赫兹之间；而电磁波的频率范围很广，包括无线电波、微波、红外线、可见光、紫外线、X 射线和 γ 射线等不同频率范围。

(5) 能量传播。机械波传播能量是通过介质中的分子或粒子的振动传递的，而电磁波传播能量是由电场和磁场的相互作用传递的。

总体而言，机械波和电磁波在传播介质、传播方式、振动方向、频率范围和能量传播等方面有着明显的区别。机械波需要介质传播，振动方向与传播方向垂直，频率范围较窄；而电磁波可以在真空中传播，振动方向与传播方向垂直，频率范围很广。

10. 震动与振动有什么区别？

震动和振动都描述了物体或系统的快速往复运动或摆动。然而，从物理学的角度来看，可以将它们稍微区分开来。

震动通常指的是物体或系统在受到外界扰动或激励后，以较大的幅度迅速来回摆动或振动。这种摆动或振动通常是非周期性的，并且在一定时间内可能会有不同的幅度和频率。通常是指体积较为庞大的物体发生的短时间的偶尔一次或几次间断式的震颤。震动的运动对象是物体的全部自身，例如：地震。

振动通常指的是物体或系统在自身的固有属性或特性的作用下，以较小的幅度在一个稳定的周期性运动中摆动或振动。这种摆动或振动通常是基于物体或系统的固有频率，并且在一个较长的时间范围内保持稳定。通常是指体积较小的物体，能持续一段时间的，机械式地、连续性地往复运动。振动的运动对象是物体的全部或一部分。例如：鼓、音叉的振动。

因此，可以说“震动”更强调外界扰动或激励引起的快速往复运动，而“振动”更强调物体或系统自身固有属性引起的稳定周期性运动。

11. 铁被磁铁吸引时内部会发生什么变化？

先从原子内部结构说起。一切物质都是由分子组成的，而分子又是由原子组成的。原子就像一个小房子，里面住着原子核和电子。电子特别活跃，除了自己不停地旋转外，还围着原子核旋转。电子不停地旋转就产生了磁性。但是，电子们旋转的方向不一样，有的朝左，有的朝右，有的朝上，有的朝下，杂乱无章的，这就使物质里面的磁性都被耗费掉了。所以，大多数的物质在正常的情况下，是不会产生磁性的。铁也是如此。

可磁铁就不一样了。它是用铁、钴、镍等铁磁质材料做成的。人们把这些材料放在很强的磁场里面，铁磁质材料里的电子，就像训练有素的战士一样，遇到很强的电流磁场，就像听到了口令，“唰!”的一下排得整整齐齐的。就这样铁磁质材料里面电子旋转产生的磁性，就跟外面磁场的方向一致了。这些铁磁质材料也就经过了磁化，变成磁铁了。

当我们用磁铁靠近铁的时候，铁的内部会发生一些有趣的变化：磁铁的磁场也会使铁被磁化，这时铁原子内部电子的方向稍微转动一点点，呈现出排列整齐的趋势来，使它们趋向于与磁铁的磁场对齐，也会产生一个磁场。这个感应磁场与磁铁的磁场相互作用，产生了吸引力，宏观表现为磁铁吸引铁。

核心概念四　能的转化与能量守恒

【内容标准与学业要求】

概念说明	在物质的一切属性中，运动是最基本的属性。对应物质的各种运动形式，能有各种不同的形式，如在机械运动中表现为机械能，在热现象中表现为系统的内能。能量是一切运动着的物质的共同特性，也是各种运动的统一量度。能的形式是多样的，可以通过做功相互转化。能在转移与转化过程中，总量保持不变。本学科核心概念的学习有助于学生形成物质与能量、稳定与变化等跨学科概念。		
学习内容	**1—2 年级内容要求**	**3—4 年级内容要求**	**5—6 年级内容要求**
4.1　能的形式、转移与转化		①了解生活中各种能的形式，知道运动的物体具有能量。 ②描述测量物体温度的方法，知道摄氏度是表示物体冷热程度的常用温度标准单位。 ③知道物体一般具有热胀冷缩的性质，知道水结冰时体积会膨胀。	①知道动能、声能、光能、热能、电能、磁能等都是能的形式，了解这些能的相互转化现象。 ②知道简单机械（杠杆、滑轮、轮轴、斜面）及其在生产生活中的应用。 ③举例说出生活中常见的热传递现象，知道热从温度高的物体传向温度低的物体，从物体温度高的部分传向温度低的部分。 ④举例说明影响热传递的主要因素，列举它们在日常生产生活中的应用。
4.2　能源与可持续发展			⑤了解太阳能、水能、风能、地热能、化石能等能源。

	1—2 年级	3—4 年级	5—6 年级
学业要求		知道热胀冷缩的性质及其在生产生活中的应用实例；能识别生活中各种能的形式，举例说明运动的物体具有能量。 能用实例归纳概括物体的热胀冷缩性质；能举例分析物体运动过程中有能的变化。 能设计实验，探究常见物体的热胀冷缩现象；能利用科学词汇、图示符号等方式记录现象。 能正确叙述自己的探究过程与结论，能倾听别人的意见，能合作交流；愿意用热胀冷缩等相关的原理解决生活中的一些问题。	知道常见的简单机械（杠杆、滑轮、轮轴、斜面）及其应用；能举例说明常见的热传递现象和影响热传递的主要因素，列举它们在生产生活中的应用；知道自然界中存在多种形式的能，如动能、声能、光能、热能、电能、磁能等，不同形式的能可以相互转化。 能对自然界存在的各种形式的能进行简单分类，能简单解释能的转化现象；能对热传递的方式进行分析和推理。 会用已有知识和经验对热传递方式作出推测，设计实验，寻找证据，得出结论；能设计并实施调查活动，说明能的转化现象。 感受自然界不同形式的能相互转化的奇妙之处；意识到能源的开发和使用关系到生产生活的方方面面，以及新能源、绿色能源开发的重要性。

7—9 年级重点词汇：动能、势能、机械能守恒、功率、机械功率、机械效率、比热容、化学能、热值、热机、电流热效应、电功、额定功率、电能表、熔断器、核能、能量守恒定律、永动机、潮汐能、生物质能、不可再生能源、可再生能源、可持续发展。

【重点词汇辨析】

1. 能量、内能、化学能

能量是一切运动物质的共同属性，对应物质的各种运动形式，有各种不同的形式，可分为机械能、内能、电能、辐射能、核能、光能等。

能量：用做功本领量度的物质及其运动的属性。“能”是指物体具有做功的本领；“能量”是对能的度量。能量是物理系统中的一项重要量，用于描述物体或系统进行运动、变化和相互作用的能力。根据不同形式的运动，能量可分为机械能、分子内能、电能、化学能、核能等。能量是一个标量，单位为焦耳。能量和质量之间具有密切的关系。

内能：物质系统内部所包含的能量，是构成物质的微观分子做热运动的动能和势能的总和。内能的大小与物体的温度相关，温度升高时内能增加，温度降低时内能减少。在讨论热力学过程时，如果某种能量（如原子核内的能量）并不改变，它便只是一个相加常数，可不必考虑。物质的状态一定时，其内能一定。当系统以做功和传热方式与外界发生能量交换而从一个确定的状态变化到另一个确定的状态时，不管变化过程经由哪一个途径，内能的改变值总是一定的。

化学能：储存在物质内部，通过化学反应放出的能量。通过旧键断裂与新键形成，物质系统的分子结构发生改变，所释放的能量就是化学能，如物质燃烧时放出的光和热、化学电池放出的电。

2. 机械能、动能、势能

机械能：物体机械运动或空间状态相关的能量。包括动能和势能两种。

动能：物体由于做机械运动而具有的能量。它与物体的质量和速度相关。当物体具有速度时，它具有动能，速度越大，动能越大。物体质量越大，动能越大。在一般条件下，做平动的物体动能等于 $mv^2/2$（m 为物体的质量，v 为物体质心的速度）。定轴转动物体的动能等于 $I\omega^2/2$（I 是物体的转动惯量，ω 是它的转动角速度）。

势能：亦称“位能”，是物质系统因其中各物体间（或物体内各部分间）存在保守力的相互作用而具有的能量。按作用性质，分引力势能、弹性势能、电磁势能和核势能等。在保守力的相互作用下，系统的势能由各物体的相对位置决定。例如，将物体举起时，它具有重力势能；压缩弹簧时，它具有弹性势能。

3. 声能、光能、电能、热能、磁能

声能：声波所具有的能量。当物体振动时，它具有声能。声音是由物体振动产生的机械波，具有能量传递的特性，包括次声波、人耳能听见的声波、超声波。

光能：光所具有的能量。光能是电磁波的一种，它可以被物体吸收、反射或传递。光能在光学现象中起着重要作用，例如光的折射、反射和吸收等，包含可见光和不可见光。不可见光就是人类肉眼看不到的光，其中包含我们熟悉的紫外线、红外线、远红外线等。

电能：电做功的能力，通过电磁波与载流子运动传输的能量。当电荷在电场中移动或聚集时，它具有电能。电能是电力系统中的重要能量形式，可以被转化为其他形式的能量，例如热能、光能和机械能。电能有各种形式，例如直流电能、工频交流电能和高频电能等，可用于动力、照明、冶炼、电镀、电热、通信等方面。其优点是便于控制、测量、变换和远距离输送。单位为千瓦·时，俗称“度”。

热能：内能的一部分。从微观来看，热能是构成物质系统的粒子，如分子、原子等无规则热运动的动能。物质系统热能的增加引起温度升高。热能可以在两个温度不同的物体之间发生转移。热传导、热对流和热辐射是热能传递的三种基本方式。热能也能够与其他形式的能量，如机械能、电磁能等相互转换。

磁能：磁场所具有的能，如磁铁吸引铁、镍等物质就是磁能的表现。磁能可以转化为其他形式的能量，例如电能。磁能在电磁设备和磁储存器等技术中起着重要作用。

4. 转移、转化

转移：能量或物质从一个系统或物体传递到另一个系统或物体的过程。在转移中，能量或物质在系统之间进行传递，但其本身的性质或形式并没有改变。例如，热传递是一种能量的转移过程，当热能从一个物体传递到另一个物体时，热能的总量保持不变，只是在不同物体之间进行了转移。

转化：能量或物质从一种形式或状态转变为另一种形式或状态的过程。在转化中，能量或物质的性质或形式发生了变化。例如，光能被光伏电池转化为电能，化学能被化学反应转化为热能和光能。

转移和转化是描述能量或物质在不同形式之间的变化过程的概念。能可以从一种形式转化为另一种形式，也可以从一个物体转移到另一个物体。

5. 量度

量度：对物理量进行测量、比较和表示的过程。它涉及使用标准单位和测量工具来确定物理量的大小，并将其表达为数值。量度是科学研究、工程技术和日常生活中不可或缺的过程。量度的目的是获得关于物理世界的定量信息，以便进行科学研究、工程设计和实践应用。通过量度，我们可以对物体的特征、属性和变化进行观察、记录和分析，从而获得对物理现象的深入理解。

量度包括以下几个要素。①物理量：量度涉及对特定物理量的测量，例如长度、质量、时间、温度，物理量是描述物体、现象或过程特征的属性。②单位：单位是用于量化物理量的标准标识，例如米、千克、秒、摄氏度等，单位提供了标准化的比较基准，使不同测量结果可以进行比较。③测量工具：测量工具是用来测量物理量的设备或仪器，例如尺子、天平、时钟、温度计等，测量工具需要准确、可靠地测量物理量，以提供准确的结果。④数值：通过测量，物理量的数值表示其相对大小，数值通常使用单位来表示，并可以进行数值运算和比较。

6. 简单机械、杠杆、滑轮、轮轴、斜面

简单机械是指由一到几个基本零件组成的机械装置，用于改变力的大小、方向或作用点，在日常生活和工程中都有广泛的应用，使得人类能够更有效地进行各种工作和活动。常见的简单机械包括杠杆、滑轮、轮轴和斜面等。

简单机械：杠杆、滑轮、轮轴、斜面、螺旋和劈的总称。前三种称杠杆类简单机械，后三种称斜面类简单机械。复杂的机械都由简单机械组成。利用简单机械做功，可以省力、省时或改变用力方向，得到某些方便，但不能省功。由于机

械在做功时必须克服摩擦，所以机械做的有用功总是小于主动力对机械所做的功。

杠杆：利用直杆或曲杆在外力作用下能绕杆上某一固定点转动的一种简单机械，如杆秤、剪刀、羊角锤等。杠杆上主动力作用点称“动力作用点”，固定点称“支点”，被克服的阻力（如重力）作用点称“阻力作用点”。支点到动力作用线的距离称“动力臂”，支点到阻力作用线的距离称“阻力臂”。杠杆平衡时动力乘以动力臂等于阻力乘以阻力臂，因此，当动力臂大于阻力臂时可以省力。

滑轮：一种简单机械，周边有槽可绕中心轴转动的轮子。利用绳索或链条绕过其周边，可提升重物或改变用力方向。中心轴固定不动的称“定滑轮”，可改变用力方向，但不省力；跟随重物一起移动的称“动滑轮”，可省力，但不改变用力方向。实际使用中常把一定数量的定滑轮和动滑轮组成滑轮组，以达到更省力、使用更方便的目的。

轮轴：由相互固定的轮和轴组成的杠杆类简单机械。轮和轴能绕同一轴线转动。若在轮的边缘上用力使轮子转动时，轴就随之卷起绳子并升高重物。轮和轴的半径相差越大就越省力。常在轮缘安装手柄或用摇臂代替轮，使结构简化并便于工作。辘轳和绞盘都是轮轴类机械。

斜面：一种简单机械，一般指与水平面成一角度的平面。在斜面上推（或拖）一重物，使它沿着斜面向上移动时，比沿竖直方向升高要省力，但并不省功。斜面与水平面的夹角越小，升高重物时就越省力。

7. 机械能守恒

机械能守恒：亦称“机械能转换和守恒定律”，机械运动的重要规律之一。当物体系统内部的非保守力所做的功和一切外力所做的功均为零时，封闭系统内物体的动能和势能可互相转换，但它们的总和保持不变。在没有摩擦、空气阻力等非保守力的情况下，机械能守恒定律可以描述物体在运动过程中机械能的转化和守恒关系。

8. 热、热现象、热胀冷缩、热传递

热胀冷缩和热传递都是生活中普遍存在的热现象，而热现象都是热能传递和转化的结果。

热： 热量，由于温度差所引起的传递的能量。热是一种能量形式，它可以引起物质的温度变化和热现象的发生。在温度不同的物体间，在没有外界做功的情况下，热量总是由高温物体向低温物体传递。做功和热量传递是能量转移的两种方式。

热现象： 自然界中与物体冷热程度（温度）有关的现象称为热现象。例如物体的温度变化、热胀冷缩、热传导、热辐射等。热现象是热能的传递和转化的结果，它在自然界和日常生活中普遍存在。

热胀冷缩： 物体受热时会膨胀，遇冷时会收缩的特性。由于物体内的粒子（原子）运动会随温度改变，当温度上升时，粒子的振动幅度加大，令物体膨胀；但当温度下降时，粒子的振动幅度便会减小，使物体收缩。水（4 ℃以下）、锑、铋、镓和青铜等物质，在某些温度范围内受热时会收缩，遇冷时会膨胀，恰与一般物体特性相反。

热传递： 物质系统内的热量转移过程。热传递是维持物体温度平衡和实现热平衡的重要机制。它使得热能能够从热源处传递到冷源处，使系统达到热平衡状态。热传递在自然界和工程中起着重要的作用，影响着物体的温度分布、热交换和能量转化。通常分为热传导、热对流和热辐射三种基本方式。在实际传热过程中，这三种方式常伴随进行。热传导是指热能在固体或液体中通过分子间的碰撞传递的过程，热对流是指热能通过流体的流动传递的过程，热辐射是指热能以电磁波的形式通过空气或真空传递的过程。

9. 比热容

比热容： 简称“比热”，单位质量物质温度升高 1 开（尔文）时需要吸收的热量。各种物质的比热不同。由于温度升高时物体所吸收的热量与过程的性质有关，所以比热的值也与过程的性质有关。最重要的过程是气体的等容过程和等压过程，与此相对应，比热可区分为“等容比热”和“等压比热”。对固体和液

体，两者差别很小，不再加以区别。此外，同一物质的比热在不同物态下有不同的值。例如，水的比热为 4 184 焦/（千克·开），而冰的比热则约为 2 092 焦/（千克·开）。

10. 热值

热值：亦称“发热量”“燃料发热量”“燃料热值”，是单位质量（或体积）的燃料完全燃烧后所放出的热量。热值是燃料质量的重要指标之一。通常用热量计测定，或由燃料成分计算得出。它是衡量燃料能量含量的指标，常用于评估燃料的热效益和能源价值。热值通常以单位质量的能量（如焦耳或卡路里）表示。

11. 热机

热机：将热能转化为机械能的装置或系统，“热力发动机”的简称，如蒸汽机、汽轮机、内燃机、燃气轮机和喷气发动机等。按工作原理，热机分为往复式或活塞式发动机、叶片式或旋转式发动机和喷气式发动机等，是工农业生产、发电、交通运输各部门所需动力的主要来源。

12. 功（做功）、功率、机械功率、机械效率

功（做功）：量度能量转换的基本物理量。甲物体对乙物体做功的过程就是能量从甲物体传递到乙物体的过程（有时能量的形式也同时发生改变）。能量传递的多少就是做功的数值。功是标量。目前对“功”定义的范围还不一致，有时指一切能量转换的量度，一般则把热量传递放在功的概念之外，也有仅指机械能转换的。功的单位和能的单位相同，均为焦耳。

功率：做功快慢程度的量度，指单位时间内所做的功。功率可以用以下公式表示：功率=功/时间。单位为瓦特（W）。1 瓦特等于 1 焦耳/秒。

机械功率：表示机械做功快慢的物理量，是指机械设备或系统在单位时间内所完成的功。它描述了机械装置转换或传递能量的能力。机械功率通常用于描述机械运动、工程设备或发动机等的性能。它可以通过测量系统的输出功率或者输入功率来计算。

机械效率：机械设备的输出功和输入功之比，用以衡量机械摩擦损失和损耗

功率的大小。通常以百分比的形式表示。它描述了机械装置转换或传递能量时的效率。高机械效率表示机械装置转换能量的损失较少，能更有效地将输入能量转化为有用的输出能量。对于活塞式发动机，机械效率则指有效功率和指示功率之比。

13. 电流热效应

电流热效应：电流通过导体时产生的热量。当电流通过导体时，导体内的电阻会阻碍电流的流动，从而产生能量损耗。这部分能量被转化为热能，导致导体升温。热效应是电流产生热量的物理现象，常用于电热器和电炉等应用中。

14. 电功、额定功率

电功：电流在电路中做功的量度，表示单位时间内电能的转化率。某段直流电路上的电功（W），等于该电路两端的电压（U）、电路中的电流（I）和通电时间（t）的乘积，即 $W=UIt$，表示在时间 t 内所转化的电能。单位为焦耳，有时用千瓦时。电功可以描述电路中能量的转移和转化过程。

额定功率：亦称“标定功率”，在一定的运行条件下，动力设备的输出功率或消耗能量的设备的输入功率。它是制造商为设备指定的最大功率值，表示设备能够长时间稳定工作的功率范围。额定功率通常标示在设备的名称牌或规格说明中，用户在使用设备时需要注意不要超过额定功率以避免设备过载或损坏。

15. 电能表

电能表：俗称“火表”，亦称“电表”“千瓦时表”，累计电能的指示电表，用于测量和记录电能消耗的仪器。它通过检测电流和电压来计算电能的使用量，常用于家庭、商业和工业场所的电能计量。电能表通常显示电能的累积值，以千瓦时（kW·h）为单位。交流电度表的结构常为感应式，分单相及三相两种类型：单相表一般用于照明、家用电器等单相电力用户，三相表用于三相电力用户。直流电度表多为电动式结构，通常装在电车等使用直流电的场合。

16. 熔断器

熔断器：一种用于保护电路的安全装置。它是一种安全开关，当电路中的电流超过熔断器额定电流时，熔断器会熔断，切断电路，防止电流过载引发火灾或损坏设备。熔断器内部有一个熔断丝或熔断器元件，当电流超过临界值时，熔断丝会熔化断开电路，起到保护作用。熔断器需要根据电路的额定电流选择适当的额定电流值，以确保电路的安全运行，防止设备损坏或故障扩大。用于低压的一般有瓷插式熔断器、管式熔断器和螺旋式熔断器等，用于高压的一般有瓷管式熔断器、跌落式熔断器和自动重合式熔断器等。

17. 能量守恒定律、永动机

能量守恒定律是自然科学中最重要的定律之一，它是科学家在研究永动机过程中的意外收获。而能量守恒定律的论证和发展也让人们意识到永动机是不能够被制造出来的。

能量守恒定律：在任何与周围隔绝的物质系统（封闭系统）中，不论发生什么变化或过程，能量的形态可以发生转换，但能量的总和保持不变。非孤立系统与外界可以发生能量交换，它的能量会有改变，但它增加（或减少）的能量值一定等于外界减少（或增加）的能量值，从整体看来，能量之和仍然不变。定律表明，由于物质运动不会创生或消灭，作为物质运动一般量度的能量也不会创生或消灭；能量只能在各部分物质之间进行传递，或者从一种形态转换为另一种形态。定律由法国哲学家笛卡儿、德国化学家迈尔和物理学家亥姆霍兹、英国物理学家焦耳和格罗夫等在实验基础上加以论证和发展，同细胞学说和进化论一起被称为19世纪自然科学三大发现。

永动机：能够无限制地产生能量并执行工作的设备或系统，即不需要外部能源输入而持续运行的机器。然而，根据能量守恒定律，永动机是不可能存在的。能量守恒定律规定了能量的转化和守恒原理，能量不会自发地产生或消失，因此永动机的构想与自然定律相矛盾。虽然一些设备可能表现出类似永动机的特征，但它们通常涉及隐藏的能源输入。例如：历史上最著名的第一类永动机是法国人亨内考在13世纪提出的“魔轮”。

18. 能源、太阳能、水能、风能、潮汐能

能源：产生机械能、热能、光能、电磁能、化学能等各种能量的物质或系统。它是推动各种活动和过程的基础，使得事物能够运动、发光、发热、工作等。能源可以有不同的来源，包括自然资源、化学反应、核反应等。按形成，分一次能源和二次能源；按能否再生，分再生能源和非再生能源；按使用情况，分常规能源和新能源。能源是人类赖以生存和发展工业、农业、国防、科学技术，改善人民生活所必需的动力来源。

太阳能：来自太阳的辐射能量。太阳是一个巨大的恒星，通过核聚变反应释放出巨大的能量。每年投射到地球表面的太阳能，相当于130万亿吨标准煤的发热量，是一种无污染的再生能源。太阳能可通过热的形式、光合作用产生有机化学能的形式、水能的形式、风能的形式以及光电转换的形式来加以利用。太阳能的直接利用有光—热转换和光—电转换两种基本形式，前者将太阳能转换成热能，用于加热水、空气和物料以及烘干、淡化海水、为住宅供热供冷等，还可进行热力发电；后者通过太阳能电池将光能直接转化成电能，作为宇航设备、航标灯和铁道车站信号的电源等。

水能：自然界天然水体由于重力作用而具有的做功能力。它可以来自河流、瀑布、水坝等水体的流动。表现形式有势能、压力能或动能，并可互相转化。水能可以转化为机械能，用于驱动水轮机产生电能，如水力发电站。

风能：因空气流动所产生的动能，可用来驱动机械、发电等，是一种无污染、可再生的绿色能源。一个地区可利用的风能资源的多少与近地面的风速有关。风能有利用价值的最低平均风速要达到6米/秒。根据估算，全球可利用的潜在风能相当于全球总能量需求的10倍—20倍。风能的分布在区域和时间上是不均匀的，一般在沿海和一些山区风力资源较丰富。

潮汐能：指海水在潮汐涨落周期运动中所储存的势能。潮汐的高低差表现为势能，潮流流速表现为动能。在涨落潮时，势能与动能交替转换。据理论计算，由于月球和太阳引潮力分别可使海面升高0.563米和0.24米，两者合计，潮汐的最大上升幅度约0.8米。实际上因受地形等因素影响，潮汐能绝大部分集中在

某些海湾、近岸浅海、河口和窄浅的海峡等地，潮差可达 7—8 米，有的甚至达十几米。理论上世界潮汐能的资源量约 10 亿千瓦。

19. 生物质能、地热能、化石能、核能

生物质能：生物直接或间接提供的各种能源或动力，主要是指绿色植物通过光合作用将太阳能转化为化学能而储存在生物体内所形成的能源，属于可再生能源，大致分为三类：①木质燃料；②农业废料；③动物废料。生物质能可以通过燃烧转化为热能或产生生物质能源，如生物质燃料。

地热能：蕴藏在地球内部的天然能源，起源于地球的熔融岩浆和放射性物质的衰变，从地球内部巨大的蕴藏量来看可列为再生能源。据国际能源专家预计，到 2100 年地热利用将在世界能源总量占到 30% 到 80%。地热能可以通过地热发电站转化为电能。

化石能：生物成因的各类可燃矿物，是地球上古代植物和动物的遗体经过长期压力和热解作用形成的，由碳、碳氢化合物或其衍生物构成。由古代生物的化石沉积而来，是一次能源。通常包括石油、天然气、煤为代表的含碳能源。作为一种化学能源，主要是基于碳氧化为二氧化碳（也包括氢氧化为水）这一化学放热反应进行利用，如煤电厂、石油发电厂等。

核能：指原子核能，核结构发生变化时放出的能量。在实用上指重核裂变和轻核聚变时所放出的巨大能量。物质所具有的原子能要比化学能大几百万倍以至一千万倍以上。如 1 千克铀-235 全部裂变时产生的原子能约相当于 2 500 吨优质煤燃烧时放出的能量。人们利用裂变放出能量的原理已建成各种类型的原子核反应堆和原子能发电站。轻核聚变时放出的能量要比同质量重核裂变时放出的能量大几倍。急剧的裂变和聚变反应会引起爆炸，人们据此制造了原子弹和氢弹。对放射性同位素放出的 α、β、γ 射线的应用也是原子能利用的一个重要方面。核能是一种非常强大且高效的能源，但也带来了安全和环境问题。

20. 不可再生能源、可再生能源

能源按照是否能够不断再生并有规律得到补充分为不可再生能源和可再生能源。

不可再生能源：经人类开发利用后蕴藏量不断减少，在相当长的时期内不可能再生的能源，主要指各种金属和非金属矿物、化石燃料等。不可再生能源的使用会导致资源枯竭和环境污染问题。对于不可再生资源的开发利用，要进行长远、合理的规划，并力求综合利用，不能任意破坏和浪费。

可再生能源：自然界生态循环中能不断再生，并有规律地得到补充，不会枯竭的一次能源，包括太阳能、水能、风能、生物质能、海洋能和地热能等。可再生能源对环境影响较小，被广泛视为可持续发展的重要组成部分。

21. 新能源、绿色能源

由于传统化石能源面临枯竭的危机，人类一直在不断开发新能源，随着可持续发展意识的增强，越来越重视绿色能源的开发和利用。

新能源：亦称“非常规能源”，传统化石能源之外，使用较新的技术、资源或方式来生产。人们尚在积极研究开发中的各种能源形式，包括太阳能、风能、地热能、海洋能、生物质能、氢能和核聚变能等。其特点为：分布广、资源丰富，可循环再生，绿色环保。这些形式越来越受到世界各国的重视，随着开发利用技术的进步，有望得到大规模开发利用，并将逐步替代传统化石能源，成为未来世界可持续能源体系的重要基础。

绿色能源：泛指在开发利用及转化过程中对环境友好、低碳排放的能源形式，如太阳能、风能、潮汐能、热核聚变能、地热能、氢能等。它通常来自可再生能源，取之自然，一般不存在枯竭问题。地球环境的日趋恶化、石油储量的减少及煤炭供应的日趋紧张，迫使人们研究开发高效、清洁的绿色能源。使用绿色能源可以减少对化石燃料的需求，降低温室气体排放，有助于减缓气候变化。在发达国家和地区，绿色能源的使用率每年均在增长。

【常见疑惑问答】

1. 为什么说运动是物质的最基本属性？

运动是物质的固有性质和存在方式，是物质所固有的根本属性，没有不运动的物质，也没有离开物质的运动。马克思主义认为物质和运动不可分。一方面，世界上不存在脱离运动的物质，世界上的一切事物无一不是处在运动中。人们在长期生活实践中认识到，自然中的事物、社会现象、人的思维都处于不停地运动中。物质世界的运动是绝对的。另一方面，世界上也不存在无物质的运动。我们讲运动总要指出“什么在运动”，总有运动的物质主体，没有物质主体的运动是无法想象的。从最简单的位置移动直至人的思维活动，都是物质主体的运动。位置移动即机械运动，是物体从一点移动到另一点；物理运动的主体是分子、原子、原子核、粒子和场等；化学运动的主体除原子外，还有离子、原子团等；生命运动的主体是蛋白质与核酸组成的复杂的多分子体系；社会运动的主体是处于一定社会关系中的人。总之，物质是运动的承担者，运动必定是物质的运动。因此，运动是物质的最基本属性，它是物质存在和变化的基础，贯穿于物质的各个层次和尺度，体现了物质的动态性和活力。

2. 为什么说能量是一切运动物质的共同特性？

能量是一切运动着的物质的共同特性，因为能量与物质的运动密切相关，它是描述物质运动和变化的重要概念。能量概念的诞生就与物质的运动密不可分，“能量”这个词是托马斯·杨于1807年在伦敦国王学院讲自然哲学时引入的，针对当时的“活力”或“上升力”的观点，提出用“能量”这个词表述，1831年法国学者科里奥利又引进了力做功的概念，并且在“活力”前加了1/2系数，称为动能，通过积分给出了功与动能的联系。直到能量守恒定律被确认后，人们才认识到能量概念的重要意义和实用价值。能量是物质运动转换的量度，是表征物理系统做功的本领的量度。

能量是物体或系统具有的能够执行工作或引起变化的能力，不同运动形式对应不同能量：从低级简单的运动形式到高级复杂的运动形式，可分为机械的、物理的、化学的、生物的、社会的和思维的运动形式；宏观物体的机械运动对应的能量形式是动能和势能，分子运动对应的能量形式是内能（热能），原子运动对应的能量形式是化学能，带电粒子的定向运动对应的能量形式是电能，光子（电磁场）运动对应的能量形式是光能（电磁波能）等。能量是一切物质运动的推动力和媒介，它决定了物质的活力和变化能力。能量的转换和传递是物质相互作用和变化的基础，它支撑着自然界的各种现象和过程。因此，能量是一切运动着的物质的共同特性，它贯穿于物质的运动和变化中，描述了物质的活动状态和能力。

3. 为什么水会出现“热缩冷胀”的现象？

许多物质受热的时候会膨胀，遇冷的时候会收缩，这一现象被称为“热胀冷缩”，然而有一种物质却是例外，这种物质就是水。测量数据表明，水的密度会随着温度变化而变化，在 4 ℃的时候，水的密度最大，而在 0 ℃—4 ℃这个温度范围内，随着温度的下降，水的密度反而会逐渐变小，也就是说，此时水表现出的其实是“热缩冷胀”。从微观的角度来看，温度其实就是构成物质的微观粒子（如分子、原子）热运动的激烈程度，微观粒子的热运动越激烈，物质的温度就越高，反之则越低，这其实可以看成一种自然规律。据此我们就可以将“热胀冷缩”这种现象简单地解释为：当物质受热时温度升高，其内部微观粒子的热运动会更加激烈，它们之间的平均距离就增大了，于是在宏观层面上，物质就会表现为膨胀；反过来讲，当物质遇冷时温度会降低，其内部微观粒子的热运动相对缓慢，它们之间的平均距离就减小了，所以在宏观层面上，物质就会表现为收缩。

那水为什么会成为例外呢？难道是水违背了自然规律，温度越低，水分子热运动的激烈程度反而会越高？答案当然是否定的。水分子是由一个氧原子与两个氢原子通过“共用电子对”结合而成，不过在水分子的内部结构之中，“共用电子对”会强烈地偏向氧原子这一头，这就会造成水分子的电荷分布很不均匀，具体表现为氧原子这一头带正电，氢原子这一头则带负电。在这种情况下，水分子中的氧原子就会与相邻水分子中的氢原子产生相互吸引的作用，我们将这种作用称为“氢键”。对于温度高于 4 ℃的液态水而言，由于水分子的热运动相对比较激烈，一般都是只有少量的水分子通过氢键结合在一起，这被称为“缔合分子”，因为它们的分布是杂乱无章的，所以这并不会影响水的密度。而在 0 ℃—4 ℃这个温度范围内，水分子的热运动相对比较缓慢，于是氢键就可以“大显身手”了，大量的水分子开始通过氢键结合在一起，并且还强烈趋向于在整体上形成一种规则的四面体结构。这种四面体结构其实很不紧凑，其内部存在着相当大的空隙，这就会增加水分子之间的平均距离，从而导致水的密度减小。在 0 ℃—4 ℃这个温度范围内，温度越低，水分子热运动就越缓慢，形成这种四面体结构的趋势就越强，水的密度也就越小，反过来讲，温度越高，水分子形成这种四面体结构的趋势就越弱，水的密度也就越大，如此一来，就在宏观层面上表现出了“热缩冷胀”的效果。综上所述，水并没有违背自然规律，0 ℃—4 ℃的水之所以会出现热缩冷胀，其实是因为在这个温度范围内，氢键对水密度的影响超过了水分子热运动。

4. 还有哪些物质会出现“热缩冷胀”现象？

很早人们就发现：石英、沸石、钙钛矿结构的铁电材料等会在低温或很小的温度范围内出现热缩冷胀现象。直到 1996 年，研究人员发现钨酸锆（ZrW_2O_8）在 0.3 K 至 1 050 K 的温度范围内表现出热缩冷胀现象。在材料学领域，少数材料具有“热缩冷胀”的特性。在一定范围内，随着温度升高体积缩小，温度降低体积增大，被称作“负热膨胀材料”。锑、铋、镓都是热缩冷胀的物质，常用于制作合金以减小温度对精密仪器的影响。硫化镍也是热缩冷胀的物质，常常会致使钢化玻璃自爆。

5. 热传递的三种形式有哪些区别和联系？

热传递是物质系统内的热量转移的过程，通常分为热传导、热对流和热辐射三种基本方式，它们在传热机制和传热介质上有所不同。在实际传热过程中，这三种方式常伴随进行。

（1）热传导是物质系统（气体、液体、固体）由于内部各处温度不同而引起的热量从温度较高处向温度较低处转移的现象，是传热的一种基本方式，也是固体中传热的主要方式。在气体或液体中，热传导过程往往与热对流同时发生。从分子运动理论来看，温度高处分子的平均热运动能量大，温度低处分子的平均热运动能量小。通过分子间的互相碰撞，一部分热运动能量将从温度高处转移到温度低处。

（2）热对流是液体或气体中较热的部分和较冷的部分通过循环流动使温度趋于均匀，是流体传热的主要方式。在热对流中，流体被加热后变得不稳定，形成对流循环，使热量通过流体的流动传递。对流传热既包括自然对流（由密度变化引起）也包括强迫对流（通过外部激励，如风扇或泵）。对流传热还涉及传热介质的传热系数和流体的速度。

（3）热辐射是物体因自身的温度而向外发射热射线的过程。任何物体只要温度高于绝对零度（-273.15 ℃），就能辐射电磁波。其中可见光和红外线能被物体吸收而变成热能，称“热射线”。因电磁波的传播不需要任何介质，它也是在真空中唯一的传热方式。太阳传给地球的热量就是以热辐射方式实现的。

总结：热传导通过物质内部的分子或电子传递热量，热对流通过流体的运动传递热量，热辐射以电磁波的形式通过真空或介质传播热量，这三种传热方式在自然界和工程应用中都发挥着重要的作用，并且通常同时存在于复杂的传热过程中。

6. 热传递一定是从温度高的物体传向温度低的物体吗？

答案是否定的。热传递包含三种基本方式，分别是热传导、热对流和热辐射。热辐射是物体由于具有温度而辐射电磁波的现象。一切温度高于绝对零度（-273.15 ℃）的物体都能产生热辐射。温度愈高，辐射出的总能量就愈大，短波成分也愈多。自然界中的各个物体都不停地向空间发出热辐射，同时又不断地吸收其他物体发出的热辐射。发出热辐射与吸收热辐射过程的综合结果造成了以辐射方式进行的物体间的热量传递——辐射换热。当物体与物体或周围环境处于热平衡时，辐射换热量等于零，但这是动态平衡，研究表明，物体向外发出的热辐射和吸收的热辐射相等，但是该物体与其他物体或环境之间的辐射与吸收过程仍在不停地进行。高温物体通过辐射换热将热量传给低温物体实际上是由于高温物体给低温物体的辐射能大于低温物体给高温物体的辐射能的综合结果。

7. 影响热传递的主要因素都有哪些？

影响热传递的因素有温度差、导热系数、导热物的截面积、导热物厚度、热传递距离、热传递方式等。

（1）温度差：温度差越大，热传递的速度越快。温度的微观实质是分子的平均动能，传热的实质是通过碰撞使两部分分子的平均动能均化，所谓的产热快是指两部分能量交换比较快，温差越大，也就是说平均动能相差越大，碰撞的能量交换越大，传热越快。

（2）导热系数：在稳定传热条件下，1 米厚的材料，两侧表面的温差为 1 度（K,℃），在 1 秒内，通过 1 平方米面积传递的热量，单位为瓦/米·度（W/m·K，此处的 K 可用℃代替）。导热系数高的物质有优良的导热性能，通常把导热系数较低的材料称为保温材料。导热系数与材料的组成、结构、密度、含水率、温度等因素有关。一般来说，固体的热导率比液体的大，而液体的导热率又要比气体的大。一般情况下，密度小的材料导热系数就小，反之就大。但是对于一些密度较小的保温材料，特别是某些纤维状材料和发泡材料，当密度低于某个值以后，导热系数反而会增大。在最佳密度下，该材料的导热系数最小。大多数材料的导热系数会随温度的升高而增大，工程计算中，导热系数常取使用温度范围内的算术平均值，并把它作为常数看待。

（3）导热物的截面积和厚度：截面积越大，厚度越厚，热传递的速度越慢。

（4）热传递距离：热传递的速率通常随着传递距离的增加而减小。

（5）热传递方式：热传递可以通过传导、对流和辐射三种方式进行，不同的方式对应着不同的机制和影响因素。

8. 其他温度标准单位是如何定义的？

（1）华氏温标。由华伦海特（1686—1736，荷兰）于 1714 年建立，符号为 F，单位为℉。他最初规定氯化铵与冰水混合物的冰点为 0 ℉；人的体温为 100 ℉。后来规定在标准状态下纯水凝固的温度为 32 ℉；水的沸点为 211.953 2 ℉。两个标准点之间均匀划为 180 等分，每份为 1 ℉。

（2）列氏温标。由列奥缪尔（1683—1757，法国）于 1740 年建立，符号为 R，单位为°R。他将水的冰点定为 0°R；将酒精体积改变千分之一的温度变化定为 1°R。这样，水的沸点为 79.979 2°R。列氏温标仅在法国和德国的部分场合使用。

（3）摄氏温标。由摄尔修斯（1701—1744，瑞典）于 1742 年建立，单位为℃。他把水银温度计插入正在融化的雪中，把此时温度“冰点”作为一个标准温度点；然后又把温度计插入沸腾的水中，把此时温度“沸点”作为另一个标准温度点（其中暗含了正常大气压这个条件），再把冰点和沸点之间等分 100 度，所以摄氏温标又叫百分温标。为了避免测量低温时出现负值，他把水的沸点定为0 度，而冰点定为 100 度。到 1750 年，他的同事把这种标度倒转过来，以冰点为 0 度，沸点为 100 度。开始人们称这种温度计为“瑞典温度计”，大约在 1800 年才称它为摄氏温度计。1960 年国际计量大会对摄氏温标做了新的定义，规定它由热力学温标（即开氏温标，单位为°K）导出。摄氏温度的定义为 $t/℃ = T/K-273.15$。摄氏温度现在仍然是世界通用的温度数值表示方法。

（4）热力学温标。由威廉·汤姆逊（1824—1907，英国）于 1848 年建立，旧称“开氏温标”“绝对温标”，是建立在卡诺定理基础上的温标。热力学温度的单位为开尔文（开），符号为 K，并规定水的三相点为 273.16K。由于水的三相点在摄氏温标上为 0.01 ℃，所以 0 ℃ = 273.15K。热力学温标的零点即为绝对零度。

这些温度标准单位分别有不同的定义和基准点，用于在不同的地区和领域中表示温度。摄氏温标是国际通用的温度标准，热力学温标作为绝对温度标尺与能量等物理量有密切联系，华氏温标常用于一些特定的应用领域。

9. 不同形式的能相互转化有哪些奇妙之处？

自然界的形成、发展及其演化源于物质本身具有的能量，符合物质能量的转化与守恒的规律。太阳能（外来能）和地球内能（内生能）在地表物质之间的传递输送以及形式的转变，使得自然界的面貌千姿百态。

太阳辐射能是地表基本的能量来源，它以热能和光能两种形式输入地表系统，遵循能量守恒和转换定律进行一系列的传输和转化。热能的传输和转化主要在无机界进行，热能输入地表后用于增加地面和大气及水体的温度、水分蒸散和循环、土壤的形成过程等，热量在地表分布的不平衡性，造成了大气活动、洋流运动以及相伴随的能量传输、地面—大气、海洋—大气之间的能量交换。与此同时，地球表层系统又将热能以长波辐射的形式输出，返回宇宙空间，完成了收支数量上的热量平衡。光能主要是在有机界进行转化的，通过绿色植物—动物—微生物来实现。地球内能包括来自地球本身的引力势能和地球内部放射性元素蜕变时产生的热能，它们的传输主要伴随着构造运动、岩浆活动、火山活动和地震活动进行。自然界中不同形式的能量使得能量在自然界中得以传递和利用，维持了许多生物和物理过程的运行。

核心概念五　生命系统的构成层次

【内容标准与学业要求】

概念说明	生命系统是一种复杂的开放系统，与其他物质系统一样具有层次性，遵循自然界的共同规律。细胞、组织、器官、系统、个体、种群、群落、生态系统和生物圈是生命系统的构成层次，细胞是生物体结构与生命活动的基本单位。一些生物由单细胞构成，一些生物由多细胞组成。本学科核心概念的学习有助于学生形成结构与功能、系统与模型等跨学科概念。		
学习内容	**1—2年级内容要求**	**3—4年级内容要求**	**5—6年级内容要求**
5.1 生物具有区别于非生物的特征	①举例说明动物和植物都是生物。	①说出生物与非生物的不同特点，描述生物的特征。	
5.2 地球上存在动物、植物、微生物等不同类型的生物	②说出生活中常见动物的名称及特征，说出动物的某些共同特征（如都会运动）。 ③说出周围常见植物的名称及特征。	②根据某些特征，对动物进行分类。 ③识别常见的动物类别，描述某一类动物（如昆虫、鱼类、鸟类、哺乳类）的共同特征；列举几种我国的珍稀动物。 ④说出植物的某些共同特征；列举当地的植物资源，尤其是与人类生活密切相关的植物。	①列举生活中常见的微生物（如酵母菌、霉菌、病毒）；举例说出感冒、痢疾等疾病是由微生物引起的。 ②根据某些特征，对植物进行分类。
5.3 细胞是生物体结构与生命活动的基本单位			③初步学会使用显微镜观察细胞，知道细胞是生物体的基本结构单位。
5.4 生物体具有一定的结构层次		⑤描述植物一般由根、茎、叶、花、果实和种子构成。	
5.5 人体由多个系统组成	④识别人的眼、耳、鼻、舌、皮肤等器官，列举这些器官的功能与保护方法。	⑥描述人体用于呼吸的器官，列举保护这些器官的方法。 ⑦描述人体用于摄取养分的器官，列举保护这些器官的方法。	④说出脑是认知、情感、意志和行为的生物学基础，举例说出保护脑健康的主要措施。

续表

学习内容	1—2 年级内容要求	3—4 年级内容要求	5—6 年级内容要求
5.6　生态系统由生物因素与非生物因素共同组成	⑨列举动物依赖植物筑巢或作为庇护所的实例。	⑧举例说出水、阳光、空气、温度的变化对生物生存的影响。	⑤举例说出常见的栖息地为生物提供光、空气、水、适宜的温度和食物等基本条件。 ⑥说出常见动物和植物之间吃与被吃的链状关系。

	1—2 年级	3—4 年级	5—6 年级
学业要求	认识周边常见的动物和植物，并简单描述其外部主要特征；识别人体的感觉器官。 能结合动物和植物的外部特征，比较动物和植物的异同；能概括动物的某些共同特征。 能利用多种感官观察身边常见生物的外部形态特征。 通过观察，对常见的动物、植物的外在特征产生探究兴趣。	能比较生物和非生物的特征，说出生物与非生物的不同特点；能描述常见动物、植物的共同特征；能描述人体用于呼吸的器官、用于摄取养分的器官。 能根据某些特征，对动物进行分类；能概括植物的某些共同特征。 能设计简单方案，探究水、阳光、空气、温度等变化对生物生存的影响；通过查阅资料等方式，知道动物依赖植物筑巢或作为庇护所，列举相关实例。在认识常见生物、认识生物生存行为的过程中，认同热爱自然、保护环境以及保护当地的动植物资源的积极意义；认同保护人体具有呼吸功能和摄取养分功能器官的重要性。	初步认识微生物及其对人类的影响，初步认识细胞是生物体的基本结构单位。能根据某些特征，对常见的植物进行分类。 能使用显微镜观察动物细胞和植物细胞的形态；能设计调查活动，说出动物和植物之间的相互关系，说出常见动物和植物之间的食物链关系。通过对生命系统构成层次的初步学习，乐于探究与实践，关注人体健康与环境保护。

【重点词汇辨析】

1. 生命系统、生态系统

总的来说，生命系统是由生物组成的复杂网络，生态系统是生物与环境相互作用的系统。

生命系统：由生物组成的互相作用的复杂网络，包括地球上所有生物体以及它们之间的相互关系。生命系统可以从微观层面的细胞和分子水平，到宏观层面的个体、群落和生态系统。它是物质世界由简单到复杂、由低级到高级发展的产物，能独立与其所处的环境进行物质与能量的交换，并在此基础上实现内部的有序性、发展与繁殖。

生态系统：生物与其周围环境组成的相互作用的生态学单位，由生物和非生物因素组成。生态系统可以是一个小区域（如湖泊、树木）或一个更大的地理范围（如海洋生态系统、森林生态系统）。一般包含四个基本组成成分，即无机环境、生产者、消费者、分解者。

2. 生物圈、食物链

生物圈：地球上包括了所有生物体的圈层。生物圈是地球上各种类型的生态系统总和，也是地球上最大的生态系统，这里有能维持生命活动的光、热、水分、土壤等一切条件，其中生物通过与环境的相互作用实现物质和能量的循环。

食物链：描述了不同生物之间通过食物关系形成的能量传递链，即生物按照“谁吃谁”的关系形成的层级结构。生物之间普遍存在一种“吃与被吃”的关系，这种关系像链条一样，把一些生物紧密地联系起来，生物学家把生物之间的食物链关系叫做食物链。

生物圈是地球上包括所有生命体的区域，而食物链描述了生物之间的能量传递关系。

3. 动物、植物、微生物

总的来说，动物具有感觉和运动能力，以异养方式获取能量；植物大都通过光合作用获取能量；微生物可以是单细胞或多细胞生物，具有微小尺寸和多样性，对生态系统具有重要作用。

动物：生物界的一个大类，属于真核生物，其细胞组织分化成不同的器官和系统，具有感觉和运动能力，以异养方式获取能量，并且通过两性生殖方式繁殖。动物的主要特征有：①多细胞有机体：动物是多细胞真核有机体，细胞形成组织，组织形成器官，器官形成系统，使其能够完成各种生理功能；②细胞会分化：动物的细胞会经历分化，形成不同类型的细胞，如神经细胞、肌肉细胞、上皮细胞等，以适应不同的功能和任务；③具有感觉和运动能力：动物具有感觉器官，如眼、耳、鼻等器官，能够感知外界环境，并且能够通过运动器官，如肌肉和骨骼，进行主动运动；④异养方式获取能量：大多数动物通过摄取其他有机物来获取能量，属于异养营养方式；⑤两性生殖方式：动物通过两性生殖方式繁殖，即雌雄个体通过交配结合，产生后代。动物可划分为脊索动物门、节肢动物门、软体动物门、环节动物门等。

植物：生物界的另一个大类，属于真核生物，具有细胞壁和叶绿素，能够通过光合作用吸收太阳光能量，并以自养营养方式合成有机物质。植物主要特征有：①多细胞有机体：植物也是多细胞真核有机体，细胞形成组织和器官，使其能够完成各种生理功能；②光合作用：植物具有叶绿素，能够利用阳光能量进行光合作用，将二氧化碳和水转化为有机物质，同时释放氧气；③纤维素细胞壁：植物细胞具有坚硬的纤维素细胞壁，为植物提供结构支持和保护；④固定生活方式：大多数植物根植于土壤中，通过根系吸收水分和营养物质，保持稳定的位置生长；⑤无感觉和运动能力：植物缺乏中枢神经系统和运动器官，不能感知环境和进行主动运动。植物可划分为被子植物门、裸子植物门、蕨类植物门、苔藓植物门等。

微生物：一类微小的单细胞或多细胞生物，大多肉眼不可见，具有独特生命特征和功能的微小生命体。微生物包括原生生物界、细菌界、真菌界等。主要特征有：①微小尺寸：微生物的细胞非常微小，其大小远小于植物和动物细胞；②单细胞或多细胞：微生物可以是单细胞生物，如细菌和某些真菌；也可以是多细胞生物，如一些真菌和原生生物；③多样性：微生物非常多样化，包括细菌、真菌、原生生物、藻类等，它们在形态、生活方式和代谢能力上有很大的差异；④生态重要性：微生物在地球上起着重要的生态角色，参与物质循环、分解有机物、维持生态平衡等过程。

4. 生物、生物因素、非生物因素

生物：地球上存在的具有生命特征的有机体。生物是地球上丰富多样的生命形式，它们在生态系统中扮演着重要的角色，维持着生态平衡。生物具有以下特征：①组成结构：生物是由细胞组成的（病毒例外），细胞是生物的基本单位；②自我组织和自我调节：生物具有自我组织和自我调节的能力，能够维持自身的结构和功能；③新陈代谢：生物通过新陈代谢过程，获取能量并进行物质转化，它们从环境中摄取和吸收营养物质，通过代谢反应将其转化为能量和所需的分子；④生长和发育：生物具有生长和发育的能力，可以通过细胞分裂和细胞增殖来增长，并经历生命周期中的不同阶段；⑤适应环境：生物能够适应不同的环境条件，通过进化和适应性变化来适应不同的生存条件；⑥遗传信息传递：生物通过遗传物质（如 DNA）来传递遗传信息，这决定了它们的遗传特征和后代的发育；⑦响应刺激：生物对内外环境的刺激能做出反应，表现出对环境变化的感知和适应。

生物因素：生态系统中任何有生命的成分或者要素，一般指影响生物和生态系统的所有形式的生命以及生物和非生物之间的关系。

非生物因素：那些不具备生命特征和生命活动的因素，主要包括以下几个方面，物理因素：温度、压力、光照、湿度、辐射等；化学因素：水质、土壤质量、大气成分等；地质因素：地形、地质构造、土壤类型等；气候因素：气温、降水、风向、季节等。

生物与非生物因素之间的相互作用是生态系统运作的基础，生物对非生物因素的适应和响应决定了它们在特定环境下的存活能力和繁衍成功率。因此，生物和非生物因素之间的平衡和相互作用，对于维持生态系统的稳定和保护生物多样性至关重要。

5. 根、茎、叶、花、果实、种子

根、茎、叶是植物的营养器官，花、果实、种子是植物的繁殖器官。这六大器官在植物的生长、繁殖和适应环境中起着重要的作用，它们的结构和功能的差异使植物能够在不同环境中生存和繁衍。

根：植物体的一部分，通常位于地下，主要功能是让植物固定在土壤中，吸收水分和养分，并传导到茎和叶。根通常具有分枝、毛细根和根冠等结构，可以根据形态和功能的差异分为主根和侧根。

茎：植物体的一部分，通常位于地上或水中，主要功能是支撑植物的叶片、花朵和果实，并传导水分、养分和光合作用产物。茎的形态和结构多样，有直立的、匍匐的、爬蔓的等，还可以分为地上茎和地下茎。

叶：植物的主要营养器官，位于茎的侧面，主要功能是进行光合作用，吸收二氧化碳，合成有机物，释放氧气，并为植物提供养分。叶的形态多样，通常为薄而扁平的结构，由叶片、叶柄和叶脉组成。叶还能通过蒸腾作用，为大气提供水蒸气。

花：植物的繁殖器官，用于有性繁殖。花通常由花萼、花瓣、花蕊和花托等部分组成，其中花蕊包含雄蕊和雌蕊，分别产生花粉和子房。花的结构和形态具有多样性，能吸引昆虫或其他动物进行传粉。

果实：雌蕊经过传粉受精，由子房或花的其他部分（如花托、萼片等）参与发育而成的器官。受精后，子房新陈代谢活跃，生长迅速，胚珠发育成种子，子房壁发育成果皮，果皮包裹着种子就形成了果实。果实的主要功能是保护种子，并有助于种子的散布。果实的形态和组织结构因植物种类而异，可以是肉质的、坚硬的、干燥的等。

种子：植物的繁殖单位，包含了新植物的胚胎和营养物质。种子通常由种皮、胚和胚乳组成。种子具有休眠期，在适宜的条件下发芽并发育成新的植物。

6. 昆虫、鱼类、鸟类、哺乳类

昆虫：节肢动物门昆虫纲的一类动物，具有三对足和三个体节（头、胸、腹）的特征。昆虫的身体通常被外骨骼保护，并且大多具有两对翅膀，许多昆虫还有触角。昆虫是地球上最丰富和多样化的动物类群之一，包括蝴蝶、蜜蜂、蚂蚁、甲虫等。

鱼类：属于脊索动物门，通常生活在水中。大多鱼类具有鳞片覆盖的身体，鳃用于呼吸，鳍用于游泳。它们的身体通常呈流线型，适合在水中移动。鱼类是冷血动物，其生活习性因物种而异。包括鲤鱼、鲨鱼、金鱼、海马等。

鸟类：属于脊索动物门鸟纲，是能够飞行的恒温脊椎动物。鸟类具有羽毛、喙和前肢变成翼的特征，它们的骨骼轻巧且中空，身体覆盖着羽毛，能够在空中飞翔。鸟类具有高度发达的视觉和听觉，以及多种适应性喙形和足形。鸟类包括鹦鹉、鸽子、鹰、企鹅等。

哺乳类：属于脊索动物门哺乳纲，用哺乳的方式哺育幼崽。哺乳类的特征包括体温恒定、胎生（个别除外）、具有体毛和乳腺。它们的牙齿类型多样，适应不同的饮食习性。哺乳类具有高度发达的神经系统和复杂的行为。哺乳类包括人类、猫、狗、鲸鱼等。

7. 酵母菌、霉菌、病毒

酵母菌、霉菌和病毒是微生物的不同类型，它们在结构、功能和生命周期等方面存在一些区别。总结来说，酵母菌是单细胞真菌，具有发酵功能；霉菌是多细胞真菌，主要功能是分解有机物质；病毒是非细胞微生物，寄生于宿主细胞进行复制。

酵母菌：发酵糖类的各种单细胞真菌的统称，细胞呈圆形、卵形或椭圆形，通常出芽繁殖，广布于自然界，在葡萄及其他果品和蔬菜中更多，是重要的发酵微生物，可以通过发酵作用将糖转化为酒精和二氧化碳，在食品加工和酿造过程中被广泛应用。生产上常用的有面包酵母、饲料酵母、酒精酵母和葡萄酒酵母等。

霉菌：单细胞或简单多细胞丝状真菌，由发达的菌丝体构成。菌丝由细长的菌丝细胞组成，通常呈现分枝的形态。它广布于土壤、水分、空气和霉变物上的腐生菌，以分解有机物质为主要功能，它们能够分解死物质，促进有机物的循环。一些霉菌也具有产生抗生素等有益化合物的能力。霉菌的生命周期包括孢子形态和菌丝形态两个阶段。霉菌生长到一定程度时，会释放孢子，通过风或其他方式传播。一旦孢子找到了适宜的环境，它们会发芽并形成菌丝体。

病毒：非细胞的微生物，其结构非常简单，由内部遗传物质核酸（DNA 或 RNA）包裹在蛋白质的壳（衣壳）中。病毒没有自己的代谢能力，必须寄生在宿主细胞内才能进行复制。它们可以感染细菌、植物、动物和人类等不同类型的生物，并引起各种疾病。病毒依靠宿主细胞的机制复制自身，通过感染其他细胞进行扩散和传播。

8. 细胞、组织、器官、系统

细胞、组织、器官和系统是生物体层级结构中的不同组成部分。这些层级结构之间存在着层层递进的关系，构成了生物体的完整结构和功能。

细胞：生物体的基本结构和功能单位，是构成生物体的最小单元。它具有细胞膜、细胞质、细胞核和线粒体等结构，能够进行代谢、生长、分裂和适应环境变化等基本生命活动。

组织：由一群相似的细胞按特定方式组合而成的结构，具有相同的功能和形态特征。常见的组织类型包括上皮组织、结缔组织、肌肉组织和神经组织等。

器官：由多种不同类型的组织组合而成，在生物体内担任特定的生理功能。常见的器官包括心脏、肺、肝脏、胃等。

系统：由多个相互关联和相互作用的器官组成的功能单位，它是生物体内多个器官之间紧密合作的整体，以完成特定的生理功能和维持生命活动。常见的系统包括消化系统、呼吸系统、循环系统、神经系统等。

9. 种群、群落

种群和群落是生态学中描述生物群体组织和相互关系的两个概念。两者在研究尺度和研究内容上存在一定的差异。总体而言，它们共同构成了生态学研究的重要组成部分。

种群：在一定地理区域内，同一物种的总体。它是生态学研究的一个基本单位，侧重于对单一物种的研究，关注个体数量、密度、出生率、死亡率等因素。种群研究着眼于探讨物种的繁殖、遗传、适应性等特性，以了解物种对环境的响应和生态系统的稳定性。

群落：在一定地理区域内，多个物种共同生活并相互作用的生物群体。它是构成一个生态单元的全部物种的总和。群落更关注不同物种之间的相互关系、相互作用和物种丰富度。群落研究着眼于探讨不同物种之间的竞争、合作、捕食关系等，以探索物种多样性和生态系统功能。

10. 巢、庇护所

巢和庇护所都是生物为了得到保护和提供适宜的生存环境而构建的结构，是生物对环境的自我适应策略，包括提供遮蔽、保温、隐蔽或栖息等功能。它们在提供保护和适宜环境方面具有相似性，但在建造者、结构、材料以及主要目的等方面存在一些不同之处。

巢：一般由动物建造并长期居住，如鸟类的巢、昆虫的巢等。巢往往具有明确的结构，由特定的材料构成，如树枝、草、泥土等；巢主要用于筑巢动物的繁殖和栖息。

庇护所：可以由动物和植物等各种生物构建，可以长期居住也可以临时居住。它可以是任何提供遮蔽和保护的结构，如树洞、岩石、植物叶片等，是各种生物为了保护自身免受天气、捕食者或其他危害的威胁而寻求的避难所。

11. 生物学基础

生物学基础：包括对生物体的结构、功能和相互关系的认识，以及生物进化、遗传、生物多样性、生物化学等方面的基本原理。它提供了对生物世界的基本认识、基本原理和对实验研究的基本技能的培养。同时，生物学基础也与其他科学领域相互关联，如生物化学、生理学、遗传学、生态学等，为跨学科研究提供了框架和基础。

12. 呼吸器官

呼吸器官：主要由呼吸道和肺组成，具体包括鼻、咽、喉、气管、支气管及肺，是人体与外界空气进行气体交换的一系列器官的总称。还有一些辅助性的结构和肌肉参与到呼吸过程中，如肋骨、肌肉、膈肌等。这些器官和结构共同协调工作，使空气进入和离开肺部，实现氧气的吸入和二氧化碳的排出，维持人体正常的呼吸功能。

鼻：位于头部，是空气进入呼吸系统的入口。鼻腔内有细毛和黏液，能过滤空气中的灰尘和微生物，同时加湿和升温空气。

咽：消化道和呼吸道的共同通道，分为鼻咽、口咽和喉咽三部分。

喉：位于颈部，气道和食道的交汇处。喉既是呼吸的管道，也是发音的器官，它主要由喉软骨和喉肌构成。

气管：连接喉和支气管的管道，由软骨环支撑。它将空气从喉部引导到支气管中。气管不仅是空气的通道，而且具有防御、清除异物、调节空气温度和湿度的作用。气管的末端分为左右主支气管。

支气管：由气管分出的一级支气管，即左、右主支气管。左主支气管细而长，由左肺门入左肺。右主支气管粗而短，近似垂直，经右肺门入右肺。每侧支气管入肺后均反复分枝，进一步分支成为支气管树状结构，将空气输送到肺的不同区域。

肺：位于胸腔中，是呼吸系统的主要器官，负责进行气体交换的主要部位。肺的内部充满了细小的气泡，称为肺泡，通过肺泡壁上的毛细血管与血液进行气体交换。

【常见疑惑问答】

1. 其他物质系统指哪些？

其他物质系统，是物质系统中除了“生命系统”以外的其他系统，即非生命的物质系统。主要包括以下几个系统：①物理系统：研究物质的运动、力学、热学、声学、光学、电学等物理性质和现象，例如机械系统、电路系统、声波系统等；②化学系统：研究物质的组成、结构、性质和变化，例如化学反应、化学平衡、化学键等；③地球系统：研究地球的大气圈、水圈、岩石圈和生物圈等，包括大气、水文、地质、生态等方面的研究；④天文系统：研究宇宙的结构、演化和物理现象，例如天体运动、星系形成、恒星演化等；⑤材料科学系统：研究材料的结构、性质和应用，例如金属材料、陶瓷材料、高分子材料等；⑥工程系统：涉及各种工程领域，如土木工程、机械工程、电气工程等，研究设计和应用各种工程设备和技术。

其他物质系统涉及了物理、化学、地球科学、天文学、材料科学、工程学等多个领域，对于理解和探索物质世界具有重要意义。

2. 多细胞生物都有组织吗?

组织是由相同类型的细胞按照一定的结构和功能组成的细胞群，多细胞生物一般都具有组织。常见的多细胞生物包括动物和植物。在动物中，各种组织如神经组织、肌肉组织、骨骼组织、皮肤组织等协同工作，形成器官和系统，实现各种生理功能。在植物中，根组织、茎组织、叶组织等形成根系、茎干、叶片等器官，参与植物的营养吸收、物质运输和光合作用等过程。

在多细胞生物中，细胞通过分化和特化形成不同的组织，每种组织具有特定的结构和功能，以协同工作来维持生物体的正常运作，从而增强了多细胞生物的生存和适应能力。在多细胞生物中，组织是构成生物体的基本单位之一。

3. 生物具有哪些区别于非生物的特征?

生物与非生物之间有一些关键的特征区别，这些特征有助于区分它们：①组织结构和细胞构成：生物体由细胞组成，细胞是生物体的基本单位，具有自主代谢和生命活动的能力，而非生物物质通常不具有细胞结构；②自我复制和传递遗传信息：生物能够自我复制和传递遗传信息，生物体通过遗传物质（如DNA）传递基因信息，非生物物质没有自我复制或传递遗传信息的能力；③新陈代谢：生物体具有新陈代谢能力，能够摄取能量和物质，并将其转化为生物体所需的化学物质和能量；非生物物质没有代谢能力；④响应刺激和适应环境：生物体能感知和响应外部刺激，以适应环境变化，它们具有应激性和适应性；非生物物质通常没有这种能力；⑤生长和发育：生物体经历生长和发育过程，从单细胞阶段逐渐发展为多细胞的复杂结构；非生物物质不会经历这种生长和发育的过程。

这些特征并非绝对，有时存在一些例外情况。然而，总体而言，这些特征可以帮助我们区分生物和非生物物质。

4. 动物、植物和微生物有哪些本质区别？

动物、植物和微生物是三个主要的生物分类群体，它们在许多方面有着本质的不同：①细胞结构：动物和植物一般都是多细胞生物，由许多细胞组成，而微生物可以是单细胞或多细胞形式，动物和植物的细胞通常较大且有复杂的器官结构，而微生物的细胞通常较小且简单；②组织和器官：动物和植物具有复杂的组织、器官和系统，可以实现不同的生理功能，动物有不同类型的组织（如肌肉组织、神经组织）和器官（如心脏、肺），植物具有根、茎、叶等器官，微生物通常没有复杂的组织、器官和系统，它们的功能主要由细胞内的结构和代谢过程完成；③营养方式：动物是异养生物，它们通过摄取有机物质来获取能量和营养物质，植物是自养生物，它们通过光合作用将太阳能转化为化学能并吸收来满足营养需求，微生物可以异养也可以自养，具体取决于其类型；④运动能力：动物有主动运动的能力，能够通过肌肉或其他器官实现移动，植物通常固定在一个位置上，无法主动移动，但具有向光性和重力的响应能力，微生物的运动能力因类型而异，一些微生物具有运动结构（如鞭毛、纤毛），可以主动移动，而其他微生物依赖环境条件进行运动。

然而，在生物界存在着广泛的多样性，有一些特殊的生物可以表现出与其所属分类群体不同的特征。

5. 生物分类的基本单位有哪些？

生物分类是研究生物的重要方法，通用的生物分类方法是基于生物的共同特征和进化关系进行分类。生物分类最常用的分类级别是领域、界、门、纲、目、科、属和种。这些分类级别按照生物的相似性和亲缘关系划分，越高的分类级别代表了更大的生物分类群体。

以下是通用的生物分类方法和分类单位的介绍。

（1）领域：生物界的最高分类级别，包括三个领域：真核生物域、细菌域和古菌域。

（2）界：生物界的分类级别，包括真核生物域下的若干大型分类群体，如动物界、植物界、真菌界等。

(3) 门：界下的分类级别，用于划分具有共同特征的生物群体，如脊索动物门和节肢动物门等。

(4) 纲：门下的分类级别，用于进一步细分生物群体，如哺乳纲和鸟纲等。

(5) 目：纲下的分类级别，用于进一步细分生物群体，如食肉目和啮齿目等。

(6) 科：目下的分类级别，用于划分具有共同特征的生物群体，如猫科和犬科等。

(7) 属：科下的分类级别，用于划分相关物种的集合，如豹属和犬属等。

(8) 种：属下的分类级别，表示具有相同基因组和能够繁殖后代的个体群体。

这些分类单位构成了生物分类学中的基本框架，通过对生物的形态、生理、生态等特征进行比较和分析，可以将生物划分到不同的分类级别中。生物分类的目的是研究和理解生物的多样性、进化关系和生态角色，为生物学研究和科学交流提供统一的标准。

6. 动物与植物的细胞结构有什么相同和不同?

动物细胞与植物细胞有基本相似的结构。它们都具有细胞膜、细胞质、细胞核和线粒体等结构。所有细胞都有细胞膜，它包围和保护细胞内部结构，控制物质的进出。细胞质是细胞内液体的胶状物质，包含细胞器和细胞内溶液。细胞核控制细胞的生物化学活动，包含遗传物质（DNA）和核膜。线粒体是产生细胞内能量的主要场所，参与细胞呼吸作用。

但动物细胞和植物细胞也有明显的不同。动物细胞没有细胞壁，细胞质中也没有叶绿体和中央大液泡，而植物细胞具有细胞壁结构。细胞壁是厚且坚硬的网孔状纤维，围绕在质膜的周围，起保护和支撑细胞的作用。叶绿体是植物细胞特有的细胞器，能够通过光合作用过程将吸收的光能转化为化学能。细胞质中的大液泡是植物细胞中常见的液体腔室，可以储存水分、营养物质和废物。另外，中心体只存在于动物细胞和某些低等植物细胞中，是由微管组成的细胞器，分布在细胞质和许多原生物质中，参与细胞分裂过程。染色体是遗传信息的载体，由DNA、RNA和蛋白质构成，植物细胞和动物细胞的染色体结构略有不同。

7. 判断原核生物与真核生物的方法有哪些？

常见原核生物与真核生物可以通过以下几个判断方法进行区分。

（1）细胞结构。原核生物是单细胞生物，其细胞结构相对简单，没有明显的细胞核和细胞器，真核生物具有复杂的细胞结构，包括明显的细胞核和多种细胞器。

（2）细胞大小。原核生物一般较小，细胞直径通常在1微米—10微米之间。真核生物的细胞通常较大，其大小可以从几十微米到几百微米不等。

（3）DNA结构。原核生物的DNA通常以环状（圆形）的方式存在，位于细胞质中，没有真正的细胞核，真核生物的DNA以线性的形式存在于细胞核内，有核膜保护。

（4）细胞分裂方式。原核生物的细胞分裂方式一般为二分裂或不完全分裂，真核生物的细胞分裂方式包括有丝分裂和减数分裂等多种方式。

（5）基因组复杂性。原核生物的基因组相对较小，基因数目较少，真核生物的基因组较大，基因数目较多，包括非编码DNA和具有调控功能的序列。

需要注意的是，这些判断方法仅适用于常见原核生物和真核生物，特殊的微生物或存在一些例外情况的生物可能具有特殊的特征，需要进一步研究和分析再进行区分。

核心概念六　生物体的稳态与调节

【内容标准与学业要求】

概念说明	生物体是一个在内部和外部不断进行物质循环、能量流动和信息交流与反馈的开放系统，能通过自我调节机制维持稳态。植物可以制造有机物，为其他生物提供食物；动物通过获取其他生物的养分来维持生存；人体通过一定的调节机制，完成一系列复杂的生命活动。本学科核心概念的学习有助于学生形成物质与能量、稳定与变化等跨学科概念。		
学习内容	**1—2 年级内容要求**	**3—4 年级内容要求**	**5—6 年级内容要求**
6.1　植物能制造和获取养分来维持自身的生存	①说出植物的生存和生长需要水、阳光和空气。	①描述植物的生存和生长需要水、阳光、空气和适宜的温度。 ②描述植物的根、茎、叶、花、果实和种子具有帮助植物维持自身生存的相应功能。	①知道植物可以利用阳光、空气和水分在绿色叶片中制造其生存所需的养分。
6.2　人和动物通过获取其他生物的养分来维持生存	②举例说出动物可以通过眼、耳、鼻等器官感知环境。	③举例说出动物通过皮肤、四肢、翼、鳍、鳃等接触和感知环境。 ④描述动物维持生命需要空气、水、食物和适宜的温度。	②说出动物以其他生物为食，动物维持生命需要消耗这些食物而获得能量。 ③说出人体生长发育所需的主要营养物质及其消化吸收过程。
6.3　人体通过一定的调节机制保持稳态			④举例说出人体对某些环境刺激的反应方式和作用，列举保护这些器官的方法。

	1—2 年级	**3—4 年级**	**5—6 年级**
学业要求	能认识到植物、动物的生存需要外界环境的帮助。能分析不同植物生存和生长的条件，能比较不同动物感知环境的	能说出动物和植物都有基本生存需要，认识到动物、植物的某些结构具有帮助其维持自身生存的相应功能。 能比较分析动物、植物生存需要的差异。	认识到植物利用阳光、空气和水分在绿色叶片中制造其生存所需养分的过程就是植物的光合作用，动物和人依靠摄取食物维持生命活动。

续表

	1—2 年级	3—4 年级	5—6 年级
学业要求	器官。 能依据可观察的现象，描述植物生存和生长的条件。 对生物生长的自然现象感到好奇。	能设计简单方案并实施操作，收集植物和动物生存、生长所需条件的证据。 能设计简单在学习过程中，保持好奇心和探究热情，能与他人交流证据和观点。	能通过描述人体生长发育所需的主要营养物质及其消化吸收，分析评估自身营养摄取情况。 能收集人体和动物以其他生物为食获得维持生命活动所需能量的信息，用多种方式表达调查过程与结果。 认同物质和能量的获取是维持生物体稳态与调节的基础。

7—9 年级重点词汇：无机盐、光合作用、呼吸作用、蒸腾作用、生命系统、自我调节、运输作用；植物体对无机盐的吸收、运输，植物体对水分的吸收和散失；人体消化系统、人体对食物的消化与吸收、人体神经系统、神经调节、内分泌腺。

【重点词汇辨析】

1. 生物体、有机体、机体、器官

生物体、有机体和机体都是描述生物的术语。

生物体：自然界中有生命的并能独立生存的个体。生物体具有能够进行新陈代谢、生长发育和繁殖等生命特征。基本特征主要有：为维持其生命需进行新陈代谢；有生长、发育、衰老和死亡的现象或过程；具有生殖能力，并有遗传、变异和可塑性等特性，能对刺激发生反应，适应环境变化和维持内稳态。除病毒外，生物体都由细胞组成。

有机体：由有机化合物组成的物体。有机化合物主要由碳、氢、氧、氮等元素组成。有机体是描述生物体的化学组成，并非所有的有机体都是生物体（如已

死去的生物体、有机肥料等)。

机体：多细胞生物中具有特定结构和功能的部分，它们协同工作，相互作用，组成一个功能完整的整体。机体侧重生物体内部的组成部分和相互作用（生物学中用来指称生命体)。

器官：多细胞生物体内由多种组织联合构成的结构单位，具有一定的形态特征，能行使一定的生理功能。例如，高等动物的胃、肠、肝和胰是消化器官，肺或鳃是呼吸器官，睾丸和卵巢是生殖器官。植物有维持个体生存的营养器官（如根、茎、叶）以及繁衍后代、维持种族生存的生殖器官（如花、果实和种子)。

2. 有机化合物（有机物)

有机化合物（有机物)：泛指碳氢化合物及其衍生物，数目多达几千万种。有机化合物范围非常广泛，包括烃类、醇类、羧酸类、酮类、醛类、酯类、胺类、脂质类等。它们的化学性质和反应机制不同于无机化合物，且大多数由生物体合成或分解。

3. 开放系统、封闭系统

开放系统：与外部环境之间有物质、能量和信息交换的系统。在开放系统中，系统与外部环境之间可以进行物质的输入和输出、能量的传递和转化以及信息的交流。开放系统具有与环境进行持续交互和调节的能力，能够从环境中获取所需的物质和能量，并将产生的产物或废物释放到环境中。生物体是一个典型的开放系统，它与外部环境进行物质的摄取和排泄、能量的获取和消耗、信息的感知和传递。

封闭系统：又叫“闭合系统”，与外界不发生物质交换。封闭系统是一个理想化的概念，在现实世界中很难找到完全封闭的系统。

4. 稳态、调节机制

稳态：正常生物体个体内环境的理化性质及生理变量始终保持相对稳定的现象。稳态是生物体内新陈代谢活动正常进行的根本保证，是生命科学领域的基本概念之一。当内外环境变化时，通过调整体内状况，使生物体处于相对稳定的状态，如体外环境发生变化，气温或湿度的大幅度升降，机体处于安静或运动状态，是否进食、进食多少及食物的酸碱度等。生理变量发生改变：健康的人或动物大多数常见的生理变量如血压、体温、血液的 pH 值及血液中某些物质（激素、葡萄糖、钠离子、钙离子等）的浓度。

调节机制：生物体为了维持内部稳定而采取的一系列控制和调节过程，涉及多个生理系统和调节器官的协同作用。调节机制主要包括神经调节、内分泌调节和免疫调节等。调节机制的目标是维持生物体的内部稳定性，即使面临外部环境的变化，生物体仍能保持一定的稳定状态。这些调节机制相互协调、相互作用，以维持生命活动正常进行。生物体的稳定要靠自身的调节来实现，从控制系统的角度出发，调节的机制是：外界刺激到达神经中枢，神经做出某种反应，引发机体的某些器官工作，从而实现调节目的。以体温调节为例，恒温动物之所以能维持体温相对稳定，是因为产热与散热两个生理反应过程在体温调节中枢的控制下取得动态平衡。调节机制是生物体适应环境变化、保持稳定和生存的重要机制。

5. 物质循环、物质流

物质循环和物质流都是描述物质在自然界中的运动和转化的概念。

物质循环：物质在生态系统中循环利用，指物质在生态系统中不断循环，形成闭合的循环过程。

物质流：物质在自然界中的流动，指物质在自然界中的流向和转移过程。例如，水在自然界中的循环过程；通过食物链，促进物质在自然界中的流动。

6. 生命活动、生理学

生命活动：生物体内部和外部发生的一系列与生命相关的化学和物理过程，包括营养摄取、代谢、生长、繁殖、运动、感知、思考等多个方面。生命活动是由各种生物分子、细胞、组织、器官、系统等相互协调、相互作用，以维持生物体内部环境的稳定和生命的正常进行。它涵盖了从分子层面到细胞层面、组织层面和器官层面的各种生物学过程，是维持生物体正常运作和生存所必需的。

生命活动的特点是高度有序、复杂而协调。这些活动在生物体内部通过各种调节机制和生物化学反应进行协调和控制，以维持生物体的稳态和适应环境。

生理学：主要研究生物的功能，以及它们为适应内外环境变化是如何发生功能反应、实施调节的学科。它涉及生物体内部的生物化学、细胞结构与功能、器官系统的运作、生物体对环境的适应以及整个生物体的调节和协调等方面，能为医学、运动学、营养学等相关学科提供理论基础。

例如，植物生理学近几十年来有很大的发展，如对植物激素的深入研究，推动了生长调节剂和除草剂的人工合成，从而在打破休眠控制生长、贮藏保鲜、提高产量和质量、杂草防除等方面起了很大作用；春化现象和光周期现象的发现，对作物栽培、引种和育种等方面有指导意义；组织培养技术的发展，为作物育种，花卉快繁、脱除病毒和植物性药物的工业化生产提供了可靠的途径。这些成果充分证明植物生理学是农业的基础和先导。

7. 生长

生长：生物体或细胞从小到大的过程。生长通常伴随着发育过程的细胞分化和形态建成。细胞只分裂而体积并不增大的，如受精卵卵裂形成囊胚，储存物和含水量暂时增加，如种子吸水膨胀等，都不是真正的生长。生长过程受到多种因素的影响，了解这些因素可以让生物体更健康地发育和成长。

8. 养分、消耗、消化、吸收

养分：维持生物体正常生理和代谢活动所必需的物质，缺乏某些养分可能会引发营养不良和疾病。人体所需的营养物质包括碳水化合物、脂肪、蛋白质、维生素、矿物质和水等。

消耗：生物体摄取食物或其他资源以满足生命活动的能量和物质需求的过程。消耗涉及摄食、吸取光能（对于光合作用生物）或吸取无机物质（对于化学合成生物）等。消耗是生物体获得能量和营养物质的起始点。

消化：生物体将摄入的食物转变为可吸收利用的营养物质的过程。消化通常包括物理消化和化学消化两个方面。物理消化通过机械作用（如咀嚼、胃肠蠕动）将食物分解成较小的碎片。化学消化则涉及消化酶的分泌和作用，将食物中的大分子（如蛋白质、碳水化合物、脂肪等）分解为小分子（如氨基酸、葡萄糖、脂肪酸等）。

吸收：生物体将消化后的小分子从消化道吸收进入生物体的细胞和组织的过程。吸收通常发生在消化道壁上的细胞里，这些细胞具有特殊的结构和功能来促进营养物质的吸收。通过吸收，营养物质进入血液或淋巴系统，从而被运送到全身各个组织和细胞，用于能量代谢、生长、修复和其他生物活动。

消耗、消化、吸收紧密联系且相互依赖，共同构成了生物体获取和利用营养的整个过程。

9. 环境、刺激、反应

环境：生物体所处的所有外界条件和因素，包括自然环境和人为环境。环境可以直接影响到生物体的生存和繁衍。自然环境包括气候、地形、土壤、水源、植被和动物等，不同的环境条件可以影响到生物体的生理、行为和适应性特征。例如，不同的气候条件可以影响到动物的皮毛、体形和代谢速率等，而不同的食物供应和水源条件可以影响到动物的生长、繁殖和存活率等。

刺激：外界对生物体的特定作用，能够引起生物体对其产生反应。刺激可以是各种感官信号（如光、声音、味道、触觉等），也可以是机械、化学、温度等不同类型的刺激。

刺激对于生物体来说非常重要，因为它可以引起生物体的生理反应、行为反应和适应性变化。这些反应可以帮助生物体更好地适应自身生存环境，如发现食物、逃避危险、寻找配偶等。在生物体中，刺激会被感受器所捕获并转化为神经信号，经过神经元传递到神经系统的其他部分，最终引起相应的生理、行为和适应性变化。例如，当人的视觉系统受到光线刺激时，视网膜上的感光细胞会转化光信号为神经信号，经过视神经到达大脑皮层，引起人看到光线和色彩的感觉。

反应：生物体对于外界刺激产生的应答或响应。在生物体中，感受器会接收外界的刺激，并将其转换成神经信号，随后神经信号会传递到中枢神经系统，最终引起生物体的反应。反应可以是生理上的反应、行为上的反应或心理上的反应。生理上的反应包括各种自主神经系统的反应，如心跳加快、血压升高、呼吸加深等。行为上的反应包括动物的各种逃避、攻击、捕食等行为。心理上的反应包括人类的情感、认知和思维等方面的变化。

10. 光合作用、呼吸作用、蒸腾作用

光合作用、呼吸作用和蒸腾作用是三个不同的植物体生命活动过程。

光合作用：植物细胞利用太阳能、二氧化碳和水，通过叶绿素等色素在叶片中进行的一系列生物化学反应，最终产生有机物质和氧气的过程。光合作用是植物营养的重要来源，也是氧气和能量的重要来源。

呼吸作用：植物细胞在缺氧的情况下（如夜间）或氧气供应不足时，利用有机物质（如葡萄糖）和氧气，通过一系列化学反应，产生二氧化碳、水和能量的过程。呼吸作用是一个分解代谢过程，不需要光照，可以在黑暗中进行。

蒸腾作用：植物叶片通过气孔排出水分的过程。在这个过程中，植物叶片通过气孔吸入二氧化碳，完成光合作用的同时，也会散失大量的水分。蒸腾作用是植物调节水分和温度的重要方式，具有降温，促进水分、矿质养分吸收和转运等作用；同时也会导致水分的流失和土壤干旱，干旱地区的植物，常具有种种特殊的结构（如针状叶、气孔凹陷、气孔口多毛等）以减少蒸腾作用。

11. 皮肤、四肢、翼、鳍、鳃

皮肤、四肢、翼、鳍和鳃是不同种类动物的身体结构。

皮肤：被覆在动物体表面，直接与外界环境相接触的部分，有保护、感觉、分泌、排泄或呼吸等功能。大多数哺乳动物皮肤表面有毛发，起到保暖和调节体温的作用。皮肤因与外界环境相接触而产生一系列的适应变化，形成多种衍生物，如羽、毛发、鳞、指（趾）甲、汗腺、皮脂腺等。

四肢：脊椎动物的四条肢体，包括前肢和后肢。四肢可以用于步行、奔跑、攀爬、抓取等。对于人类和灵长类动物，手还可以进行精细的操作和创造性活动。

翼：一种特化的器官，存在于某些动物中，如鸟类、昆虫和蝙蝠等。翼通常由薄而轻的膜状组织或覆盖在骨骼上的羽毛构成。翼的主要功能是提供升力和推动力，使动物能够飞行或滑翔。翼的结构和形态根据不同的动物种类而有所差异，适应于它们在空中的不同飞行方式和生活习性。

鳍：一种存在于某些水生动物身体侧面的特化结构，如鱼类、海豚和鲸等。鳍通常由骨骼或软骨支持的薄而灵活的膜状组织组成。鳍的主要功能是提供浮力和推动力，使动物能够在水中移动和控制方向。

鳃：一种存在于水生动物的呼吸器官，如鱼类和一些水生昆虫。鳃通常位于动物体侧面或下颌的区域，由一系列细小而丰富血管的结构组成。通过鳃，水生动物能够从水中吸收氧气，同时将二氧化碳排出体外。鳃的结构使得水与血液之间发生气体交换，实现了水生动物的呼吸过程。

【常见疑惑问答】

1. 人体有哪些调节机制？

人体具有多种调节机制，以维持身体内部环境的稳定。神经—体液—免疫调节网络是机体维持稳态的主要调节机制。

以下是一些常见的人体调节机制：

（1）温度调节。人体通过汗液的蒸发和血管的扩张或收缩来调节体温，使其保持恒定。

（2）血糖调节。人体通过胰岛素和葡萄糖激素的分泌调节血糖水平，确保血糖在正常范围内。

（3）pH 调节。酸碱平衡是维持体液内酸碱度的调节机制，人体通过呼吸、肾脏和缓冲系统来保持血液 pH 值的稳定。

（4）血压调节。人体通过神经和激素调节血管的收缩和扩张，以控制血压在正常范围内。

（5）水盐平衡调节。肾脏通过调节尿液中的水分和盐分的排泄来维持水盐平衡，以保持体内液体的稳定。

（6）呼吸调节。呼吸中枢通过调节呼吸频率和深度，以适应身体对氧气和二氧化碳的需求。

（7）免疫调节。免疫系统通过识别和清除病原体，维持身体的免疫平衡和抵抗力。

这些调节机制的目标是保持身体内部环境的稳定，促进身体各器官和系统的正常功能。

2. 生物生存需要的稳定条件是什么？

生物生存需要一定的稳定条件，通常包括以下方面：

（1）温度稳定。生物需要体内温度的稳定，以维持正常的代谢和生理活动。

（2）水稳定。生物需要稳定的水分环境，以维持细胞内外液体的平衡。

（3）能量稳定。生物需要稳定的能量供应，以维持生命活动的进行。

（4）气体稳定。生物需要稳定的氧气和二氧化碳的供应，以维持正常的呼吸和免疫系统功能。

（5）pH 稳定。生物需要稳定的体液酸碱平衡，以保持正常的生理功能。

（6）盐度稳定。盐度的变化会直接影响海洋生物的生存、繁殖。

总之，生物需要一定的稳定条件才能生存，并且这些稳定条件之间相互关联，相互作用。当这些条件发生变化时，生物会采取各种适应措施来维持稳定状态，或者适应环境变化。

3. 植物需要从外界吸收氧气吗？

植物需要从外界吸收氧气进行呼吸作用，但是植物的氧气吸收和呼吸方式与动物有所不同。植物通过气孔吸收二氧化碳和氧气，气孔分布在叶子和茎等部位上。氧气进入植物后，会被细胞中的线粒体利用，从而产生能量，维持植物的生命活动。

植物还可以通过光合作用来产生能量，将二氧化碳和水转化为葡萄糖和氧气。这意味着在光照充足的情况下，植物可以依靠光合作用产生的氧气来满足呼吸所需，而不必从气孔吸收外界的氧气。

4. 哪些人体系统有调节的作用？

人体有许多系统具有调节的作用，以下是其中一些重要的系统。

（1）神经系统。负责监测和传递信号，以控制身体内部的各种生理和行为反应。它包括中枢神经系统（大脑和脊髓）和外周神经系统（神经网络和神经末梢）。它可以通过刺激或抑制器官和组织的活动来调节身体的各种功能。

（2）内分泌系统。通过释放激素来调节身体的各种生理过程，如代谢、生长、发育、生殖、水分平衡以及免疫反应等。主要器官包括脑垂体、甲状腺、肾上腺、胰腺和性腺等。

（3）循环系统。通过心脏和血管来调节血液的流动，从而满足组织和器官的氧气和营养物质的需求。循环系统包括心脏、血管和血液等。循环系统还有调节体温、酸碱平衡和水分平衡等方面的功能。

（4）呼吸系统。通过肺部和相关肌肉来调节氧气和二氧化碳的交换，以维持血气平衡和酸碱平衡。它能根据身体的需要调节呼吸频率和深度，以保持适当的氧气和二氧化碳水平。

（5）消化系统。通过消化器官和消化酶来调节食物的消化和吸收，从而提供身体所需的能量和营养物质。

（6）泌尿系统。通过肾脏和尿液的生成来调节体液的水分和电解质平衡，以及体液的酸碱平衡。

总之，许多人体系统都具有调节的作用，这些系统通过复杂的反馈机制和相互作用，使人体能够适应内外环境的变化，并保持相对稳定的内部环境。它们之间的协调和平衡对于人体的正常运转和健康至关重要。

5. 直接参与人体物质循环过程的系统有哪些？

（1）呼吸系统。通过呼吸作用，将氧气吸入体内，同时将二氧化碳排出体外。这个过程实现了氧气和二氧化碳在人体内外的循环。

（2）消化系统。将食物分解为营养物质，并吸收这些营养物质进入血液循环。通过消化系统，人体摄取到的碳水化合物、脂肪、蛋白质等物质在身体内部被吸收利用。对于未被吸收的残渣部分，消化道则通过大肠以粪便形式排出体外。

（3）循环系统。（心血管系统）通过心脏和血管网络将氧气、养分和其他必需物质输送到全身各个细胞，同时将全身各个细胞的代谢产物和废物带回到相应的排泄器官进行处理。

（4）排泄系统。包括肾脏、尿路系统和肺等器官，它们从血液中过滤出废物和多余的物质，形成尿液、汗液和呼出的气体，并通过各种途径将这些废物排出体外。

这些系统协同工作，使人体能够摄取、吸收、利用有用的物质和排出废物，维持人体正常的生理功能和稳定的内部环境。

6. 人体内环境稳态失调有哪些症状？

内环境稳态失调会导致许多不同的症状和疾病，以下是一些常见的症状：

（1）发热。体温异常升高，可能伴有寒战和出汗。

（2）脱水。口渴、尿量减少、皮肤干燥、口腔干燥等。

（3）恶心和呕吐。消化系统紊乱可能导致恶心和呕吐。

（4）腹泻或便秘。消化系统功能紊乱可引起腹泻或便秘。

（5）心率和呼吸频率变化。心率可能增加或减慢，呼吸频率可能增加。

（6）血压变化。血压可能升高或降低。

（7）疲劳和乏力。能量代谢紊乱可导致疲劳和乏力感。

（8）头晕和头痛。血压和血液供应异常可能引起头晕和头痛。

（9）食欲改变。饮食可能增加或减少。

（10）情绪变化。失衡的内环境可能导致焦虑、烦躁、抑郁等情绪变化。

总之，内环境稳态失调可能导致各种不同的症状和疾病，这些症状和疾病的表现形式和严重程度取决于失调的程度和范围。应及时诊断和治疗，以避免症状的进一步恶化和并发症的发生。

7. 人体能始终维持稳态吗？

可以的。人体具有维持内环境稳态的调节能力，这一过程被称为体内稳态调节或内稳调节。人体通过多个系统和机制来调节各种生理参数，以保持内部环境的相对稳定。主要的调节系统包括神经系统和内分泌系统。神经系统通过神经传递信号，控制各种生理过程，如体温、心率、血压等。例如当人体体温升高时，体内的热敏受体会感知到体温的变化，随后会触发一系列调节机制，如心血管扩张、出汗、呼吸加速等。内分泌系统则通过激素的分泌和调节，影响身体的各个方面，例如代谢调节、水盐平衡调节、血糖调节等。糖尿病患者由于胰岛素分泌异常，无法维持血糖的稳定，体内累积的大量葡萄糖会导致多种糖尿病并发症的出现。

尽管人体具有调节能力，但并不意味着它总是能够完全保持稳态。外界环境的变化、疾病、应激性等因素都可能干扰人体的稳态调节，导致内部环境的失衡。在这种情况下，人体可能会表现出一系列症状，并需要外部干预或治疗来恢复稳态。

8. 沉水植物的叶片通常没有气孔，它们如何从水中获取生存所需的氧气或二氧化碳？

沉水植物在水生生态系统中起着重要的净化水质、提供栖息地和稳定底泥等作用。不同于浮水植物和挺水植物，沉水植物生活在水中，不需要像陆地植物那样通过气孔进行气体交换。它们通过细胞膜的扩散作用从水中获取氧气或二氧化碳。扩散时，一种物质分子从高浓度区域向低浓度区域转移，直到均匀分布。细胞膜就具有选择透过性，许多物质如氧气、二氧化碳、水等可以通过扩散的方式穿过细胞膜，即依靠浓度梯度从高浓度一侧向低浓度一侧扩散。气孔通常是在高等植物的叶片表皮上特化形成的结构，用于调节气体交换和水分蒸腾。对于没有功能性气孔的沉水植物来说，它们获取氧气和二氧化碳的方式都要利用扩散作用。

藻类植物也没有气孔，它们也是通过扩散作用来获取所需氧气或二氧化碳。生长在高海拔地区或干旱环境中的植物，也能通过扩散作用获取相对稀薄空气中的二氧化碳，维持生存和生长。

9. 水中溶解氧和二氧化碳含量相对较低，沉水植物如何提高获取氧气或二氧化碳的效率？

在常温常压下，空气中氧气含量约为21%，而水中的溶解氧含量一般在几毫克每升的水平。这使得水生植物获取氧气面临挑战。二氧化碳也是如此。

仔细观察不难发现，沉水植物的叶片通常会发育成非常薄的条形、卵圆形、丝状或羽毛状。这样的叶片结构能增加表面积，使叶片细胞能最大程度地与水体接触，从而有利于气体的扩散。同时，由于水体中气体的扩散速率较慢，沉水植物叶片薄的形态特征能缩短气体扩散的距离，有助于气体在细胞间隙中更快地扩散，更有效到达其身体的各个部分。另外，有些沉水植物在根部和叶片中有大量连续的空洞，这些空洞也可以提高气体扩散速度。

自然水体中无机碳的存在形式主要有二氧化碳、碳酸氢根离子（HCO_3^-）等。沉水植物获取二氧化碳的方式较为多样。已有研究认为，除了直接利用水中二氧化碳的扩散作用，有的植物还能从根部吸收底泥中的二氧化碳，一些沉水植物会利用水中丰富的碳酸氢根离子。例如：黑藻可能会向细胞外分泌碳酸酐酶，碳酸酐酶能催化碳酸氢根转化为二氧化碳，满足光合作用对二氧化碳的需求；苦草可能通过向胞外分泌氢离子，氢离子与碳酸氢根结合生成二氧化碳，然后被苦草吸收用于光合作用；狐尾藻的细胞膜上可能演化出碳酸氢根离子和阴离子的交换通道，直接吸收碳酸氢根离子进入细胞内，为光合作用等生理过程提供碳源。目前，对于具体沉水植物利用水中碳酸氢根离子的确切方式还在不断研究中。

10. 生物体能感受到哪些类型的环境刺激?

生物体可以受到各种类型的环境刺激，这些刺激可以影响它们的生理和行为反应。以下是一些常见的环境刺激类型：

（1）物理刺激。包括光照强度、温度、压力、重力、震动、声音等。生物体对于这些物理刺激会做出适应性反应，例如变化体温、调整代谢率、运动或隐藏等。

（2）化学刺激。包括化学物质的存在、浓度或组成的变化。生物体可能对于某些化学物质表现出吸引或避开的行为，或者通过代谢调节来应对特定化学物质的影响。

（3）生物学刺激。包括其他生物的存在、行为或生理状态的影响。生物体可能对于同种或异种生物表现出攻击、逃避、求偶、合作等行为反应。

（4）社会刺激。包括社会环境中的社会关系、竞争、合作、群体行为等。生物体可能对于社会刺激表现出警戒、争夺资源、建立社会地位等行为。

（5）时间刺激。包括季节、昼夜变化、潮汐等时间相关的刺激。生物体会根据时间刺激调整自己的行为模式、繁殖活动或迁徙活动等。

（6）空间刺激。包括生物体所处的空间环境、领地、栖息地等。生物体可能对于空间刺激表现出领域争夺、栖息地选择、迁徙活动等行为。

这些环境刺激可以对生物体的生理状态、行为模式、繁殖活动、生存能力等产生重要影响，生物体通过感知和适应这些刺激来维持自己在不断变化的环境中的生存和繁衍。

11. 生物体感知各类环境刺激的器官有哪些?

（1）视觉器官。用于感知光照和图像，包括眼睛等。视觉器官可以帮助生物体识别其他生物、判断环境亮度和方向等。

（2）嗅觉器官。用于感知气味和味道，包括鼻子等。嗅觉器官可以帮助生物体识别食物、危险物质和其他生物。

（3）味觉器官。用于感知口腔中的化学物质，包括舌头等。味觉器官可以帮助生物体识别食物的味道。

（4）听觉器官。用于感知声音和振动，包括耳朵等。听觉器官可以帮助生物体识别声音、判断方向和距离。

（5）触觉器官。用于感知接触和压力，包括皮肤等。触觉器官可以帮助生物体感知周围环境的形状、质地、温度、湿度等。

（6）平衡感觉器官。用于感知重力、方向和加速度，包括内耳、前庭器官等。平衡感觉器官可以帮助生物体维持身体平衡和方向感。

（7）化学感受器官。用于感知化学物质的浓度和种类，包括化学感受器、化学感受细胞等。化学感受器官可以帮助生物体识别食物、危险物质和其他生物。

总之，生物体感知各类环境刺激的器官有很多种，这些器官可以帮助生物体感知和适应周围环境，以维持其生存和繁衍。不同的生物体根据其生存环境和生活方式的特点，可能具有不同的感知器官和适应机制。

12. 呼吸作用和蒸腾作用有什么区别？

呼吸作用和蒸腾作用是植物生理过程中的两个关键过程，它们在生物体内发挥着不同的功能。下面是它们的联系与区别：

联系：呼吸作用和蒸腾作用都涉及气体的交换，包括氧气的吸入和二氧化碳的释放；呼吸作用和蒸腾作用都是植物进行生命活动所必需的过程。

区别：①功能不同，呼吸作用是指植物细胞通过代谢过程产生能量，并将氧气转化为二氧化碳和水的过程，类似于动物的呼吸过程，而蒸腾作用是指植物通过叶片上的气孔释放水蒸气，以调节植物体内的水分平衡；②位置不同，呼吸作用主要发生在植物的细胞内，涉及细胞呼吸过程中的氧气的摄取和二氧化碳的释放，蒸腾作用主要发生在植物的叶片上，通过气孔释放水蒸气；③作用对象不同，呼吸作用主要与能量代谢和细胞呼吸相关，影响植物体内的能量供应和碳代谢，蒸腾作用主要与水分运输和植物体内的水分平衡相关，影响植物的水分吸收、输送和保持；④影响因素不同，呼吸作用受到氧气浓度和温度等因素的影响，蒸腾作用受到环境湿度、光照强度和气孔开闭等因素的影响。

总的来说，呼吸作用和蒸腾作用都是植物生命活动中的两个重要过程，它们在植物的能量供应和水分平衡方面发挥着关键作用，但在功能、位置、作用对象和影响因素等方面存在明显的差异。

13. 人体内的系统一般包括哪些？

（1）循环系统。主要包括心脏、血管和血液，它的主要功能是输送氧气和营养物质到全身各个器官，带回二氧化碳和代谢废物，并维持体内的水分平衡，调节体温。

（2）呼吸系统。主要包括鼻、咽、喉、气管、支气管和肺，它的主要功能是吸入氧气，将氧气输送到全身各个组织和器官，同时排出二氧化碳和其他代谢废物。

（3）消化系统。主要包括口腔、食管、胃、肠和肝脏等器官，它的主要功能是消化和吸收食物，为人体提供能量和营养物质，同时排出消化废物。

（4）泌尿系统。主要包括肾、输尿管、膀胱和尿道等器官，它的主要功能是排泄代谢废物和多余水分，同时维持体内的水盐平衡和酸碱平衡。

（5）神经系统。由大脑、脊髓、神经和感觉器官等组成，它的主要功能是接收和传递信息，协调身体各个部分的功能和行动。

（6）内分泌系统。由一些内分泌腺体组成，如甲状腺、胰腺、肾上腺等，它的主要功能是分泌激素，调节身体各个部分的生理活动，维持机体的内稳态。

（7）免疫系统。主要由免疫细胞、免疫器官等组成，它的主要功能是识别和消灭入侵机体的病原体和其他异物，保护机体免受感染和疾病的侵袭。

14. 内分泌腺有哪些功能?

内分泌腺是指分泌激素或其他生物活性物质的一类腺体，包括垂体、甲状腺、甲状旁腺、胰岛、肾上腺等。这些腺体分泌的激素或物质通过血液循环传递到全身，调节机体的代谢、生长、发育和生殖等生理过程。

内分泌腺的主要功能包括：

（1）调节代谢。内分泌腺分泌的激素可以调节机体的代谢，如胰岛素可以促进葡萄糖的吸收和利用，甲状腺激素可以增加基础代谢率。

（2）调节生长和发育。生长激素、甲状腺激素等激素可以促进生长和发育。

（3）调节生殖。性腺激素可以调节生殖器官的发育和功能，促进生殖。

（4）调节免疫。胸腺可以分泌T淋巴细胞和一些免疫调节因子，调节机体的免疫系统。

（5）调节钙代谢。甲状旁腺可以分泌甲状旁腺激素，调节机体的钙代谢。

（6）调节应激。肾上腺可以分泌肾上腺素和皮质激素，调节机体的应激反应。

总之，内分泌腺分泌的激素和物质对机体的生理过程具有广泛的调节作用，其功能的失调会导致各种疾病的发生。

15. 环境改变时，植物体将如何调节生命活动?

植物体会通过调节自身的生理和形态特征来适应环境变化，保持生命活动的稳定和正常。

（1）调节水分。植物体会通过开启和关闭气孔、调节根系吸收水分的速度等方式来调节水分的摄入和排出，保持水分平衡。

（2）调节光合作用。植物体会通过调节叶片的角度、增加或减少叶片面积、调节叶绿素的含量等方式来调节光合作用的效率，以适应光照强度的变化。

（3）调节气体交换。植物体会通过开启和关闭气孔、调节叶片温度等方式来调节氧气的摄入和二氧化碳的排出，以维持正常的气体交换。

（4）调节温度。植物体会通过调节叶片角度、增加或减少叶片的数目、调节蒸腾作用等方式来调节体内的温度，以适应环境温度的变化。

（5）调节营养物质的吸收。植物体会通过根系的生长和分化、调节根系对营养物质的吸收能力等方式来调节营养物质的吸收，以适应环境中营养物质的变化。

16. 胰岛素、肾上腺素有什么功能？

肾上腺素是由肾上腺分泌的激素。肾上腺是位于肾脏上方的内分泌腺体，由两部分组成：外层的皮质和内层的髓质。肾上腺素主要由肾上腺髓质中的肾上腺细胞合成和释放。

肾上腺素在机体中发挥多种重要功能，包括：

（1）调节应激反应。肾上腺素是应激激素之一，在应激情况下，肾上腺素的分泌增加，能够提高机体的应激耐力和应对能力，调节心血管功能和呼吸功能等。

（2）激发交感神经系统。肾上腺素作为交感神经系统的主要神经递质之一，能够激发交感神经传递的信号，增强交感神经系统的兴奋状态，提高机体的警觉性和反应能力。

（3）调节心血管功能。肾上腺素能够通过收缩血管平滑肌，增加心脏收缩力和心率，提高血压，促进血液循环，增加组织器官的血液供应。

（4）促进糖原分解。肾上腺素能够刺激肝脏中糖原的分解，释放葡萄糖进入血液，提高血糖水平，为机体提供能量。

（5）增加脂肪酸分解。肾上腺素能够促进脂肪细胞中脂肪酸的分解，释放游离脂肪酸进入血液，提供能量。

（6）抑制消化功能。肾上腺素能够抑制胃肠道的蠕动和消化酶的分泌，减少胃肠道的消化吸收，以保证能量和血液优先供应到其他重要器官。

总的来说，肾上腺素在机体中起着重要的调节作用，参与调节应激反应、心血管功能、代谢过程和消化功能等，以帮助机体应对外界环境的变化和应激状态。

核心概念七　生物与环境的相互关系

【内容标准与学业要求】

概念说明	地球上每一种生物的生存都与环境密切相关，生物与环境之间的相互作用与相互协调构成了生态系统的动态平衡。人类的活动能对环境产生重大的影响，而生活环境与习惯也会影响人体健康。本学科核心概念的学习有助于学生形成物质与能量、结构与功能、稳定与变化等跨学科概念。		
学习内容	**1—2 年级内容要求**	**3—4 年级内容要求**	**5—6 年级内容要求**
7.1　生物能适应其生存环境		①举例说出生活在不同环境中的植物的外部形态具有不同的特点，以及这些特点对维持植物生存的作用。 ②举例说出动物适应季节变化的方式，说出这些变化对维持动物生存的作用。	①举例说出动物在气候、食物、空气和水源等环境变化时的行为。
7.3　人的生活习惯影响机体健康			②列举睡眠、饮食、运动等影响健康的因素，养成良好的生活习惯。
7.4　人体生命安全与生存环境密切相关			③举例说出重大传染病和突发公共卫生事件对人类安全的威胁。

	1—2 年级	**3—4 年级**	**5—6 年级**
学业要求		认识不同环境下的植物的外部形态具有不同特点，认识动物能对季节变化做出反应。 能分析不同环境中植物的不同外部形态特点对维持其生存的作用，能比较不同动物适应季节变化的方式对维持其生存的作用。 能收集生活在不同环境中的植物外部形态特征的信息，调查动物适应季节变化的方式。 能积极参与对自然规律的探究活动。	认识动物能适应环境变化，能列举影响健康的因素。 能分析不同动物在气候、食物、空气和水源等环境变化时的行为。 能通过测量、调查、统计，分析自身生活习惯和外部环境因素对人体健康的影响。 养成良好的生活习惯，关注重大传染病、突发公共卫生事件及其对人类安全的威胁，关注生物资源保护。

7—9年级重点词汇：感应性现象、动物行为、生态平衡、食物链、食物网、生物多样性、自觉性、生态安全、机体健康、生活习惯、均衡膳食、阐明传染病、病毒、细菌、病原体、合理膳食。

【重点词汇辨析】

1. 生物资源

生物资源：生物多样性中，对人类具有现实和潜在价值的基因、物种和生态系统的总和。包括植物资源、动物资源、微生物资源和人类遗传资源。生物资源是人类生存和发展的重要物质基础。

2. 生存、生活

生存：生物体在适宜的环境中维持其生命活动和生命功能的过程。生存包括获取养分和能量、进行呼吸、繁殖、适应环境变化等一系列生命活动。生物体通过适应和适应性行为来适应环境，以确保自身的存活和繁衍。

生活：生物体经历的各种活动和体验。对于人类来说，生活包括了进食、居住、工作、社交、娱乐、学习等方面的各种活动和经历。生活是个体在社会和文化环境中存在及交往的过程，涵盖了物质和精神层面的方方面面。

3. 相互作用、相互协调

相互作用：物体或系统之间发生能量、动量、角动量、电荷或其他守恒量交换，从而使它们的运动状态发生改变的过程。一切作用都是相互的，某个物体或系统对另一物体或系统发生作用时，必然会受到另一物体或系统对它的反作用。生态系统中的相互作用指的是不同生物体之间或生物体与环境之间发生的直接或间接的相互影响。相互作用可以是积极的或消极的，它们可以通过竞争、捕食、共生、共存等方式来实现。

相互协调：在生物领域中指不同生物体之间或生物体与环境之间通过适应和调节来实现的协调关系。相互协调强调的是各个组成部分之间的和谐配合和平衡状态。生物体通过协调自身的生理、行为等来适应环境变化，并保持种群的稳定和生态系统的健康。

4. 生态平衡、动态平衡

生态平衡：一定的动植物群落和生态系统在发展过程中，各种对立因素通过相互制约、转化、补偿、交换等作用，达到一个相对稳定的平衡状态。这种平衡状态有助于维持生态系统的稳定性和持续性。

动态平衡：生态系统内部的一种稳定状态，其特点是生物群体之间的相对数量和空间分布会发生一定的变化，但总体上保持相对稳定。在动态平衡中，生物群体的数量和空间分布会受到环境因素的影响，出现适应性的调整和变化，以适应环境的变化并保持相对稳定。动态平衡反映了生态系统内部生物群体之间和生物群体与环境之间相互作用的动态调节过程。

5. 健康、安全

健康：世界卫生组织定义为："健康乃是一种在身体上、心理上和社会适应方面的良好状态，而不仅仅是没有疾病和不虚弱。"健康的人体首先要各器官各系统发育良好、功能正常，体格健壮、精力充沛，同时还要有良好的劳动效能，与他人和谐相处和处理各种危险因素及应激的能力。具体包括体魄健全、精力充沛、处事乐观、应变力强、能吃能睡、体重适当、眼睛明亮、牙齿整洁、头发光亮、走路轻松等。健康是动态的，不同年龄段可以有不同的要求。

安全：防范和减少事故、危险、伤害和疾病的风险，包括个人的身体安全，如避免受伤、保护自己免受危险物质的侵害，以及心理的安全，如避免受到欺凌或暴力的伤害。此外，安全还包括社会和环境的安全，如保护个体免受犯罪活动、自然灾害和环境污染的影响。

6. 结构、功能

结构与功能用于描述事物的组织结构和所起的作用或功能。

结构：系统内各组成要素之间的相互联系、相互作用的方式，是系统组织化、有序化的重要标志。在生物学中，生命体内部各种物质要有序组织起来形成某种结构才能完成生命活动，对于其功能的发挥起着重要的作用。例如，人体的心脏是由心肌组织构成的，具有特定的结构，这种结构使得心脏能够收缩和舒张，从而实现泵血的功能。

功能：有特定结构的事物或系统，在内部和外部的联系和关系中表现出来的特性和能力。生物体的功能是指其各个器官、系统或分子层面所具备的特定生理、生化或生态学功能。例如，人体的肺部具有呼吸功能，用于吸入氧气并排出二氧化碳，以维持身体的氧气供应和排出代谢废物。

7. 稳定、变化、维持

稳定：系统在平衡位置，当受到微小扰动时，系统仍能保持平衡或在平衡位置附近运动。稳定可以是静态的，表示事物的特性或状态保持不变，也可以是动态的，表示事物的变化趋势保持在可接受的范围内。

变化：事物在形态或本质上的转化过程或新状态。

维持：为了保持事物的某种状态或特性而进行的持续努力或行为。

8. 季节、气候

季节：地球围绕太阳公转过程中由于地球自转和地轴倾斜而引起的季节性变化。通常将一年分为春季、夏季、秋季和冬季四个季节。季节的变化主要通过气温、日照时间和植物生长等方面来表现，不同的季节具有不同的特征和气候条件。

气候：某一地区长期以来的天气特征，包括多年平均状况和极端状况。与季节相比，气候的变化更为缓慢和持久，通常需要观察多年的数据才能确定一个地区的气候类型。气候可以分为多种类型，如热带气候、温带气候和寒带气候等，每种气候类型具有其特定的温度范围、降水分布和季节变化等特征。

9. 传染病、公共卫生事件

传染病：由病原体引起，能在人与人、动物与动物或人与动物之间相互传染的疾病。病原体可以通过直接或间接的接触、空气传播、食物或水传播等途径传播给他人。例如流感、肺炎、腹泻病、艾滋病等。

公共卫生事件：已经发生或者可能发生的、对公众健康造成或者可能造成重大损失的传染病疫情，不明原因的群体性疫病、重大食物中毒等需要立即采取紧急措施来控制传播、防止进一步扩散并保护公众安全和健康的事件。

10. 食物网

食物网： 一个生物群落中许多食物链彼此相互交错联结的复杂营养关系。食物网反映了生态系统中的食物关系，展示了物种之间的多样性和相互依赖关系。

11. 植物感应性现象、动物行为

植物感应性现象： 植物能够感受外界与内部的变化（刺激）并对之做出适当的反应。植物感应性现象对于植物的适应性和生存具有重要意义，它使植物能够在不断变化的环境条件下做出适当的反应，以获取所需的资源、避免有害因素的影响，并最大限度地提高生存和繁殖的成功率。

动物行为： 动物适应环境条件，以利于自身生存的行动和动作。包括生存行为、繁殖行为、社交行为、食物获取行为、迁徙行为，还包括身体某些部位的细微动作，如竖耳朵、转眼睛、发声音等。

12. 自觉性、习惯

自觉性： 生物对外界刺激和内部状态具有感知和认知，并对其做出反应的能力。具有自觉性的生物能够感知和意识到自身的存在、环境的变化和内部的感受，能够对外界刺激做出选择性的反应，并表现出一定程度的主动性和目的性。

习惯： 生物对某种特定刺激或环境条件的重复响应后，通过学习和适应而形成的一种固定的行为方式或反应模式。习惯是一种相对稳定的行为，它可以在相似的情境中被重复表现，并且不需要反复学习的过程。习惯行为是通过反复的"刺激—响应"联系形成的，并且在一定程度上受到遗传和环境因素的影响。

13. 细菌、病原体

细菌： 单细胞的微小原核生物，可以自主进行繁殖和生长。大小约一至数微米，呈球形、杆形、弧形、螺旋形等，有的具有芽孢、鞭毛或荚膜，以二等分分裂繁殖为主。除部分自养细菌外，多营腐生或寄生生活。细菌遍布于土壤、水、空气、有机物质中及生物体内和体表，已记载的有 7 000 余种。对自然界物质循环和全球生态平衡起着巨大作用。

病原体： 亦称"病原物""病原生物"，是能引起疾病的微生物和寄生虫的统称。病原体可以通过直接接触、空气传播、食物或水源感染人体，引起各种疾病和感染。

【常见疑惑问答】

1. 植物形态学研究什么？

植物形态学是植物学的分支学科。研究植物系统发育和个体发育中形态、结构及其发生与发展。过去主要采用比较和描述的方法，以历史的观点及同源与同功理论解释形态和结构的发展规律，并揭示植物类群之间的亲缘关系，阐明植物进化的趋向。植物形态学的研究方法包括野外考察、标本收集、显微镜观察、解剖学研究等。这些方法可以帮助揭示植物的内部结构和组织构成，以及其与环境的相互关系，为我们理解植物的分类、进化、生长发育和适应环境提供了重要的基础。

2. 测量、调查、统计之间有何区别？

测量是通过使用工具或仪器来确定物理量或属性的数值。测量通常是定量的，即得出具体的数值结果。测量可以用于测量长度、质量、温度、时间等物理量，也可以用于测量心率、血压、浓度等生物医学参数。

调查是获取被试者相关信息的数据收集方法，又称询问法。在调查研究中，研究者可通过问卷或访谈的形式，利用预先确定的问题来收集个体感觉、动机、态度、价值观、经历等方面的数据，进而探寻与其相关的总体特征。

统计是人们搜集、整理、计算、分析、监督和保存经济和社会发展数据信息的实践活动。

由此可见，测量是为了获取比较精准的数值而进行的活动；调查收集信息比较广，但精准度不足；统计则是对测量、调查方法获得的数据信息进行主客观分析、处理并汇总的过程。

3. 阐明、概述有何区别？

阐明是讲明白事情或道理。阐明的过程通常需要提供具体的例子、论据和解释，以增加对主题的理解和明晰度，使读者或听众更好地理解主题。

概述是对某个主题、问题或领域进行简要的总结或概括。概述的目的是提供一个简明扼要的概览，概括主要观点、关键要点或概念，以便读者或听众快速了解主题的大致内容。

4. 生物多样性的具体含义是什么？

生物多样性是指在一定时间，一定地区内所有生物（动物、植物、微生物）物种及其变异体、生态系统和生态过程的复杂性总称。包括物种多样性、遗传多样性、生态系统多样性。

物种多样性指在特定地区或生态系统中存在的不同物种的数量和多样性。物种多样性包括物种的丰富度（物种数目）和物种的相对丰度（不同物种之间的相对比例）。

遗传多样性指物种内部个体之间的遗传变异程度。它涉及基因的多样性和遗传信息的丰富程度。遗传多样性对物种的适应性、进化和生存能力起着重要的作用。

生态系统多样性指在特定地区或生态系统中不同类型生态系统的存在和多样性。生态系统多样性反映了生物群落的结构、功能和相互关系的多样性。不同类型的生态系统包括森林、草原、湿地、河流、海洋等。

5. 合理膳食和均衡膳食有何区别？

合理膳食是根据个体的年龄、性别、生理状态、身体活动水平和特殊需要等因素，科学地选择和搭配食物，满足身体所需的营养物质和能量。

均衡膳食是摄入营养素种类齐全、配比适宜，并含有足够能量和膳食纤维的一种饮食方式。食物多样性是均衡膳食的基本原则。每天的膳食应包括谷薯类、蔬菜水果类、畜禽蛋奶类、大豆坚果类等食物。平均每天摄入 12 种以上食物，每周 25 种以上。每天摄入谷薯类食物 250 克—400 克，其中谷物和杂豆类 50 克—150 克。均衡膳食是最大程度保障人体营养和健康的基础。

合理膳食更侧重于根据个体的特定需求进行科学的食物选择和搭配，而均衡膳食更侧重于在膳食中摄入各种类型的食物，以获得多种营养物质的平衡供给。

两者的目标都是保证身体所需的营养均衡和维持健康状况。

6. 生物的生存环境一般包含哪些要素？

生物要素：共同生活在这一环境中生物之间的关系。

非生物要素：温度、光照、水深（海拔）、光线、盐度、含氧量等。

7. 不同生物对环境的需求有什么区别？

生存环境为生物的生存提供了基本条件，包括一定的营养物质、阳光、空气、水，还有适宜的温度和一定的生存空间。

地球上有各种不同的栖息地，如林地、草地、岩岸、沙滩等，不同的生物对生存环境有着不同的需求，主要表现在温度、食物种类、湿度、降水量、光照、生存空间、其他生物等，一旦环境出现变化，或离开适合的生存环境，生物的生存就会受到威胁。

8. 生物适应环境的表现有哪些？

生物对环境的适应是普遍存在的，每一种生物都具有适应生存环境的多种能力，生物必须适应环境才能生存，否则就会被自然界淘汰。

生物适应其生存环境的表现可以包括以下几个方面：

（1）结构适应。生物可以通过结构的形态和特征来适应其生存环境。例如，鱼类进化出鳃来呼吸水中的氧气；植物的根系可以扎根在土壤中吸收水分和营养物质。

（2）生理适应。生物可以通过生理机制来适应环境的变化。例如，动物体内的代谢过程可以根据环境温度进行调节；植物能够调节光合作用速率以适应光照强度变化。

（3）行为适应。生物可以通过行为方式来适应环境。它们会展示出特定的行为模式和策略，以满足其生存和繁殖的需求。例如，许多鸟类和哺乳动物会根据季节性变化迁徙到适宜的地区。

（4）遗传适应。生物可以通过遗传变异来适应环境。自然选择和进化作用导致具有有利基因的个体在繁殖中具有更高的生存和繁殖成功率。随着时间的推移，有利基因逐渐在种群中广泛传播，使整个种群适应环境。

（5）进化适应。生物可以通过漫长的进化过程来适应其生存环境。进化适应是指物种在环境压力下逐渐改变其形态、生理和行为特征，以适应环境变化和生存需求。

这些适应表现是生物为了在特定环境中生存和繁殖而发展出的响应机制。它们使生物能够更好地适应环境条件，提高生存和繁殖的成功率。适应是生物多样性和物种生存能力的重要基础。

9. 各国对生态安全的规定有哪些？

生态安全指的是维护和保护生态系统的稳定和健康状态，以保持生物多样性和人类社会的可持续发展。它强调在人类活动中保护和恢复生态系统，预防和减少对环境的破坏和污染，防范生态灾害和生态风险，确保生态环境的稳定和可持续性。

我国对生态安全有以下三个种类的法律法规：

一是聚焦自然资源保护利用，以种类区分的自然资源单行法律。主要包括《中华人民共和国土地管理法》《中华人民共和国海域使用管理法》《中华人民共和国水法》《中华人民共和国森林法》《中华人民共和国渔业法》等。

二是聚焦生态环境保护治理，在环境管控方面的法律。主要包括《中华人民共和国环境保护法》《中华人民共和国环境评价法》《中华人民共和国海洋环境影响评价法》《中华人民共和国生物安全法》等。

三是聚焦绿色发展、重要区域等，各有侧重的生态文明建设相关法律。主要包括《中华人民共和国水土保持法》《中华人民共和国防沙治沙法》《中华人民共和国长江保护法》等。

国际上对生态安全所出台的相关法案主要是指联合国协同会员国签署的环境保护方面的法案。如法国法学家协会起草并提交联合国的《世界环境公约（草案）》，联合国环境与发展会议通过的《生物多样性公约》《联合国气候变化框架公约》《里约环境与发展宣言》《21 世纪议程》等。

10. 常见的生态威胁有哪些？

常见的生态威胁包括以下几个方面。

栖息地破坏和丧失：人类活动导致的土地开发、城市化和森林砍伐等行为，破坏了动植物的栖息地，导致物种丧失和生态系统破坏。

物种灭绝和生物多样性丧失：人类活动、栖息地破坏、气候变化等因素导致物种灭绝和生物多样性丧失，生物多样性的减少会影响生态系统的稳定性。

气候变化：人类活动引起的气候变化对生态系统和物种造成了威胁，温度升高、极端天气事件增多等影响生物的适应和生存。

污染：空气、水体和土壤的污染对生态系统和生物造成了严重的危害，污染物对植物、动物和微生物的生长、繁殖和健康产生负面影响。

过度捕捞和资源过度利用：过度捕捞和资源过度利用会导致海洋和淡水生物资源的枯竭，破坏水生生态系统的平衡。

入侵物种：外来物种的入侵会对本地物种和生态系统产生负面影响，引发生态位竞争和生态系统的不稳定。

生态破坏的连锁效应：生态系统是复杂的相互关联和相互依赖的网络，一旦其中一个环节受到破坏，可能引发连锁反应，影响整个生态系统的健康和稳定。

这些生态威胁相互交织、相互影响，对生物多样性、生态系统功能和人类福祉造成了重大影响。因此，保护生态环境、保护物种和生态系统的完整性至关重要。

11. 影响人体健康的生活习惯分为哪几类？

生活习惯主要包括以下方面：饮食习惯、睡眠习惯、运动习惯、卫生习惯、学习习惯、社交习惯、时间管理习惯。这些方面的生活习惯可以对个人的身心健康、工作效率和人际关系等产生影响。

良好的生活习惯包括合理膳食、适量运动、戒烟限酒、心理平衡、充足睡眠、卫生习惯、定期体检等。

不良的生活习惯包括睡眠不规律、饮食不规律、缺乏运动、抽烟、酗酒、熬夜、不良卫生习惯、忽视健康检查等。

12. 烧烤食品、碳酸饮料对人体有哪些影响？

烧烤食品对人体的影响：烧烤食品时，油脂和燃烧的木炭接触，容易产生一定量的苯并芘、杂环胺等致癌物质，如果吃得过多会提高大肠癌、肝癌、胃癌等癌症的发生率，还有可能因摄入过多的油脂，引起高血脂、脂肪肝、超重等慢性代谢性疾病，摄入过多的调味品，还容易引起身体内脏疾病。

碳酸饮料对人体的影响：碳酸饮料里面的糖分含量比较高，长时间饮用碳酸饮料会摄入过多的糖分导致身体肥胖，还有可能会导致血糖升高诱发糖尿病；碳酸饮料里面有二氧化碳气体，饮用以后会引起饱腹感，从而影响其他食物的摄入，长时间不吃有营养的食物会导致营养不良、身材矮小等；碳酸饮料中的碳酸成分会和牙釉质发生反应，会导致牙齿损坏，从而诱发细菌滋生引起龋齿，使牙齿产生剧烈的疼痛；碳酸饮料中的高磷酸盐会影响身体对钙元素的吸收，儿童时期经常喝碳酸饮料会导致身体缺钙，从而影响骨骼发育；成年人长时间钙元素摄入不足会引起骨质疏松；喝碳酸饮料还会导致尿液中的钙含量增加，容易诱发泌尿系统结石。

尽管烧烤食品和碳酸饮料对健康有一些潜在影响，但偶尔食用烧烤食品或碳酸饮料通常不会对健康产生重大影响，关键是保持均衡饮食和健康生活习惯。

13. 烟草、酒精、毒品对人体有哪些危害？

烟草对人体的危害：烟草对健康的危害已经成为当今世界最严重的公共卫生问题之一，2017 年世界卫生组织发布的《全球烟草流行报告》指出，吸烟每年造成 700 多万人死亡，烟草使用是全球公认的导致死亡的原因之一，国内外烟草流行病学研究证实，吸烟不仅可引起肺癌、心脏病等多种疾病，而且和其他危险因素存在错综复杂的交互作用。

酒精对人体的危害：酒精对消化道具有强烈的刺激作用，会出现胃肠不适和消化不良，影响正常饮食及营养素摄入，阻碍其正常的生长发育；经常喝酒还可能引发胃炎和胃溃疡。同时，对酒精的解毒过程容易对肝细胞造成伤害；除了对身体造成的直接损害，喝酒还容易诱发其他不良行为甚至危险事件，例如吸烟、暴力、毒品滥用、危险性行为等，从而进一步加重生理和心理的伤害。

毒品对人体的危害：在种类繁多的毒品中，鸦片、海洛因、吗啡、大麻、可卡因 5 种毒品在毒品犯罪中最为常见，医学上称之为“药物依赖性”，是指重复使用某种药物而产生的心理依赖或躯体依赖，或兼而有之的状态；心理依赖是指使用者在心理上强烈渴望使用某类药物，以引起快感或避免不舒服感；躯体依赖是指由于反复用药，使中枢神经系统发生了某种变化、生理改变，需要药物持续在体内存在，才能使身体维持正常的功能；当成瘾药物被停用后，使用者就会发生戒断症状，轻者头昏头痛、烦躁不安、恶心呕吐、全身不适与神经功能障碍，重者可引起意识障碍、谵妄、昏迷、肢体抽搐，甚至虚脱至死；当再度使用该药物时，戒断症状随之消失；毒品成瘾性的后果导致了它的危害性，成瘾者长期吸毒，造成使用者个人身体损害，使其生产能力和社会服务能力下降。更有甚者，使用者在毒品的影响下，丧失正常的理智与思维，可能导致各种异常行为发生，危害社会。

14. 如何预防冠心病、恶性肿瘤及糖尿病？

（1）预防冠心病。冠心病是由营养心脏的血管狭窄或阻塞，继而影响血液循环功能的运行，心肌因血氧供给不足而出现坏死的病症。冠心病的危险因素较多，高龄、家族病史、高血压、高血糖、高血脂等都有可能诱导其发生。疾病发生时会出现明显的胸痛，一般会出现在情绪激动或是体力活动超过负荷之后。若是出现心肌梗死，胸痛会更加强烈，持续时间会超过半小时，常伴有恶心、呕吐等症状，持续发展可能导致休克、心衰。预防冠心病，其一，要明确冠心病的危害及诱发因素，做好针对性预防。其二，调节生活作息规律，放松身心，保持睡眠。其三，控制饮食内容，尤其是现今多数人饮食高脂、高胆固醇的食物，极易诱发疾病，因此需要转变饮食内容，以清淡、易消化的食物为主，同时需要保持营养的均衡，建议以蛋白质为主，尤其是大豆蛋白。还需要注意蔬果类食物的进食，膳食纤维有益于促进肠道功能。其四，可以多饮绿茶，绿茶有降脂解腻的功效，但是每日的量不宜过多，避免引起肠道不良反应。其五，要注意日常运动，保持良好的身体状态。

（2）预防恶性肿瘤。恶性肿瘤或称癌瘤，指机体内某种体细胞失去了正常的调节控制，不断增殖，同时有不同程度的分化障碍，并常侵犯邻近组织或转移至其他部位的情况，是一种较为严重的病症，即使在医疗水平快速发展的今天，其治愈率依旧很低。另外，很多恶性肿瘤即使能够治愈，在治疗的过程中也会给患者带来较大的痛苦或者是在治愈后给患者留下严重的后遗症状，因此有效预防显得十分重要。预防恶性肿瘤的发生要做好两种预防措施：一级预防措施也就是病因预防，消除致癌的病因及各种危险因素，提高机体的防癌能力，防患于未然，如戒烟、限酒、减少不必要的放射线暴露等；第二级预防也就是针对恶性肿瘤的早期发现、早期诊断、早期治疗。

（3）预防糖尿病。糖尿病是目前流传范围最为广泛的病情，它是以高血糖为主要标志所产生的一种内分泌代谢类型的疾病，对人类的身体健康危害非常大。中国的糖尿病患者在全球多个国家当中数量占比很大。糖尿病的预防可以从三个方向进行：首先是健康宣教，要想防止糖尿病发生，那就必须做好预防宣传，加强对居民的健康生活教育，让他们知道糖尿病的严重危害，知道通过预防可以防止糖尿病的发生；其次是合理饮食，要想保证身体健康需要有良好的生活和健康饮食习惯，并科学地对饮食中的营养进行搭配，这是降低糖尿病患者患病的有效基础；最后是坚持锻炼身体，无论是否患有糖尿病，人们都应当勤加锻炼，避免长时间坐卧而导致肥胖症的出现。

15. 生活中如何防御可能遇到的有毒物质？

有毒物质指的是危害健康甚至威胁人与其他生物生命的任何物质。人接触有毒物质的途径包括呼吸道、皮肤、口腔、眼及其他部位。生活中常见的有毒物质分类有金属、刺激性气体、窒息性气体、有机化合物，还有一些发霉食物、变质的动植物油等。

应采取以下防御措施：其一，应当避免触碰不认识的物品，更不能直接用鼻子闻、用嘴巴尝不认识或者标有有毒符号的物品，避免食用不新鲜的食物，食物在食用前应当进行充分的加热，通过加热的方式来破坏病原菌与毒素；其二，在购买新鲜的食物之后，需要尽快将其进行冷藏，避免食物与外界环境接触时间过长；其三，为避免生食与熟食之间出现交叉污染，应两者分开进行处理；其四，尽量少食剩菜剩饭，尽量不吃隔夜饭菜，如需食用隔夜饭菜，也应当彻底加热之后再食用。同时，还需要注重个人卫生，勤洗手，做好餐具的消毒工作。

16. 安全用药有哪些基本常识?

安全用药是指根据病情、体质和药物的作用适当选择药物的品种，以适当的方法、剂量和服用时间准确用药，充分发挥药物的最佳作用，尽量减少药物对人体产生不良影响或危害。不管是处方药还是非处方药，在使用之前，都应该仔细阅读使用说明，了解药物的主要成分、作用与用途（功能与主治）、用法与用量、药品规格、注意事项、生产日期和有效期，以确保用药安全。

核心概念八　生命的延续与进化

【内容标准与学业要求】

概念说明	生物通过生殖、发育和遗传使遗传信息代代相传，实现生命的延续。在生命延续的过程中，遗传信息可能会发生改变。生物的遗传、变异与环境因素的共同作用导致了生物的进化。本学科核心概念的学习有助于学生形成结构与功能、稳定与变化等跨学科概念。		
学习内容	**1—2 年级内容要求**	**3—4 年级内容要求**	**5—6 年级内容要求**
8.1　植物通过多种方式进行繁殖		①举例说出植物从生到死的生命过程；举例说出植物通常会经历由种子萌发成幼苗，再到开花、结出果实和种子的过程。 ②描述有的植物通过产生种子繁殖后代，有的植物通过根、茎、叶等繁殖后代。 ③列举动物帮助植物传粉或传播种子的实例。	
8.2　不同种类动物具有不同的生殖方式和发育过程		④举例说出动物从生到死的生命过程。 ⑤描述和比较胎生与卵生动物的繁殖方式。	
8.3　人的生命是从受精卵开始的			①认识青春期及其特征，关注青春期保健。
8.5　生物体的遗传信息逐代传递，可发生改变			②描述和比较植物子代与亲代在形态特征方面的异同。 ③描述和比较动物子代与亲代在形态特征方面的异同。

续表

学习内容	1—2 年级内容要求	3—4 年级内容要求	5—6 年级内容要求
8.6　生物的遗传变异和环境因素的共同作用导致了生物的进化			④根据化石资料，举例说出已灭绝的生物；描述和比较灭绝生物与当今某些生物的相似之处。

	1—2 年级	3—4 年级	5—6 年级
学业要求		认识生物通过生殖、发育和遗传实现生命的延续。 能分析动植物生命周期不同阶段的相应特点。 能记录、整理和描述常见植物和动物从生到死的生命过程。 对栽培植物、饲养动物以及观察动植物的生命周期产生兴趣。	能举例说出灭绝生物和当今某些生物的相似之处，认识进化现象。 能比较、分析植物（花的颜色，叶的颜色、大小与形状等方面）和动物（毛皮的颜色、躯体的大小、外形和外貌等方面）子代与亲代的异同。 能依据收集到的化石资料开展讨论交流。 关注青春期保健；能参与对遗传与进化研究的求证过程。

7—9 年级重点词汇：受精、胚胎发育、分娩、哺乳、真菌、DNA、基因、染色体、自然选择、生物进化。

【重点词汇辨析】

1．传粉、授粉

传粉：成熟的花粉从雄蕊花药中散出后，被传送到雌蕊柱头上或胚珠上的过程，植物有自花传粉和异花传粉两种方式。

授粉：植物花粉从雄蕊花药传到雌蕊柱头或胚珠上以产生种子的过程。

传粉和授粉是植物生殖的重要过程，传粉是第一阶段，侧重于传播花粉，授粉是第二阶段，侧重于为雌蕊提供花粉，它们确保了花朵的受精和种子的形成，从而维持了植物种群的繁衍和生存。

2. 卵、受精卵、卵生、胎生、卵胎生

卵和受精卵是生物繁殖的关键细胞，而卵生、胎生和卵胎生是描述动物繁殖方式的术语，它们反映了不同物种在生殖过程中的特点。

卵：亦称“卵细胞”“卵子”。卵是雌性生物的生殖细胞。所有哺乳类动物在出生时，卵巢内已经有未成熟的卵细胞存在，而且在出生后卵子数目不会增加。卵一般呈球形或卵圆形，比精子大很多，多数不能活动。不同种类动物的卵大小悬殊，其差别完全取决于卵中所积累的营养物质。

受精卵：卵子与精子结合后形成的新细胞。受精卵包含了来自雌性和雄性的遗传物质，它是新个体发育的起点。受精卵在进一步发育过程中会分裂成多个细胞，最终发展成成熟个体。

卵生：动物的受精卵在母体外发育、孵化为新个体的繁殖方式。卵排出体外前已受精，或在排出体外后受精。胚胎在发育过程中全靠卵中所含的营养，故卵生动物的卵一般较大，有的特别大（如鸵鸟的卵），所含营养物质也较多。

胎生：动物的受精卵在母体的子宫内发育成为胎儿才产出母体的繁殖方式。胚胎通过胎盘自母体获得营养，直至胎儿出生时为止。哺乳动物中的真兽亚纲均为胎生。

卵胎生：介于卵生和胎生之间的一种繁殖方式。在卵胎生动物中，雌性个体产下卵，但卵会在体内孵化，即卵在雌性个体的体内发育成幼体，然后再由母体产出。这种方式使得幼体在出生时已经相对发育较完全，更具有适应环境的能力，例如多种鲨（如锥齿鲨、星鲨）和某些毒蛇（如青环海蛇、蝮蛇）。

3. 遗传、遗传信息、变异

遗传：一般指亲代的性状在下代出现的现象。

遗传信息：存在于生物基因中的编码信息，它决定了生物的遗传特征和功能。遗传信息以DNA（脱氧核糖核酸）的形式存储在细胞的染色体中，并通过基因表达和蛋白质合成来实现。遗传信息是生物遗传传递和遗传变化的基础，它决定了生物的形态、生理、行为等特征。

变异：同一起源的个体子代与亲代、子代与子代间的性状差异。环境相同而遗传不同时会出现变异，遗传相同而环境不同时也会产生变异，前者称遗传变异，后者称非遗传变异或环境变异。日常看到的变异可属两者之一，或为两者的总和。

遗传是生物种群中基因和遗传特征的传递和继承过程，它涉及基因的传递、表达和变化，是生物种群进化和遗传多样性的基础。变异是在生物个体或种群中出现的基因型和表型的差异，变异可以是由于基因突变、基因重组、基因频率改变等原因引起的。变异是遗传多样性的重要来源，它为自然选择和进化提供了材料。

4. 子代、亲代

子代：生物体通过有性生殖产下的后代。

亲代：产生后一代生物的生物。

子代和亲代的关系是遗传传递和生物繁殖过程中的基本概念。子代继承了亲代的遗传信息，通过繁殖将自己的遗传信息传递给下一代，这样就形成了遗传连续性和物种的延续。亲代和子代之间的遗传联系是生物遗传学研究的重要内容，对于理解遗传规律、种群遗传结构以及进化过程具有重要意义。

5. 生殖、繁殖

生殖：生物个体通过特定的生殖器官或方式产生新个体的过程，为生命的基本特征之一，生物通过此过程延续种族。生殖方式有两类：无性生殖，不经过生殖细胞的结合，由母体直接产生子代；有性生殖，由两性细胞（卵细胞与精子）结合后产生新个体的生殖方式。

繁殖：生物个体繁衍后代的所有过程，包括生殖以及其他涉及后代产生的生物学过程。

生殖是繁殖的一种方式，是产生新个体的核心过程之一。繁殖还包括其他与后代产生相关的过程，例如卵的孵化、胚胎的发育、幼体的成长等。

6. 发育、发育过程

发育：生物个体在生命周期中，从受精卵形成胚胎并成长为性成熟个体的过程，涉及体内结构、形态和功能的逐渐变化和发展。

发育过程：生物体从受精卵分裂到性成熟的过程，是把受精卵具有的生命可能性变成生物现实的过程。不同物种的发育过程具有一定的特点和时间表，可以在不同的生物中观察到明显的差异。发育过程包含着个体生长，是生物个体在一生中大小、形态和功能不断完善的过程。个体在生长过程中经过量的积累，到性成熟时实现质变，从而完成发育过程。

发育是一个广义的概念，而发育过程是发育的一个具体描述，可以说，发育过程是发育的具体体现。

7. 生命延续、生物进化

生命延续：个体生物在生命周期内的生长、发育、繁殖等过程，通过繁殖来传递基因，并将自己的遗传物质延续下去。生命延续关注的是个体生物的生存和繁殖能力，以确保种群的存续。

生物进化：生物种群随着时间的推移经历的遗传变化和适应性变化。生物进化是一个漫长的过程，通过自然选择、基因突变等机制适应环境变化，产生新的物种和形态。生物进化关注的是群体和物种的演化，以适应环境变化、提高生存能力和繁殖成功率。

生命延续和生物进化是生物学中两个不同的概念。生命延续强调个体在自身生命周期内的繁殖和生存，而生物进化则强调物种和群体在漫长时间尺度上的适应和变化。

8. 生命过程、生命周期、青春期

生命过程：生命体从出生到死亡的过程，包括生长、发育、繁殖等阶段。例如细胞的生命过程从它的母细胞分裂开始，到它的子细胞形成或细胞自身死亡结束。

生命周期：生物个体从出生到繁殖后代再到死亡的整个过程。不同物种的生命周期长度各不相同，有些生物的生命周期非常短暂，如昆虫，而有些生物的生命周期相对较长，如人类。生命周期包括不同的阶段，研究生物的生命周期有助于认识物种的发育特性，以便加以繁殖、保护与控制。

青春期： 人类从儿童阶段到成人阶段的过渡时期，一般指的是从性腺开始发育到性成熟的阶段，伴随着第二性征的出现和性激素水平的增加。青春期是人身心发展的重要时期，一般女孩 10 岁—18 岁，男孩 12 岁—20 岁。此时期的主要特点为体格生长的再度加速，生殖系统的发育骤然增快与渐趋成熟，包括乳房、阴毛、腋毛、喉结、胡须等第二性征的相继出现。由于神经内分泌的调节变化，常出现精神、心理、行为等方面的变化。

9. 化石

化石： 由于自然作用而保存于地层中的古生物的遗体、遗迹等的统称。化石记录了过去生物的存在，可以提供有关古生物和地球历史的重要信息。判断化石的方法主要有以下几种：外部形态、内部结构、化学成分、地质位置等。综合运用上述方法，科学家可以对化石进行鉴定和研究，以重建过去生物的形态、生态、演化历史以及地球的演变过程。

10. 受精、胚胎发育、分娩、哺乳

受精： 精子与卵结合成一个细胞的过程，是雄性生殖细胞（精子）与雌性生殖细胞（卵子）结合形成受精卵的过程。在受精过程中，精子与卵子融合，其遗传物质（DNA）结合，形成受精卵。

胚胎发育： 从受精卵开始到胚胎出离卵膜的过程。胚胎发育会经历一系列的细胞分裂、细胞分化和器官形成的过程。这个过程包括受精卵分裂成为多个细胞、细胞分化为不同的胚层（外胚层、中胚层和内胚层）以及器官和组织的形成。

分娩： 哺乳动物胎儿从母体子宫内腔进入到母体外界的过程，此时有独立存活能力的胎儿及其附属物（胎盘、胎膜、脐带、羊水等）会自子宫内排出。分娩通常包括宫缩、子宫颈扩张、胎儿下降和婴儿通过产道出生等阶段。分娩过程通常是母体的肌肉收缩和压力，将胎儿从子宫中推出。

哺乳：母体为幼崽提供食物和营养的一种过程。母体通过乳腺分泌乳汁，幼崽通过吮吸乳头或乳房来摄取乳汁中的营养物质。哺乳是一种重要的母婴联系方式，不仅提供营养，还能建立亲子关系和促进幼崽的生长发育。

受精、胚胎发育、分娩、哺乳代表了生物的繁殖和后代抚养的关键阶段。通过这些过程，生物能够延续自己的基因，并保证下一代的生存和繁衍。

11. 真菌

真菌：一种具真核的、产孢的、无叶绿体的真核生物，包含霉菌、酵母、蕈菌以及其他人类所熟知的菌菇类。已经发现了十二万多种真菌。真菌独立于动物、植物和其他真核生物，自成一界，广泛分布于自然界，种类繁多。真菌通过无性繁殖和有性繁殖的方式产生孢子。大多数真菌对人体无害，有些还对人体有益（如食用蕈类），有的可用以生产抗生素和酿酒等。目前已知的能引起人类疾病的真菌有400余种。

12. 染色体、DNA、基因

染色体：由DNA和组蛋白组成，可被碱性染料着色，故名染色体。染色体的数目、形状和大小具有物种专一性。人类细胞中的染色体通常呈现成对的形式，即有23对，其中一对是性染色体，决定了个体的性别。

DNA：即“脱氧核糖核酸”，是一种存储遗传信息的分子，是由四种不同的碱基（腺嘌呤、胸腺嘧啶、鸟嘌呤和胞嘧啶）组成的长链状分子。DNA主要存放于细胞核中，还可以储存在细胞质内，比如真核细胞的线粒体和叶绿体内。

基因：DNA的一部分，每个基因都携带着特定的遗传信息，决定了生物体的性状和功能。基因是生物体携带和传递遗传信息的最小基本单位，是染色体中的一段DNA序列。

DNA是一种分子，基因是DNA的一部分，而染色体是DNA的一种组织形式。基因位于染色体上，通过DNA的序列编码了特定的遗传信息，这些概念共同构成了遗传学的基础。

13. 自然选择、人工选择

自然选择：自然界生物适者生存，不适者淘汰的现象，是进化论的核心概念之一，由达尔文和华莱士提出。他们认为生物进化主要通过自然选择。自然选择基于以下原理：遗传变异、适应性、适者生存、遗传传递。通过这种自然选择的过程，适应环境的个体将在繁殖中获得更大的成功，而适应性较差的个体则会逐渐被淘汰。随着时间的推移，物种在适应性方面会发生改变和进化，产生新的个体和种群。

人工选择：人类有意识地选择和繁殖具有特定遗传特征的个体，以达到改良或改变物种的目的。人工选择广泛应用于农业、畜牧业和园艺等领域。通过选择具有期望特征的个体进行配对繁殖，人工选择可以迅速地改变物种的表现型，获得更优良的品种。人工选择与自然选择相比，更加快速和有针对性，因为选择的过程由人类进行控制。

自然选择和人工选择是两种不同的选择机制，它们在生物学和遗传学中起着重要的作用。自然选择和人工选择都是生物进化中的重要驱动力，它们通过选择具有有利特征的个体来塑造和改变物种。

【常见疑惑问答】

1. 生物进化的机制有哪些？

生物进化是指生物种群随着时间的推移逐渐改变和适应环境的过程。生物进化的机制一般认为有三类：自然选择、遗传和变异。

达尔文用科学方法证实了进化中的自然选择机制，孟德尔用实验方法弄清了遗传和变异的机制，这两块知识的结合，就构成了生物进化机制的综合进化理论。这些机制相互作用，共同推动着生物进化的过程。通过遗传变异和自然选择，物种可以逐渐适应并改变环境，形成新的物种并适应不同的生态位。生物进化的研究对于理解生物多样性、适应性以及人类起源和进化等方面具有重要意义。

2. 受精卵是单细胞吗？

受精卵是一个单细胞结构。它是由精子和卵子结合形成的，其中精子是雄性生殖细胞，卵子是雌性生殖细胞。当精子与卵子结合时，它们的细胞融合，形成一个受精卵。受精卵最初由单个细胞组成，其中包含了亲代细胞中的遗传物质。随着时间的推移，受精卵会经历细胞分裂、分化和发育过程，逐渐形成多细胞胚胎，最终发育成为一个完整的生物体。可以说受精卵是最早的、最基本的单细胞阶段。

3. 遗传信息位于生物体哪些地方？

在大多数情况下，细胞核是 DNA 最主要的存放地点。DNA 中的遗传信息通过生殖过程传递给后代，决定了生物体的遗传特征和生物功能。细胞核是细胞生命活动和新陈代谢的控制中心，细胞核内的 DNA 上有遗传信息，这些信息包含了指导、控制细胞中的物质和能量变化的一系列指令，也是生物体构建自己生命大厦的蓝图。

细胞的遗传信息，还有少量储存在细胞质内。比如真核细胞的线粒体和叶绿体内，就有携带遗传信息的 DNA，核糖体也可以实现遗传信息的表达。线粒体是细胞内的一种细胞器，其中包含线粒体 DNA。线粒体 DNA 编码与线粒体功能相关的蛋白质，主要参与细胞的能量产生过程。植物细胞中的叶绿体也含有自己的 DNA，称为叶绿体 DNA。叶绿体是光合作用的主要场所，其中的 DNA 编码参与光合作用的相关蛋白质。

除了这些主要部位，DNA 还可以存在于其他细胞器、细胞质以及细胞外的一些结构中，核 DNA 和体 DNA 是两种不同的 DNA 类型，它们存在于生物体的不同部位，并具有不同的功能和特点。

4. 卵胎生有什么优势？

卵胎生是一种生殖方式，是卵生到胎生两者之间的过渡。在自然界中，卵胎生是指动物的卵在母体内发育成新的个体后才产出母体的生殖方式。它与胎生最大的区别是：胎生胚胎是靠胎盘供给养分，而卵胎生胚胎是靠卵自身的营养物质发育，因此直到具备足够的发育程度才会出生。卵胎生的母体对胚胎起到保护和孵化作用。卵在母体内发育，母体可以为其提供更多的保护，提高存活率。星鲨、锯鲨、角鲨、铰口鲨，某些毒蛇（如海蛇）和胎生蜥等均为卵胎生动物。卵胎生除了有利于繁殖后代之外，母体也不必像卵生方式那样消耗大量的能量，因此，许多科学家认为卵胎生是脊椎动物在生殖方式上从低级向高级进化的首次尝试。

5. 如何根据生命周期给植物分类？

一般分为三类：①一年生植物，整个生命周期在一年内完成，如玉米、高粱、大豆；②越年生植物（两年生植物），整个生命周期越年完成，它们在第一年从种子开始生长，形成叶子和根系，但不会开花结实，在第二年继续生长，开花结实，然后死亡，如油菜、胡萝卜、百合等植物；③多年生植物，多年生植物包括树木、灌木和多年生草本植物，它们从种子开始生长成为幼苗，然后通过地下或地上的结构存活、过冬或休眠，再次在适宜的条件下重新生长，多年生植物能够经历多个生长季节，不断生长，如国槐、柳树等。

6. 植物的形态特征主要有哪些？

一般从以下几个方面描述植物的形态特征：①根系形态：描述植物的根系结构、根的长度、形状和排列方式等；②茎的形态：描述植物的茎的高度、粗细、形状、分枝方式以及茎的表面特征；③叶的形态：描述植物叶的大小、形状、叶尖和叶基的形状、叶缘的锯齿或叶面的光滑程度等；④花的形态：描述植物花的形状、颜色、花瓣的数目和排列方式、花萼的形状和大小、花蕊的位置和结构等；⑤果实的形态：描述植物果实的大小、形状、颜色、果实的质地和种子的分布等；⑥其他特征：还可以描述植物的树皮纹理、枝条的分布和排列方式、植物的细胞结构、树木的树冠形态等。

通过对这些形态特征的观察和描述，可以对植物进行分类、识别和研究，帮助了解植物的生态特征、适应性和亲缘关系等。同时，形态特征也与植物的生长环境、功能和生物学特性密切相关。

7. 动物的形态特征主要有哪些？

动物是生命的主要形态之一，一般可以独立移动，有固定的身体形态，并各有各的特征。动物身体的基本形态在发育过程中是固定的，通常早于胚胎发育，但有些可能在以后的生活中发生变形，如蝌蚪、蚕蛾。一般从以下几个方面描述动物的形态特征：①外部形态：包括动物的体型大小，体长，体重，体表的颜色、斑纹、纹理等；②骨骼结构：描述动物的骨骼构造，包括骨骼的类型、数量、形状和连接方式等；③躯体特征：描述动物的身体部位和器官的形态特征，例如头部、躯干、四肢、尾巴等的大小、形状、结构等；④外部器官：描述动物的感觉器官（眼睛、耳朵、鼻子等）、口器、运动器官（足、翅膀等）的形态特征；⑤皮肤特征：描述动物皮肤的质地、颜色、纹理、覆盖物等；⑥内部器官：描述动物内部器官的形态特征，例如心脏、肺部、消化器官等的位置、形状、大小等；⑦生殖器官：描述动物生殖器官的形态特征，例如雄性和雌性生殖器官的区别、性征的表现等。

通过对这些形态特征的观察和描述，可以对动物进行分类、识别和研究，了解动物的适应性、生活习性、生态角色等。同时，形态特征也与动物的生长发育、功能和行为密切相关。

8. 长期生活在洞穴里的生物眼睛退化了，这是进化吗？

是的。生物长期生活在特定的环境中，为了适应生存环境，其器官或习性会发生一些变化，甚至某些器官会退化，这是生物适应环境的一种演化。在洞穴等环境中，光线较为稀少或完全不存在，眼睛感知和利用光线的功能就变得不再必要。在这种情况下，如果眼睛退化不会对生物的生存和繁殖能力造成不利影响，那些没有眼睛或只有极度退化的眼睛的个体会更有生存优势。经过长时间的演化，洞穴生物群体中的个体会逐渐失去对视觉的依赖，其眼睛会逐渐退化或完全丧失。这种进化现象被称为退化眼或洞穴眼，是一种适应特定环境的进化策略。洞穴生物通过退化眼来节省能量、减少对环境的敏感性，并将更多的能量用于其他适应洞穴生活的器官和功能，如触角、嗅觉、听觉等。因此，长期生活在洞穴中的生物眼睛退化是一种进化适应，使其更适应洞穴这个特殊的生态环境。

核心概念九　宇宙中的地球

【内容标准与学业要求】

概念说明	地球是太阳系中的一颗行星，地球和月球组成的月系，太阳、绕太阳运转的行星及其卫星和各类小天体组成太阳系，太阳是银河系中的一颗普通恒星，银河系是宇宙中的一个普通星系。地球的自转和公转，形成了昼夜交替和四季变化等周期性的自然现象。人类对太空的探索，正在逐步揭开宇宙的奥秘。本学科核心概念的学习有助于学生形成物质与能量、系统与模型、稳定与变化等跨学科概念。		
学习内容	**1—2 年级内容要求**	**3—4 年级内容要求**	**5—6 年级内容要求**
9.1　地球是一颗行星		①知道地球是一个球体，是太阳系中的一颗行星，太阳系有八颗行星。	
9.2　地球绕地轴自转	①观察并描述太阳每天在天空中东升西落的位置变化，初步学会根据太阳的位置辨认方向。	②观察并描述太阳光照射下物体影长从早到晚的变化情况。	①知道地球的自转轴、自转周期和自转方向，理解昼夜交替和天体东升西落等自然现象与地球的自转有关。
9.3　地球围绕太阳公转	②描述一年中季节变化的现象，举例说出季节变化对动植物和人们生活的影响。		②知道地球围绕太阳公转的周期和方向，理解四季的形成与地球的公转有关。 ③测量正午时物体的影长，说明不同季节正午影长的变化情况。
9.4　月球是地球的卫星	③知道每天观察到的月亮形状是变化的。	③知道月球是地球的天然卫星；通过望远镜观察或利用图片资料，了解月球表面的概况。	④知道新月、上弦月、满月、下弦月四种月相，说明月相的变化情况。

续表

学习内容	1—2 年级内容要求	3—4 年级内容要求	5—6 年级内容要求
9.5 地球所处的宇宙环境			⑤比较太阳、地球、月球的相对大小，知道太阳是一颗恒星，是太阳系的中心天体，描述太阳系八颗行星在太阳系中的相对位置。 ⑥知道宇宙中有很多恒星，通过观察或借助软件识别织女星、牛郎星等亮星，学会利用北极星辨认方向；知道大熊座、猎户座等著名星座，了解划分星座的意义。
9.6 太空探索拓展了人类对宇宙的认知			⑦了解人造卫星和载人航天的历史，知道太空环境对人体健康的影响，关注我国航天事业的进展。 ⑧了解天文观测和利用航天器探测宇宙的历史，关注我国月球和深空探测事业的进展。

学习内容	1—2 年级	3—4 年级	5—6 年级
学业要求	能描述太阳的位置变化和月亮的形状变化，能举例说出季节变化对动植物和人类生活的影响。能在教师指导下，通过多种感官，观察并描述太阳东升西落、月亮形状变化和季节变化等自然现象，能利用太阳的位置辨认方向。	知道地球与月球、地球与太阳的关系；能说出月球表面的概况。能在教师引导下，测量和归纳一天中物体影长的变化情况。能在教师引导下，通过望远镜观察，结合图片资料或模拟实验，认识月球表面的概况；初步具有从具体现象提出问题，并制订简单探究计划的能力。	能说出太阳系的基本结构，知道昼夜交替、天体东升西落、季节变化、正午物体影长变化与地球的自转和公转有关，了解航天事业的发展。能通过分析太阳系的简单模型，理解太阳、地球和月球等天体有规律的运动，及其与相关的周期性自然现象之间的关系。了解月相的变化情况，具备收集信息、得

续表

	1—2 年级	3—4 年级	5—6 年级
学业要求	能在教师指导下，通过观察或利用图片资料，知道一个月内月亮形状的变化情况，初步具备分享和交流的能力。 能在好奇心驱使下，了解季节变化对动植物的影响；愿意参与观察和分享活动，认识自然现象的变化。	能通过动画或利用图片资料，认识地球、月球和太阳的运动关系，具有根据事实提出观点的意识。	出结论和交流分享的能力。能借助动画演示或图片等，结合动手制作简单模型，模拟太阳、地球、月球的相互关系，解释相关自然现象的成因。能科学认识星座划分的意义，了解常见的天文现象，关注我国载人航天和探月工程的进展，具有探索太空的好奇心和民族自豪感。

7—9 年级重点词汇：经纬度、时差、春分、夏至、秋分、冬至、节气、彗星、流星雨、小行星、太空资源、外层空间、天体系统、二维方式、三维空间、平面思维、空间思维。

【重点词汇辨析】

1. 太阳系、银河系、星系、宇宙

太阳系、银河系、星系和宇宙是天文学中常用的术语，用于描述不同层级的天体组织和空间结构。

太阳系：太阳和以太阳为中心、受它的引力支配而环绕它运动的天体所构成的系统，成员包括太阳和 8 颗行星，5 颗矮行星，众多小行星、彗星、流星体和行星际物质等。

银河系：太阳所在的星系，由恒星、恒星集团、星际物质以及暗物质聚集而成，主要结构成分有核球、银盘、银晕等。

星系：由几亿颗至上万亿颗恒星及星际物质所构成的庞大天体系统。

宇宙：包含一切物质、能量、时空和信息的广阔空间。宇宙是无限延伸的，

包括了所有的星系、星际物质、黑洞、行星、恒星、行星系统和其他天体。宇宙中存在各种物质和能量形式，包括可见物质、暗物质和暗能量。

综上所述，太阳系是地球所在的星系，太阳系是银河系的一部分。星系是由恒星等组成的天体系统，而宇宙则是包含一切物质、能量和时空的广阔空间。

2. 太空环境、宇宙环境

太空环境：存在于地球大气层之外的空间区域，包括地球轨道、月球、其他行星、恒星以及星际空间等。太空环境与地球上的环境存在明显的差异，主要表现为以下几个方面：太空环境中几乎没有气体分子，形成了极低的气压和接近真空的条件；在太空中，物体受到的重力相对较小或接近零，导致物体在没有外力作用下呈自由漂浮状态；太空环境中存在各种类型的辐射，包括来自太阳的紫外线、可见光和高能粒子辐射等。太空中的温度变化极大，太阳照射下温度可达到极高，而在没有阳光直射的地方则可降至极低。

宇宙环境：整个宇宙中的各种物质和能量的总体环境，包括宇宙微波背景辐射、星际介质、星云、恒星、行星、星系、星系团等各种天体和宇宙结构。宇宙环境的特点是广阔、复杂而多样，其中存在着丰富的物质和能量交互作用，形成了宇宙的结构和演化过程。

太空环境和宇宙环境的研究对于了解宇宙的起源、演化和未来的探索具有重要意义。同时，对太空环境和宇宙环境的认识也是进行太空探索和开展宇航活动的基础，需要考虑和解决诸如宇航员生存、航天器设计、通信传输、能源供应等方面的问题。

3. 外层空间、天体系统、太空资源

外层空间：地球大气层以外的宇宙空间部分，其下界高度尚无法规定，但常指距海平面 100 千米（上下幅度 10 千米）高度，包括行星空间、行星际空间、恒星空间、恒星际空间、星系空间和星系际空间等。

天体系统：宇宙中的天体和它们之间的相互作用和组织关系。天体系统由星系、恒星、行星、卫星、彗星、小行星等组成，它们在宇宙中相互作用、运动和影响着彼此。天体系统的研究帮助我们理解宇宙的组成、演化和各种天体的

特性。

太空资源：外层空间中可用于人类利用的各种物质和能源资源。这些资源可能包括水冰、气体、岩石、金属矿物以及太阳能、宇宙射线等能源。随着太空技术的不断发展，人类开始探索和利用外层空间中的资源，以满足能源需求、推动科学研究和支持太空探索活动。太空资源的开发和利用有望为人类提供更多的发展机遇和可持续发展的可能性。

4. 恒星、行星、卫星

恒星：炽热气体组成，能自己发光、发热的天体，由氢和少量的其他元素组成。太阳就是一颗恒星，太阳以外的恒星距离地球都很远，最近的也有 4.22 光年。正常视力肉眼能看到的恒星约有 6 500 颗，恒星是宇宙中最常见的天体之一。

行星：围绕恒星运动的天体，通常具有较大的质量和较高的密度，可以分为岩石行星（如地球和火星）和气态行星（如木星和土星）。行星的运动轨道通常是椭圆形的，它们距离恒星越远公转运动速度越慢。

卫星：围绕行星运动的天然天体，本身不发光，通常具有自转和公转运动，并对行星的环境和运动产生影响。例如，月球是地球唯一的卫星，它的引力影响地球的潮汐，对地球的自转速度也产生微弱的影响。

5. 小天体、小行星、中心天体

小天体、小行星和中心天体是天文学中常用的术语，用于描述不同类型的天体和天体结构。

小天体：一个广义的概念，指的是太阳系中除了行星和恒星之外的天体，它包括了多种天体，如小行星、彗星、卫星、流星体等。小天体的大小、形态和组成各不相同，但它们的共同特点是相对较小且没有明显的星体特征。

小行星：沿椭圆轨道绕太阳运行的一种小天体。太阳系中的小行星分布在火星与木星轨道之间，组成小行星带，总数估计有数百万颗，已发现 76 万多颗。近地小行星的轨道与地球轨道相交或接近，其中直径大于 140 米且与地球的交会距离小于 0.05 天文单位的称“潜在威胁天体”。

中心天体：不同层级天体系统的核心组成部分，具有巨大的质量和引力。例如银河系中心的超大质量黑洞，被称为银河系中心天体。对于太阳系而言，中心天体是太阳，对于地月系而言中心天体为地球。

6. 流星雨、彗星

流星雨：流星群与地球相遇时，与大气摩擦而发光，并像从一点迸发出焰火的流星现象。当地球穿越彗星轨道时，彗星留下的尘埃带会与地球相交，这些微小的尘埃颗粒进入地球的大气层时，由于摩擦和高速运动而发光，形成一连串的流星。流星雨的名称通常以观测时出现的星座命名，如伽马座流星雨、狮子座流星雨等。

彗星：一种周期性或非周期性出现在太阳系中的天体，当它接近太阳时，太阳风使得其核心的冰物质开始融化和蒸发，形成明亮的气体云和尾巴。彗星尾巴通常与太阳的方向相反，由于太阳辐射的作用，尾巴会产生明亮的光芒。彗星是天文学中非常有趣和重要的天体，它们的出现和研究可以提供关于太阳系起源和演化的重要信息。

7. 星座、大熊座、猎户座

星座：人们将天空中的恒星按照特定的形状和分布进行划分和命名的区域。星座的划分源自古代天文学，人们观测到星星在夜空中的分布呈现出特定的形状，例如动物、人物或物体的形状，因此将其归类为不同的星座。现代共有88个正式的星座，涵盖了整个天空。

大熊座、猎户座是天空中的著名星座。

大熊座：北天星座之一，为全天第三大星座，座内北斗星是寻找方位用的标志。它包含了七颗明亮的恒星，构成了一个熊的形状，因此得名大熊座。大熊座是天空导航中的重要参照，它的一部分也包括了北斗七星。

猎户座：赤道带星座之一，是天空中最引人注目的星座。它的形状类似于一个持矛的猎人。猎户座包含了一些非常明亮的恒星，其中最著名的是“猎户座三兄弟”，它们是三颗密集排列在一起的亮星，代表了猎人的腰带。猎户座还包含了猎户座大星云，这是一个巨大的星云，是新生恒星的诞生地。

8. 天然卫星、人造卫星

天然卫星：天体围绕行星、恒星或其他天体运行的自然形成的卫星。在地球系统中，月球是地球的天然卫星。其他行星如火星、木星等也拥有自己的天然卫星。

人造卫星：人类制造并将其置于地球或其他天体轨道上的卫星。人造卫星由人类设计、制造和发射，用于各种用途，如通信、导航、天气预报、科学研究等。人造卫星通常由人造卫星载荷、通信设备、电力系统和推进系统等组成，它们在轨道上绕行星或地球转动，执行特定的任务和功能。

天然卫星是自然形成的天体，而人造卫星是人类制造并放置于轨道上的人造设备。

9. 自转、公转

自转和公转是天体运动中常见的概念，它们描述了天体在空间中的不同运动方式。

自转：天体或天体系统绕质心的整体旋转。太阳、行星和卫星都有自转，许多恒星和恒星系统，如银河和河外星系（至少其中一部分）也有自转。地球是一个具有自转运动的天体，它以地轴为轴线，每天绕着地轴旋转一圈，完成一次自转。地球本身不发光，不透明和自转导致了地球的日夜交替变化，使得不同地区交替出现白天和黑夜。

公转：天体绕天体系统的主体（或系统质心）的轨道运动。在太阳系中，行星绕着太阳公转，月球绕着地球公转。公转运动是沿着椭圆轨道进行的，天体在运动过程中保持一定的距离和速度。公转运动决定了行星和其他天体的年份和季节的变化。

在太阳系中，行星和卫星都同时进行自转和公转运动。

10. 昼夜交替、正午、时差

昼夜交替：地球自转引起的白天和黑夜的周期性变化。由于地球自转的存在，地球表面的一部分始终暴露在太阳光照射下，而另一部分则处于太阳光的背面。当地球自转使得某一地区暴露在太阳光照射下时，就是白天；当该地区转到太阳光的背面时，就是黑夜。昼夜交替是地球上生物生活和人类活动的基本依据。

正午：一天中太阳达到最高点的时刻，也就是太阳高度角最大的时刻。在地球自转的过程中，正午是当地时间的中午12点（午夜12点的对立面）。在正午时刻，太阳位于当地天空中的最高位置，从地面上看，太阳直射的角度最大，这时太阳光照射到地面的能量和热量最强。因此，正午通常是一天中太阳辐射最强的时刻。正午的时刻和太阳的高度角会随着地理位置和季节的变化而有所差异。（一天中气温最高的时间为午后两点）

时差：不同地理位置之间的时间差异。由于地球自转的存在，地球上的不同经度地方在同一时刻所处的时区可能不同。时差通常是根据经度来确定的，每隔15°经度差距，时差为1小时。根据经度的正负，可以确定一个地方相对于某个参考点的时间差异。例如，当你东行经过时区边界时，时间会向前推进，而西行经过时区边界时，时间会倒退。时差还会受到夏令时的调整影响，因为一些地区在夏季会将时间调快一小时，以便更好地利用光照。

11. 经纬度

经纬度：地球上用于确定位置的坐标系统。经度是指沿着地球赤道东西方向的角度，通常以0°到180°的形式表示东经和西经。经度的零点通常被定义为通过英国伦敦的经线，称为本初子午线（经度0°）。纬度是指从地球中心到地球表面某点的角度，通常以0°到90°的形式表示北纬和南纬。纬度的零点被定义为赤道（纬度0°），北纬表示赤道以北的角度，南纬表示赤道以南的角度。经纬度的结合可以唯一地确定地球上的一个位置。

12. 节气、春分、秋分、夏至、冬至

节气：泛指二十四节气，一年中地球绕太阳运行到二十四个规定位置（即视太阳黄经度每隔15℃为一个节气）上的日期，分别是：立春、雨水、惊蛰、春分、清明、谷雨、立夏、小满、芒种、夏至、小暑、大暑、立秋、处暑、白露、秋分、寒露、霜降、立冬、小雪、大雪、冬至、小寒和大寒，每个节气对应着不同的日期。这些节气在农业、气象、文化等方面都有着重要的意义。

春分：二十四节气之一，北半球每年 3 月 21 日或 20 日，视太阳位置到过黄经 0 ℃时开始。

秋分：二十四节气之一，北半球每年 9 月 23 日或 22 日，视太阳位置到过黄经 180 ℃时开始。

春分和秋分是太阳直射地球赤道的日子，标志着昼夜平分，即白天和黑夜的时间相等。

夏至：二十四节气之一，北半球每年 6 月 22 日或 21 日，视太阳位置到过黄经 90 ℃时开始。夏至是一年中白天最长的日子，在这一天，太阳直射地球的北回归线，北半球的白昼时间最长。

冬至：二十四节气之一，北半球每年 12 月 22 日或 21 日，视太阳位置到过黄经 270 ℃时开始。冬至则是一年中黑夜最长的日子，在这一天，太阳直射地球的南回归线，北半球的黑夜时间最长。

13. 月球、月相

月球：地球唯一的天然卫星，是绕地球运行的天体。它是太阳系中最接近地球的天体之一，距离地球约 38.4 万千米。月亮是对月球的俗称，它在地球的天空中以不同的形状和亮度出现。

月相：月球在其绕地球运行过程中，从地球上观察到的月亮表面的不同形状。由于月球绕地球运行的轨道是椭圆形的，并且月亮只能反射太阳光，因此月亮在地球上观察到的亮度和形状会发生变化。这些不同的形状被称为月相，主要包括新月、上弦月、满月和下弦月等。

14. 新月、满月、上弦月、下弦月

新月、满月、上弦月和下弦月是描述月球在轨道上不同位置和形态的术语。

新月：月球与太阳的黄经（即天球黄道坐标系中的经度）相等时的月相。新月标志着一个月的开始，此时月球位于地球与太阳之间，太阳照射在月球的背面，地面观测者看不到月亮明亮部分，此时月亮看起来像一个黑色的圆盘。

满月：月球和太阳黄经相差 180°时的月相。此时，月球位于地球和太阳之间的位置，地球正对着月球被阳光照射的一面，因此月球看起来完全亮起，形状圆满如盘。满月标志着一个月的中期。

上弦月：月球位于地球和太阳之间的位置，但与满月相比，只能看到月球一半亮面，另一半是暗面。上弦月形状像一个半圆，亮面朝向西面。上弦月出现在新月和满月之间。

下弦月：月球位于地球和太阳之间的位置，与上弦月一样，月球只能看到一半亮面，另一半是暗面。下弦月形状也像一个半圆，亮面朝向东面。下弦月出现在新月和满月之间。

这些术语描述了月球在不同位置和角度下的外观，根据月亮的形态和位置变化，我们可以观察到不同的月相。

15. 航空、航天

航空和航天是两个不同的概念，它们主要在领域和范围上有所不同。

航空：与飞行器在大气中的运行和飞行相关的领域，涵盖了飞机、直升机、无人机等空中交通工具的设计、制造、运营和相关技术的研究。航空的主要目标是实现人类和货物在大气中安全、高效、快速的运输。

航天：与太空中的航行和探索相关的领域，包括了宇航飞行器（如火箭、航天飞机、卫星等）的设计、制造、发射和操作，以及对太空的探索、研究和利用等方面的活动。航天的目标是将人类的活动扩展到地球以外的太空领域，包括太阳系的探索、地球观测、天体物理学研究等。

简而言之，航空主要涉及在大气中的飞行，而航天则涉及进入太空并在太空中进行探索和研究。两者都是现代科技领域的重要部分，对人类的交通、通信、科学研究和探索都具有重要意义。

16. 天文观测、太空探索

天文观测：人类使用各种天文仪器和技术对天体进行观测和研究的过程。通过天文观测，我们可以了解天体的位置、运动、结构、组成以及宇宙的演化等重要信息。天文观测包括地面观测和太空观测，利用望远镜、射电望远镜、空间探测器等设备来观测天体。

太空探索：人类探索和研究宇宙空间的活动，包括将人类和设备送入太空进行各种任务，如载人航天、卫星发射、空间站建设等。太空探索的目的主要有科学研究、技术发展、资源利用、探索未知等。

17. 深空探测、月球探测

深空探测：人类对太阳系以外的宇宙进行探测和研究，涉及向其他星系、星系团、星际空间等较远距离发送探测器，以获取更多关于宇宙起源、星系演化、行星系统等方面的信息。

月球探测：对月球进行探测和研究的活动。通过向月球发射探测器或载人航天器，人类可以对月球表面、地质构造、岩石成分等进行详细观测和分析。月球探测的目的包括了解月球的形成和演化过程、研究月球上的资源潜力、为未来的载人登月任务做准备等。

18. 二维方式、三维空间

二维方式：在平面上进行思考和表达的方式，物体被视为平面上的图形，只有长度和宽度两个维度。在二维方式中，我们可以使用平面几何概念来描述和分析物体的形状、大小、位置和相互关系。

三维空间：亦称“三度空间”，日常生活中指由长、宽、高三个维度所构成的空间，物体可以在三个方向上移动和存在，因此可以描述物体的形状、大小、位置和方向等更加准确和全面的特征。三维空间中的物体可以通过坐标系或立体几何概念来进行描述和分析。

19. 平面思维、空间思维

平面思维：以平面为基础进行思考和分析的思维方式。平面思维强调二维空间中的关系和几何概念，适用于处理平面图形、图表和平面上的问题。在平面思维中，我们主要关注物体的形状、投影和平面上的关联性。

空间思维：以三维空间为基础进行思考和分析的思维方式。空间思维强调物体在三维空间中的位置、方向、相对关系和运动。空间思维能够帮助我们感知和理解物体的立体性，从而更好地理解物体之间的关系、解决空间布局问题和进行空间推理。空间思维在科学、工程、建筑和艺术等领域中起着重要的作用。

【常见疑惑问答】

1. 恒星之间有哪些异同点?

恒星之间既有相同之处，也有不同之处。

相同之处主要体现在三个方面:

(1) 核心反应：恒星主要通过核融合反应产生能量，将氢融合成氦，这是所有恒星共同的能量来源。

(2) 引力平衡：恒星通过引力平衡维持稳定状态，引力将恒星的质量吸引在一起，而核聚变的能量产生的辐射压力抵抗引力。

(3) 恒星演化：恒星都经历着从形成到死亡的演化过程，包括主序阶段、红巨星或超巨星阶段，以及可能的超新星爆发和残余状态。

不同之处主要体现在五个方面:

(1) 质量和大小：恒星的质量可以相差很大，从大质量的超巨星到小质量的矮星。

(2) 温度和亮度：恒星的温度和亮度可以有很大的差异，一些恒星非常炽热和明亮，而其他恒星则较为冷暗。

(3) 寿命：恒星的寿命与其质量有关，较大质量的恒星寿命较短，只能存在几百万年，而较小质量的恒星活得更久，可以持续数十亿年。

(4) 元素组成：恒星的元素组成可能有所不同，尽管大部分恒星是由氢和少量的氦组成的，但其他重元素的含量可能有所不同。

(5) 恒星活动：不同恒星可能表现出不同的恒星活动，如耀斑、恒星风、爆发等。

总体而言，恒星之间的相同之处在于它们的核心反应、引力平衡和演化过程，而不同之处则表现在质量、温度、亮度、寿命、元素组成和活动等方面。这些差异导致恒星在大小、亮度、颜色、演化和行为上呈现出多样性。

2. 月球探测属于深空探测吗?

月球探测属于深空探测的范畴。《2021 中国的航天》白皮书第二部分“发展空间技术与系统”明确将月球探测工程列入深空探测。深空探测是指对太阳系范围外，离地球较远的天体和空间环境进行探测和研究，而月球是地球的邻近天体，它的探测需要通过深空探测技术和手段来实现。因此，月球探测被认为是深空探测的一种形式。月球探测属于深空探测中的近地探测和太阳系探测。

3. 航天器有哪些类型？

（1）人造卫星：在轨道上绕行地球或其他天体，用于通信、科学研究、导航、军事等方面。

（2）火箭：将航天器送入太空的载具。

（3）载人飞船：搭载宇航员前往太空、执行任务或返回地球的飞行器。

（4）空间站：在太空中建立的人类居住和进行科学研究的设施。

（5）探测器：用于探测、研究和观测太阳系中其他行星、恒星、星系等天体。

（6）轨道飞行器：类似于飞机的太空飞行器，用于在低轨道中进行各种科学实验和任务。

（7）重型运载火箭：用于将更大、更重的载荷送入太空的火箭。

（8）航天飞机：能够像飞机一样在大气层内飞行，并能进入太空执行任务的飞行器。

（9）太阳帆飞船：利用太阳能推进的太空船，用于探测远离太阳的行星或进行太阳系边界的观测。

4. 如何判断一种物质是不是天体？

一种物质是否被视为天体取决于其在宇宙空间中的位置和性质。下面是判断一种物质是否为天体的一些常见标准：

（1）宇宙空间位置：天体通常存在于宇宙空间中，如星系、星云、行星、卫星等，如果物质存在于地球表面或地球大气层内，则不被视为天体。

（2）天体的性质：天体通常具有一定的质量和体积，并在宇宙空间中以自身的引力相互作用，它们可以自转、公转，并产生电磁辐射等，如果物质没有这些特征，如地面上的物体、人造物体等，则不被视为天体。

总之，天体是指存在于宇宙空间中，具有一定质量和体积，以及特定的物理特征和行为的物质实体。如果物质不符合这些特征，则不能被视为天体。

5. 太阳系中的行星有哪些共同特征？

行星是太阳系中的天体，具有以下共同特征：

（1）绕太阳运动。行星以近圆轨道绕太阳运动，行进方向基本上是自西向东的，且遵循开普勒定律。

（2）具有足够质量。行星的质量足够大，能够保持自身形状，并对周围物体产生引力。

（3）圆形或近似球形。行星在自身的引力作用下，会趋向于近似球形。虽然行星的形状可能略微偏离球形，但整体上呈现出圆形或近似球形。

（4）清除了轨道附近的物质。行星通过自身的引力清除了其轨道附近的较大物体，如小行星和彗星。

（5）具有一定的大气层。大部分行星都拥有一定厚度的大气层，其中包含气体和气候系统。

（6）具有卫星。大多数行星都拥有卫星，围绕着行星进行公转。

需要注意的是，以上特征适用于太阳系中的行星，其他星系中的行星可能具有不同的特征。行星的分类还包括岩质行星（如地球和火星）和气态巨大行星（如木星和土星）等不同类型。

6. 什么样的天体有大气层？

大气层存在于各种类型的天体上，但其性质和组成可能会有所不同。以下是几种常见的具有大气层的天体类型。

一些行星具有大气层，像地球、火星、金星、木星、土星等，它们的大气层主要由气体组成，如氮气、氧气、二氧化碳等。行星的大气层对于维持气候和提供生命所需的条件至关重要。

一些卫星也具有薄薄的大气层，例如月球和土卫六（土星的卫星）。这些大气层通常非常稀薄，由少量的气体组成。

太阳和其他一些恒星也具有大气层。太阳的大气层由多个层次组成，包括光球、色球和日冕等，这些层次具有不同的温度和特性，对太阳的辐射和能量产生重要影响。

需要注意的是，大气层的存在与具体天体的质量、温度、组成和其他因素有关。不同的天体可能具有不同类型和性质的大气层。

7. 有哪些观测天体的方式？

（1）光学观测。使用光学仪器，如望远镜，观测可见光和近红外光来研究天体。光学观测可以提供有关天体位置、形态、亮度、颜色等方面的信息。

（2）射电观测。利用射电望远镜和射电接收器观测和研究天体的射电波辐射。射电观测可以提供关于星际物质、星系、脉冲星等的信息。

（3）红外观测。使用红外望远镜和红外探测器观测和研究天体的红外辐射。红外观测可以揭示天体的温度、化学组成、尘埃等特性。

（4）紫外观测。利用紫外望远镜和紫外探测器观测和研究天体的紫外辐射。紫外观测可以提供关于星际物质、恒星活动、星系演化等方面的信息。

（5）X 射线观测。使用 X 射线望远镜和 X 射线探测器观测和研究天体的 X 射线辐射。利用 X 射线可以观测黑洞、中子星等。

（6）γ 射线观测。利用 γ 射线望远镜和 γ 射线探测器观测和研究天体的 γ 射线辐射。γ 射线观测可以提供关于宇宙射线、γ 射线暴等的信息。

除了以上观测方式，还有其他特殊的观测技术，如中微子观测、引力波观测等，用于研究更微弱、更特殊的天体现象。这些观测方式相互补充，可以从不同的波段和角度来研究天体，从而更全面地了解宇宙的各个方面。

8. 克服地球引力的条件为何用速度而不是推力界定？

克服地球引力的条件用速度而不是推力来界定，是因为速度属于标量，而推力属于矢量。标量只有大小，没有方向。矢量既有大小又有方向。

当一个物体达到 7.9 米/秒的速度，称为第一宇宙速度，它将能够克服地球的引力并离开地球。这个速度与物体的质量和地球的质量有关，但与物体的形状、密度、推力等因素无关。换句话说，只要物体以足够的速度运动，它就能够逃离地球的引力场。

推力属于矢量，它描述了物体受到的力的大小和方向。推力可以用于描述火箭等航天器如何通过推力来克服地球引力，但推力本身并不能直接确定物体是否能够完全逃离地球的引力。推力只是提供了足够的加速度，使物体达到或超过逃逸速度。

因此，克服地球引力的条件用速度而不是推力来界定，是因为速度是一个直观、易于理解的标量，而且只要物体以足够的速度运动，它就能够逃离地球的引力。推力作为一个矢量，更多用于描述如何产生足够的加速度来达到逃逸速度。

核心概念十　地球系统

【内容标准与学业要求】

概念说明	地球是一个由不同圈层组成的系统。地球的外部包括大气圈、水圈和生物圈，内部包括地壳、地幔和地核，地壳和地幔的一部分组成了岩石圈。不同圈层之间存在物质交换和能量传输，决定了整个地球的演化方向。大气运动形成了天气和气候现象，岩石风化形成了土壤，流水和地壳运动是塑造地表形态的重要力量。本学科核心概念的学习有助于学生形成物质与能量、系统与模型等跨学科概念。		
学习内容	1—2 年级内容要求	3—4 年级内容要求	5—6 年级内容要求
10.1　天气和气候	①知道阴、晴、雨、雪、风等天气现象。 ②描述天气变化对动植物和人类生活的影响。	①知道地球表面被大气包围着，大气是运动的；学会使用气温计测量气温，并描述一天中气温的变化。 ②学会使用仪器测量和记录气温、风力、风向、降水量等气象数据，并运用测量结果描述天气状况；识别常用的天气符号，理解天气预报用语。	①知道雨、雪、雾等天气现象的成因。
10.2　水循环		③知道地球表面的海陆分布情况，说出河流、湖泊、海洋、冰川、地下水等主要水体类型。	②知道水在改变地表形态的过程中发挥着重要作用。
10.3　岩石和土壤	③知道土壤为众多动植物提供了生存场所。	④知道土壤的主要成分，观察并描述砂质土、黏质土、壤质土的特点，举例说出它们适宜生长的植物。	③知道地球表面覆盖着岩石，岩石是由矿物组成的；学会通过观察和使用简单工具，比较不同岩石的颜色、硬度、颗粒粗细等特征。
10.4　地球内部圈层和地壳运动			④知道地球内部分为地壳、地幔和地核，地壳主要由岩浆岩、沉积岩和变质岩构成；知道火山和地震是地球内

	1—2 年级	3—4 年级	5—6 年级
学业要求	能说出常见的天气现象，知道天气变化的影响；认识到土壤为众多动植物提供了生存场所。 能在教师指导下，识别不同天气对动植物和人类生活的影响。 能在教师指导下，通过口述、画图等方式，交流对天气和土壤的观察结果。 能在好奇心驱使下，对天气变化和土壤中的动植物表现出探究兴趣，乐于表达和分享。	能读懂天气预报，知道大气是运动的；能说出地球表面海陆分布的概况和主要水体类型；知道土壤的主要成分，举例说出适合生长在不同土壤中的植物。能在教师引导下，利用气象数据，描述一天中的气温变化，建立气象数据与天气状况之间的联系。 能在教师引导下，学会使用仪器测量气象数据；通过实验，识别土壤的主要成分，了解不同质地的土壤适宜生长的植物，初步具备记录实验过程、整理实验结果、得出实验结论和沟通交流的能力。 对天气、水体、岩石、土壤等事物具有好奇心和探究热情，乐于动手实验，如实记录观察结果，具有用事实说话的意识。	部能量集中释放产生的自然现象。能解释生活中常见的天气现象，知道水在改变地表形态过程中发挥着重要作用；知道地球内部的圈层结构，能解释火山和地震的成因；了解构成地壳的主要岩石类型，知道岩石是由矿物组成的。 能通过制作实物模型，模拟地球内部的圈层结构。 能通过实验或运用简单工具，认识化石标本，比较不同岩石的外部特征，学会用科学语言描述这些特征。 能在好奇心驱使下，表现出对未知现象的探究兴趣；具有用证据支持观点的意识。

7—9 年级重点词汇：天气、气候、气温、降水量、水循环、土壤、岩石、地球内部圈层、地壳运动、板块构造学说、火山、地震、地震带、高原、山地、盆地、丘陵、平原、柱状图、等高线地形图、实景图、控制变量。

【重点词汇辨析】

1. 地球、地球系统

地球包括了内外多个部分，是一个复杂而多样的系统。地球系统不仅包括了地球各种不同的组成部分，同时也包含它们之间的相互作用和反馈。

地球：太阳系八大行星之一，按离太阳由近及远的次序排为第三颗，也是太阳系中直径、质量和密度最大的类地行星，距离太阳 1.5 亿千米，是我们所熟知的唯一有生命存在的行星。

地球系统：由地球上的各个部分相互作用和相互影响形成的综合体，它包括大气层、水圈、冰冻圈、地质圈、土壤圈、生物圈，甚至磁力圈等多个组成部分，这些组成部分内部及各部分之间具有非线性的相互作用和反馈机制。地球系统中的各个组成部分相互联系、相互依存，共同维持着地球的生态平衡和稳定。例如，大气层中的气候和气象系统影响着地球上的气候变化和天气现象，水圈中的水循环调节着水资源的分布和供应，陆地上的地形和土壤条件影响着植被的分布和生态系统的形成，岩石圈中的地质活动塑造着地球的地貌和地壳结构，生物圈中的生物多样性和生态相互作用维持着生态平衡。

2. 地球演化、地球演化方向

地球演化：地球自形成以来的长期演变过程，包括地球的物理、化学、生物等方面的变化。可以分为多个阶段，主要包括以下几个方面：

（1）形成阶段。地球的形成始于约 46 亿年前，当时太阳系中的尘埃和气体逐渐聚集形成了地球，在这个阶段，地球经历了重力聚集、碰撞融合、分化等过程。

（2）地球内部演化。地球内部的演化主要包括地壳、地幔和地核的形成及变化；板块运动会通过多种方式改变地壳，是地壳演化的重要因素；地幔物质的热对流板块俯冲及放射性衰变都会影响地幔的演化。

（3）大气演化。地球的大气层也经历了演化过程，最初的大气主要由水蒸气、氨和甲烷等组成，随着地球的冷却和生命的出现，大气中的氧气逐渐增加，形成了如今的氮氧混合气体的大气。

（4）生命的出现与演化。地球上最早的生命形式出现在约 38 亿年前，随后经历了漫长的生物演化过程，生命的出现和进化对地球的演化产生了巨大的影响，塑造了地球上的生态系统和环境。

地球演化方向：总体而言，地球演化的方向是向着更加稳定和复杂的状态发展。地球在演化过程中逐渐形成了适宜生命存在的环境，生物的进化和物理、化学过程相互作用，共同塑造了地球的现状。地球演化仍然是一个不断变化和动态的过程，未来地球可能会经历更多的变化和演化。

3. 大气圈、水圈、生物圈、岩石圈

生物圈位于大气圈、水圈和岩石圈的交界处，彼此有一定的嵌套、交错关系，有利于物质交换和能量传输。地球科学关注大气圈、水圈、生物圈和岩石圈之间的相互作用，强调从整体地球系统的视野，对地球各圈层的相互作用过程和机理进行研究。

大气圈：包围地球的气态圈层，从海洋、陆地、冰盖表面向上延伸到太空。大气圈是气体的混合物，其主要成分：氮气体积占比约78%，氧气约21%，还含有氩气、水蒸气、二氧化碳、气溶胶（粉尘、花粉、火山灰、烟雾）等。大气圈垂直结构一般分为五层，依次为对流层（从地球表面延伸至约10千米）、平流层（10千米—50千米）、中间层（50千米—85千米）、热层（85千米—500千米）和散逸层（500千米以上）。散逸层之外为太空，从平流层顶部以上均为电离层。大气圈在太阳辐射、纬度、海陆差异、地形等作用下，还呈现出一定的水平结构。水平结构对区域气候有重要影响。大气圈起到了保护地球的作用，阻挡了部分太阳辐射和宇宙射线，调节了地球的温度，提供了氧气和水等必需物质供给生物生存。

水圈：地球表层水体的总称，包括地表水、地下水和大气中的水分，以地表水为主，主要指海洋、河流、湖泊、冰川等。内部水体的总储量约13.86亿立方千米，相当于地球体积的0.12%；96.5%的水在海洋中，陆地水仅占3.5%。水圈通过蒸发、降水、融化、蒸发等过程，不断将水转移和循环于地球各个部分，维持着地球上水资源的平衡和可持续利用。

生物圈：起着调节大气成分、维持生态平衡、提供食物和生物多样性等重要功能，详见第72页。

岩石圈：由地壳和上地幔顶部组成，属于地球内部圈层。地壳包括大陆地壳

和海洋地壳。大陆地壳厚 15 千米—80 千米，主要为花岗岩层、玄武岩层以及变质岩层和沉积岩层；大洋地壳厚 2 千米—11 千米，主要为玄武岩层。上地幔顶部由超基性的橄榄岩类组成，为地震波高速带。岩石圈由岩石和矿物质组成，包括了陆地、山脉、海洋底部和地球的地壳构造。岩石圈经历着地壳运动、地震、火山喷发等地质活动，是地球上地质过程和构造变化的主要场所。

4. 地壳、地幔、地核、地球内部能量

地核、地幔和地壳是地球内部的三个圈层，由内向外依次是地核、地幔和地壳。地球内部能量会引起地壳物质的重新分配及地表形态的变化。

地壳：地球固体圈层的最外层，是地球表面最薄的一层。由岩石和土壤组成，其底界即莫霍界面，分为陆地地壳和海洋地壳。陆地地壳厚，海洋地壳薄。陆地地壳主要由花岗岩、玄武岩等岩石组成，而海洋地壳主要由玄武岩和较薄的沉积物组成。地壳的厚度约为 5 公里—70 公里，不同地区和地质构造的地壳厚度会有所差异，厚度各处不一。

地幔：地球内部构造的一个圈层。它位于地壳以下，地核之上，可分为上地幔与下地幔。多数学者认为从莫霍界面起向下至 1 000 千米深处止为上地幔（也有学者将其中 400 千米—1 000 千米段独立分出，称“转变区”），1 000 千米—2 900 千米深度之间为下地幔。上地幔的物质组成成分相当于橄榄岩等。下地幔物质则比上地幔岩石的二氧化硅含量低些而有较多的氧化亚铁；其矿物的晶体结构更为紧密。地幔物质总体上具有固态特征。软流层位于上地幔上部，一般被认为是岩浆的主要发源地。地幔物质持续运动着，对地质过程、火山活动和地震有重要影响，维持了地球内部的能量平衡。

地核：地球内部构造的中心层圈。地幔以下（即地表以下约 2 900 千米以下）古登堡界面到地球中心的部分。推测可能是高压状态下铁、镍成分的物质。又可分为内核和外核两部分，外核深度约为 2 900 千米—5 100 千米，推测为液态；内核深度约为 5 100 千米以下至地心。地核是地球内部的热源之一，通过热对流和地磁场的生成对地球的动力学过程和磁场环境产生重要影响。

地球内部能量：地球内部能量主要来自地球的热核反应和放射性衰变。地球内部存在着大量的放射性元素，它们的衰变会释放出热能，导致地球内部的温度升高。此外，地幔对流和地核的热对流也是地球内部能量的重要来源。地球内部能量会引起地壳物质的重新分配及地表形态的变化，如地震、火山喷发和板块运动等。同时，地球内部能量的存在也对地球的表面温度和气候产生影响。

5. 地质构造、地质作用

地质构造和地质作用密切相关，它们共同塑造了地球的地貌和地球表面的特征。地质构造决定了地球的地壳运动和构造形态，而地质作用则是地质构造在不同地质环境下的具体表现。地质构造和地质作用的研究对于理解地球的演化历史、资源勘探和环境保护等具有重要意义。

地质构造：地壳或岩石圈各个组成部分的形态及其相互结合方式和面貌特征的总称。地质构造是构造运动在岩层和岩体中遗留下来的各种构造形态和运动的踪迹，如岩层褶曲、断层、劈理、线理等。地质构造是地球内部力学和热力学作用的结果，包括板块构造、地震活动、火山喷发、山脉的形成等。依其生成时间，地质构造可分为原生构造和次生构造。次生构造是构造地质学的主要研究对象，但为了查明岩体的变形特征，首先需要了解其原生构造特点。

地质作用：形成和改变地球物质组成、内部结构和外部形态的各种自然过程。地质作用可以是物理过程、化学过程或与生物活动相关的过程，它们既发生于地球内部也发生在地表环境。地球现在的内部结构和表面地貌是地质作用长期改造的结果。地质作用与地球内、外部能量相关，由地球内部能量引发的地质作用称为内力作用，由地球外部能量产生的地质作用称为外力作用。地球内部能量主要包括热能、放射能、化学能、重力能以及地球转动能等，这些能量所产生的地球动力导致了许多重要地质过程的发生，如地壳运动、岩浆活动、变质作用等。地球外部能量主要来自太阳辐射热能、潮汐能、生物能等，这些能量导致风、流水、冰川、波浪、潮汐、重力滑坡的发生和促进生物的活动，从而引发地球表面各种地质作用，如风化、侵蚀、搬运、沉积、固结成岩以及岩层的滑移崩塌等。不同地质作用的规模和持续时间不同，内地质作用一般规模巨大或强烈突发，如板块运动、火山喷发、地震等，而外地质作用通常规模较小或微弱缓慢如重力滑坡、化学风化、固结成岩等。

6. 地壳运动、火山、地震

地壳运动、火山和地震都是地球内部能量的释放和地壳变动的结果。它们是地球动力学的重要表现，与地球的地质构造、板块运动和地球演化密切相关。同时，它们也对地球表面的环境、地貌和生物圈产生重要影响。

地壳运动：亦称“构造运动”。地壳受内力地质作用的影响而产生变位或变形的运动。按运动方式，分水平运动（地壳块体在水平方向移动）与垂直运动（相邻地块或同一地块的不同部分做差异的上升或下降）。

火山：由地球内部的炽热岩浆及伴生的气体和碎屑物质喷出至地表后冷凝、堆积而成的山体。当岩浆在地表喷发时，会释放出大量的热能、气体和岩浆碎屑，形成火山口和火山喷发物堆积。火山喷发不仅造成地表形态的变化，还可能引发火山灾害，如火山灰降落、岩浆流、火山喷发引发的火山爆炸等。火山形态因喷发方式不同而有差异。典型的火山地貌表现为顶部有漏斗状洼地的锥体孤立山峰，如日本富士山。火山喷发多具间歇性。正在喷发的和人类有史以来常做周期性喷发的火山称“活火山”，其周期可为数十至数百年；史后无喷发记录且已遭严重破坏的火山称“死火山”；虽长期无喷发活动，但还会再喷发的年轻而完好的火山称“休眠火山”，和活火山之间无严格界限。火山主要分布于板块之间的构造活动带，如环太平洋大陆边缘带、地中海-喜马拉雅山脉带和大洋中脊裂谷带等。

地震：地球内部发生的震动，通常由地壳运动引起。当地壳板块相互碰撞、滑动或断裂时，会产生地震现象。地震的能量以地震波的形式传播，可能导致地表的震动和破坏。地震的强度通常用里氏震级或其他地震震级来表示，强度越大，震感和破坏范围就越广。破坏性地震（烈度Ⅵ以上）是最为重大的地质灾害，会引发诸如大规模山崩、泥石流、海啸及火灾、水灾等次生灾害。可分为天然地震和人工地震两类。天然地震主要有：①构造地震，由地下岩石的构造活动产生，破坏性和影响范围很广；②火山地震，由火山爆发产生，一般强度和波及面较小，岩洞崩塌、大陨石撞击等也会产生地震，但较少见。人工地震是用人为方法产生的地震，如工业爆破或地下核爆炸等。一般地震多指天然地震。地震主要发生在两个大地震带上：环太平洋地震带和地中海-喜马拉雅地震带。各大洋的海岭区也是地震频繁的地带，但地震强度较弱。中国是多地震国家，强地震主要分布在台湾、西南、西北和华北地区。

7. 岩浆岩、沉积岩、变质岩

按成因，岩石可分岩浆岩、沉积岩和变质岩三大类。岩浆岩是由岩浆冷却凝固形成的，沉积岩是由岩屑、有机物等沉积堆积形成的，变质岩是在高温高压条件下原岩发生变质作用形成的。它们在形成过程、组成和特征上存在显著的差异。

岩浆岩：亦称“火成岩”。由高温岩浆侵入地壳或喷出地表后经冷凝固结而成的岩石。岩浆岩的形成主要有两种方式：火山喷发和岩浆侵入。火山喷发时，岩浆通过火山口喷出，迅速冷却凝固，形成细粒状或玻璃质的火山喷出岩，如玄武岩和安山岩。岩浆侵入时，岩浆在地壳中长时间停留，逐渐冷却凝固，形成粗粒状或块状的侵入岩，如花岗岩和闪长岩。

沉积岩：旧称“水成岩”。一种经由水、空气或冰的搬运，沉积在河、海、湖盆地中或陆地上的物质经固结而形成的岩石。常具有层状构造和各种生物化石。沉积岩的形成过程包括侵蚀、搬运、沉积和成岩四个阶段。首先，岩屑和物质通过风、水、冰等运动方式被风化剥蚀并运移到其他地方。然后，这些物质在沉积环境中沉积下来，形成沉积层。随着时间的推移，沉积层逐渐被压实并形成固体岩石，这个过程被称为固结成岩作用。常见的沉积岩包括砂岩、页岩、石灰岩等。

变质岩：在地壳发展过程中，原来已存在的岩石受内动力地质作用影响，在基本保持固态的情况下发生结构、构造和矿物组成等改变而形成的一类新的岩石。变质岩的形态和组成与原岩有很大的差异。常见的变质岩有片麻岩、云母片岩、石英岩和大理石等。变质岩通常具有板状或条带状的结构，其中的矿物颗粒经过压实和重新排列，形成具有方向性的晶粒排列。

8. 岩石风化、土壤

地壳表面岩石在大气、水和生物等外力的长期联合作用下发生破坏或化学分解的现象即为岩石风化。土壤是岩石的风化物（成土母质）在气候、地形、生物等因素作用下逐渐形成的。土壤的成分和特性取决于岩石的类型、气候条件、生物活动和风化过程的速率。

岩石风化： 地壳表面岩石在大气、水和生物等外力的长期联合作用下发生破坏或化学分解的现象。按作用性质，分物理风化、化学风化和生物风化，总称“风化作用”。它是岩石变成土壤的重要步骤之一。

土壤： 地球陆地表面能生长植物的疏松表层。由矿物质、有机质和生物质以及水分、空气等组成。土壤在成土母质、生物、地形、气候等自然因素和耕种、施肥、灌排等人为因素的综合作用下，不断演变和发展，是一种动态的有发展历史的自然体，是提供植物养分、水分、空气和其他条件的基质，是农业生产的基本资料。在生态学和环境科学中，也是人类生存的重要环境因素。

9. 砂质土、黏质土、壤土

不同类型的土壤在植物生长和农业生产中具有不同的特点和用途。

砂质土、黏质土、壤土： 按照一定的分类标准，根据土壤的粒级组成对土壤进行质地类别划分。常用的土壤质地分类系统主要有国际土壤质地分类制、美国土壤质地分类制、卡庆斯基土壤质地分类制和中国土壤质地分类制等，其中美国和国际土壤质地分类制用得比较多。这些分类制都将土壤按质地划分为砂质土、黏质土和壤土 3 类。砂质土指含有较高比例的砂颗粒的土壤，其颗粒粗大，土壤通气性和透水性较好。黏质土则是由黏粒占主导地位的土壤，颗粒较小，黏性较大，保水性较好。壤土是矿质颗粒、有机物质、水分和空气的较均衡混合物，适宜作物生长。国际土壤质地分类标准规定含黏粒在 25%以上的土壤为黏质土类，含砂砾 85%以上的土壤为砂质土。壤土由适当比例的砂粒、粉砂粒和黏粒所组成的土壤。不同质地土壤的基本性质不同，在农田种植、管理或工程施工上有很大差别。

10. *矿物、岩石*

岩石是由矿物组成的，矿物是构成岩石的“积木”。

岩石：天然产出的具有稳定外形的矿物集合体，是组成岩石圈的最主要物质。它由一种或几种造岩矿物（少数由天然玻璃或生物遗骸）组成，具有一定的结构和构造。按成因，分岩浆岩、沉积岩和变质岩三大类。岩石的特征包括岩石成分、岩石结构、岩石纹理和岩石的成因等。岩石成分指岩石中各种矿物的相对含量和组成，不同的岩石成分会影响岩石的性质和用途。岩石结构指岩石中各种矿物的排列方式和结构特征，如晶粒大小、颗粒状结构、层状结构等。岩石纹理指岩石的内部结构和外部形态，可以通过观察岩石的断口、颗粒排列等来判断。岩石的成因指岩石形成的过程和条件，不同的成因会导致岩石具有不同的特征和性质。

矿物：由地质作用所形成的、一般为结晶态的天然化合物（绝大多数为无机化合物）或单质。其特征为：具有均匀且相对固定的化学成分和确定的晶体结构；在一定物理化学条件下保持稳定；是组成岩石和矿石的基本单元。也包括极少数由地质作用所形成的均一的非晶质天然化合物或单质，如液态的自然汞。许多矿物是人类生产活动中极为重要的原料和材料。矿物的特征包括化学组成、晶体结构、物理性质和外观特征等。化学组成是指矿物所含的化学元素和元素的比例，不同矿物具有不同的化学组成。晶体结构是指矿物中原子或离子的排列方式，它决定了矿物的晶体形状和物理性质。物理性质包括硬度、密度、颜色、光泽、断口等，这些性质可以用于鉴定和区分不同的矿物。外观特征指矿物在自然界中的形态和外观，例如颗粒状、片状等。

11. *大气、大气运动*

大气：包围地球的空气层，通常指大气圈的全部或一部分，也称大气圈、大气层。其厚度可以延伸到 2 000 至 3 000 千米高空，绝大多数的大气质量集中在最靠近地表的对流层中。它主要包括氮气（约占 78%）、氧气（约占 21%）、水蒸气、二氧化碳等气体，以及微量的其他气体和悬浮颗粒物。地球引力、温度梯度、气压梯度力等因素相互作用，使大气层中气体分子保持在地球周围，维持了大气层的结构与稳定性。

大气运动：不同地区、不同高度之间的大气进行热量、动量、水分的互相交换；不同性质的空气得以相互交流，并以此形成各种天气现象和天气变化的总称。它是由地球的旋转、太阳的辐射、地形的影响以及地球表面的温度差异等因素共同驱动的。大气运动产生了天气现象，如风、云、降水等。大气运动包括水平运动和垂直运动两种形式。大气中水平方向的空气运动主要由气压差引起。大气中垂直方向的空气运动主要包括上升运动和下沉运动。大气运动的复杂性导致了气候的多样性和变化，同时也对人类的生活和环境产生着重要影响。科学家通过观测、模拟和研究大气运动，能够更好地理解和预测天气、气候变化以及空气质量等相关现象，为人类提供重要的气象信息和预警服务。

12. 天气、气候、天气变化

天气：瞬时或短时内风、云、降水、气温、湿度、气压等气象要素的综合状况。日常所谓天气，指影响人类生活、生产的大气物理现象及其状态，如晴、雨、冷、暖、干、湿等。天气可以是晴朗、多云、阴天、下雨、下雪等各种状态的组合，且会随时间迅速变化。天气对人们的日常活动和生活有直接的影响，例如决定着我们是否需要携带雨伞或穿外套出门。

气候：在长时间尺度上（通常是数年到数十年甚至更长）一定地区的平均天气条件。气候涵盖了广阔的地理区域，具有相对稳定的特征。它包括了气温、降水、季节变化和长期趋势等方面的统计数据。气候是对一个地区长期气象观测数据的总结，反映了该地区长期的气候模式和特征。例如，赤道地区通常具有高温和湿润的气候，而极地地区则具有低温和干燥的气候。气候由太阳辐射、大气环流、地面性质等因素相互作用所决定。

天气变化：由大气中的动力过程和能量交换引起的。主要影响天气变化的因素有天气系统、温度变化、水汽含量、风等。

13. 气象数据、天气状况

天气数据和天气状况是气象学中常用的概念和工具，用于描述和预测地球上的天气变化。它们对人们的日常生活、农业、交通、航空航海等方面都具有重要的意义。

气象数据：通过气象观测和测量所获得的关于大气状况和气候要素的信息。气象数据可以包括气温、湿度、气压、风速和风向、降水量等。这些数据是气象观测站通过卫星、雷达等设备收集，用于研究气象学、制作天气预报和进行气候分析等。

天气状况：特定时间和地点的大气现象和气候条件的组合。它描述了天空的云量、降水情况、风向和风速、能见度等。常见的天气状况包括晴天、阴天、多云、雨、雪、雾、雷暴等。天气状况的变化通常与天气系统、温度、湿度和风等因素有关。

14. 天气符号、天气预报

天气符号：表明各种天气和显示其特征的符号。不同的天气符号代表不同的天气条件，例如太阳表示晴天，云朵表示多云，雨滴表示雨等。天气符号通常用于天气预报、天气地图、天气应用程序和气象图表等，方便人们快速了解天气情况。常用的有三种：①天气现象符号，共 34 种，用于气象观测记录；②天气图上天气符号，共 137 种（其中天气现象符号 100 种、总云量符号 10 种、云状符号 27 种），用于天气分析；③天气图形符号，共 37 种，供电视、报纸等媒体使用。

天气预报：基于气象数据和气象模型的预测和分析，旨在提供未来一段时间内特定地区的天气状况。按时效，分临近、短期、中期、长期、超长期预报等；按范围，分单站、区域预报等；按对象，分公益、专业预报等。天气预报通常包括温度、降水、风速和风向等信息。气象学家和气象预报员使用观测数据、数值模型和统计方法来制作天气预报。天气预报可以帮助人们做出出行安排、农业生产决策、灾害预防等。

15. 阴、晴、雨、雪、风、雾

这些天气现象的发生与气象条件有关，包括温度、湿度、气压和风等因素。它们对人们的日常生活和活动有着直接的影响，并且在农业、交通和气候研究等领域都具有重要意义。

阴：天空云层密布，阳光少见或天色阴暗。中国气象上规定：中、低云云量占天空面积 8/10 及以上的天气。阴天通常意味着多云或密集的云层，但并不一定会有降水。

晴：天空无云或云量占当地天空面积不到 1/10 的天气。有时天空出现高而薄的云，但对阳光透过影响很小，也称“晴”。晴天通常意味着良好的天气条件，没有降水且温暖。

雨：液态降水，主要由大气中冰晶或雪粒因水汽凝结、碰撞、合并等作用，不断增大到上升气流无力支持时下降融化而成，也有由液态水滴直接碰并增大后下降而成。雨滴直径大于 0.5 毫米（包括毛毛雨滴）。雨天通常意味着湿润和潮湿的气候条件，可以是细雨、中雨或大雨等不同强度。

雪：六角形白色结晶的固态降水，系气温较低，水汽在空中直接凝华所致。空气中所含水汽多少和温度高低等不同，形成的雪花形状也就各异。雪天通常意味着寒冷的气候条件，降水形式是雪花。

风：空气流动的现象，气象上常特指空气在水平方向的流动。风是由于大气中的气压差异引起的，空气从高压区向低压区流动。通常用风向和风速（或风级）表示。

雾：近地气层中视程障碍的天气现象，由于大量悬浮的微小水滴或冰晶造成水平能见距离小于 1 000 米的现象。形成途径有：①空气温度下降，使其中水汽饱和后凝结而成，如辐射雾、平流雾和平流辐射雾等；②空气中水汽增多，达到过饱和后凝结而成，如蒸气雾；③空气中吸湿性悬浮颗粒过多，造成饱和水汽压降低，使原未饱和空气变成饱和空气后，水汽在悬浮颗粒上凝结而成，如工厂排放吸湿微粒而成的工业雾，沿海地区波浪使海盐微粒散发并悬浮低空吸湿而成的海雾等。上述三种途径的综合作用也能成雾。雾对水、陆、空交通运输安全有不利影响。

16. 气温、降水量

气温和降水量在气候和天气方面都是重要的指标。通过对气温和降水量的观测和记录，科学家可以分析和预测气候变化、制定农业和水资源管理策略、评估环境变化对生态系统和人类社会的影响等。

气温：气象要素之一，指空气的冷热程度，气象台（站）所报气温，特指气象台（站）用于安置测定温度和湿度仪器的百叶箱中离地约 1.5 米高度处空气的温度，测量单位可以是摄氏度（℃）或华氏度（℉）。气温的变化取决于多种因素，包括地理位置、季节、日照时间、海洋影响、海拔等。不同的气温条件对生物生长、植物种植、农作物产量、动物活动、人类活动等都有影响。气温的长期变化也是气候变化的重要指标之一。

降水量：一定时段内，降落到地面（假定无渗漏、蒸发、流失等）的降水所累积成的单位面积上的水层深度（如为固态水，需折合成液态水计算）。它衡量了降水的多少，一般以毫米为单位。降水量可以包括各种形式的降水，如雨水、雪、冰雹等。降水量对地球上的水循环和水资源分配起着重要作用。它决定了地区的干湿程度，影响了水资源的可用性、农作物的生长、土壤湿度、水文系统的运作等。降水量的分布也对地球各地的生态系统和植被类型产生影响。

17. 水循环

水循环：亦称“水文循环”，水在地球系统中永无休止地循环运动。基本路径是：地球上的水在太阳能和大气运动的驱动下，通过蒸发和扩散，以水汽的形式进入大气圈。在适当的条件下，大气中的水汽被风送到陆地，可凝结成水滴，当水滴重力超过空气浮力时，便以降水的形式落到地表。到达地表的降水，一部分通过蒸发和散发返回大气；一部分形成地面径流汇入江河、湖泊，最终汇入海洋；一部分渗入地下，或者被土壤吸收，通过蒸发和散发进入大气中，或者形成地下径流排入江河、湖泊，最终汇入海洋。水分由海洋输送到大陆，又回到海洋的循环称“大循环”或“海陆间循环”；水分由陆地蒸发到大气，又回到陆地，或由海洋蒸发到大气，又回到海洋的循环称“小循环”或“内循环”。水循环是水资源和水能资源可再生的根源，是地球系统中其他物质（如氮、碳等）循环的载体，是水文学研究的核心问题。水循环过程中携带了各种有害物质，有的可通过水的稀释扩散，降低浓度而变为无害，即水体的自净作用；也有的造成其他地区或更大范围的污染。水循环是地球上维持水资源平衡的重要过程，它影响着地球上的气候、降水分布、水资源供应、植被生长等。通过水循环，地球上的水资源得以重新分配和再利用，确保了水的持续循环和可持续利用。

18. 水体、河流、湖泊

水体：地球表面上的水的集合体，包括江、河、湖、海、冰川、积雪、水库、池塘、地下水、土壤水和大气水。它还是一个完整的生态系统，包括水中的悬浮物、底泥和水生生物等。水体是地球上最重要的自然资源之一，对地球的生态系统和人类的生活起着重要作用。

河流：地表水在重力作用下沿着一定的路径流动的水流。较大的称“河”或“江”，较小的称“溪”。其补给来源有雨水、冰雪融水和地下水等。一条较大的河流可分为河源、上游、中游、下游和河口 5 个部分。按流经地区有平原河流、山地河流之分。干燥地区有些河流最后没于沙漠，石灰岩地区有些河流经溶洞或裂隙没入地下，成为地下河流。可以用来发展农田灌溉、航运、水产养殖和水力发电等。

湖泊：静态水体，地表洼地积水形成比较宽广的水域。湖泊通常由河流、地下水或降水填充，也可能由冰川或火山活动形成。按成因，分为构造湖、火口湖、冰川湖、堰塞湖、喀斯特湖、潟湖、弓形湖、风蚀湖、人工湖等；按泄水情况，分为排水湖和非排水湖；按盐度高低，分为淡水湖和咸水湖。湖泊是淡水生态系统的重要组成部分，为许多生物提供栖息地和水资源，具有调蓄水量、供给饮水、灌溉、发展航运与养殖和调节气候等功能，并蕴藏矿物资源。

19. 海洋、冰川、地下水

海洋：地球上巨大的咸水水体，占据了地球表面的绝大部分。由海水、溶解或悬浮于其中的物质、生活于其中的生物、邻近海面上空的大气、围绕其周缘的海岸和海底等组成的统一体。通常所称的海洋，仅指海洋主体的连续水域。面积约 36 200 万平方千米，占地球表面积约 70.8%；平均深度 3 800 米，最大深度 11 034 米；体积约 137 000 万立方千米。一般中心部分称“洋”，边缘部分称“海”，但也有处于大陆之间（如地中海）、伸入大陆内部（如黑海）或被包围于海水之中（如马尾藻海）的海，海占海洋总面积约 11%。全球的洋与海彼此沟通，构成统一的水体。世界大洋分为太平洋、大西洋、印度洋、北冰洋和南大洋。海底地貌一般分为大陆边缘、大洋盆地和洋中脊。海水在不停运动，潮汐、波浪和海流是海水运动的基本形式。海洋是全球生命支持系统的基本组成部分，也是维系人类持续发展的资源库，海洋开发利用已为各国所重视。

冰川：极地或高山地区沿地面运动的巨大冰体。由降落在雪线以上的大量积雪在重力和巨大压力下形成。雪线以上是积累区，以下是消融区。通常位于高山地区或极地地区。冰川是地球上最大的淡水储存之一，其移动速度一般每年为几米到几十米。按其形态和规模主要分为大陆冰川和山岳冰川。它们在气候变化中起着重要的调节作用，并对周围环境和生态系统产生影响。

地下水：赋存于地面以下岩石和土壤空隙中的水。按存在形式，分气态水、吸着水、薄膜水、毛细管水、重力水和固态水等；按埋藏条件，分上层滞水、潜水和承压水三个基本类型；按地下水贮存的含水介质类型，分孔隙水、裂隙水和喀斯特水（岩溶水）三类。地下水是一种资源，也是生态环境的重要因子和一种活跃的地质营力与信息载体，可作居民生活用水、工业用水以及农业灌溉用水的水源，含有特殊组分或有较高温度的可用于医疗、热能利用和提取有用元素；但有时也会成为致灾因子，影响建筑物地基的施工，淹没矿坑，或引起土壤盐渍化、沼泽化、流沙和滑坡等，具有危害性。过量取用地下水会引起土层变形，产生大范围地面沉降、海水入侵等不良后果。地下水是重要的淡水资源之一，供给了许多地下水井和水源，也是湖泊和河流的补给源之一。地下水的存在对植物生长、地下洞穴形成等具有重要影响。

20. 淡水、咸水、咸淡水

按水中的溶解性固体总量，可将水分为淡水（小于1克/升）、微咸水（1克/升—10克/升）、咸水（10克/升—100克/升）和卤水（大于100克/升）。

淡水：盐度较低的水，通常指的是没有明显咸味的水，用于描述河流、湖泊、水库、地下水等。淡水的盐度一般低于0.5%，适合供给人类饮用和农业灌溉等用途。淡水资源相对稀缺，全球可用的淡水仅占地球水总量的约2.5%。其中，大部分淡水储存在冰川中，只有一小部分以可用的形式存在于湖泊、河流和地下水中。由于人口增长、工业发展和气候变化等因素的影响，淡水资源面临着日益严重的压力和威胁。因此，合理管理、保护和有效利用淡水资源是关键，以满足当前和未来的人类需求，并确保生态系统的健康和可持续发展。

咸水：盐度较高的水，通常指的是含有较高盐分的海水。海水是最常见的咸水，它的盐度约为3.5%，含有多种矿物质和盐类。咸水主要存在于海洋中，也可见于咸水湖、咸水沼泽等环境。由于咸水的盐分浓度较高，它不适合直接用于饮用和农业灌溉。然而，咸水可以通过淡化技术转化为淡水，以满足人类的需求。

咸淡水：介于淡水和咸水之间的水体，盐度介于淡水和海水之间。这种水体的盐度通常介于0.5%至3.5%之间。咸淡水的存在形式多样，包括河口地带、沿海湖泊、沼泽、盐田等。咸淡水具有介于淡水和咸水之间的特性，对某些生物和植物具有独特的适应性。

【常见疑惑问答】

1. 地球内外圈层之间有物质交换吗？

这些物质交换和能量传输的过程是地球内部和外部相互联系的重要环节，影响着地球的地质演化、气候系统和生态系统的运行。地球各圈层之间的物质与能量状态的差异，是圈层相互作用和物质能量交换的动力。

（1）不同圈层的能量交换。

热传导：地球内部的热可以通过热传导、热辐射、激子（辐射激发的原子）、物质运动（如地下热泉、火山活动、岩浆活动、地幔对流等）几种方式传导到地球表面。

热流观测：目前科研人员已在不同的大陆和洋底测定了成千上万次热流值和地温梯度。它对研究地球内部结构、地质过程、地热资源和地球的热平衡非常重要。一般估计，每年从地球内部传递到地表的热能相当于506亿吨标准煤燃烧产生的热量，大概是每年通过地震释放能量的100倍。

（2）不同圈层的物质交换。

地球不同圈层之间的物质交换有多种方式，最主要的是地球的物质循环过程和元素的迁移过程。

地壳-地幔物质循环：地球最大规模的物质循环与板块运动是分不开的，沿地幔热柱上升的玄武岩熔浆从大洋中脊涌出并冷却形成洋壳，在海沟处因俯冲作用被插入大陆岩石圈之下的软流圈，在地幔软流圈被加热并熔融，与地幔物质混合后重新加入地幔的对流循环；岩石在地壳内部也可以因地壳运动或放射性聚热而熔融，转变为岩浆，导致地壳内部的物质分异。岩浆冷却凝固形成的岩石上升到地表后，受风化作用而溶解、破碎，被水流、风搬运到湖泊、海洋沉积下来，随着地壳的下沉，在地壳深部压实形成岩石，或者随着洋壳俯冲到地幔软流圈加热熔融，重新加入地幔的对流循环。

海底热泉物质循环：海底存在许多因大洋中脊扩张而形成的裂隙，冰冷的海水沿裂隙下渗到几公里深处；当下渗海水遇到热的玄武岩时就会受热膨胀上升，形成富含从玄武岩中溶解的矿物质和气体的热泉从海底涌出。

2. 地球外部圈层之间有物质交换吗？

大气圈、水圈和生物圈各圈层之间相互联系，相互影响，彼此之间存在着物质循环、能量流动和信息传递，并共同促进地球外部环境的演化。生物圈包括大气圈的底部、水圈的全部和岩石圈的表面三个部分，在生物圈中既有山脉也有海洋，因此这三个圈层并不是各自独立的，生物就生活在这三个圈层中，无明显的分界；水圈是地球外圈中作用最为活跃的一个圈层，与大气圈、生物圈和地球内圈有着相互作用。圈层之间的相互作用，都是通过能量、物质与信息的交换来完成的。

（1）地球表层能量传输、交换与圈层相互作用。

能量是维持地球表层系统运行与发展的动力，也是联系四大圈层的桥梁和纽带。圈层间进行着多种不同能量的传输。

第一，大气圈与水圈之间存在着热能、动能、化学能和势能的传输与交换。由于大气与水体之间温度的差异，大气圈与水圈之间的热能交换一直在不停地进行着。如冷空气经过的水面会发生降温现象，暖流对大气有增温、增湿作用。由于大气与水面之间的摩擦作用，大气运动往往影响和带动水体的运动，如风吹拂水面会产生波浪，信风作用于洋面产生洋流。当然，水体的运动也会影响和改变大气的运动，如在静风天气时，来到瀑布或快速活动的河流四周，会立即感到风的存在，这是大气圈与水圈动能交换的结果。大气与水体（主要是海洋）之间在不断地进行着物质的交换，在交换过程中也会发生某些化学反应，因此两者之间也存在化学能的交换。当大气压力不同或发生变化时，会改变水体的分布与位势。如气压偏低时，海平面就会升高；当气压偏高时，海平面就会相应降低。如台风经过的海面，由于台风中心气压比较低，往往会导致海平面高出四周几十厘米至几米。当水体分布发生变化时，同样也会引起气压的变化。又如，高山、高原冰川以及中高纬度地区冰盖的发育，将会使这些地区的近地面气压升高，导致区域间的气压差增大。

第二，大气圈与岩石圈之间存在着热能、化学能、动能的交换。地面与大气之间通过长波辐射、大气逆辐射在进行着热能的交换。大气圈与岩石圈之间也在进行着物质的交换，发生着某些化学反应，如风化作用从大气中吸收二氧化碳，同时也使岩石中的某些元素释放出来，因此两圈之间存在着化学能的交换。通过大气与地面之间的接触与摩擦作用，岩石圈的动能可以传递给大气圈，大气圈的动能也可以传递给岩石圈。如地球自转速度变化，通过地面摩擦动能从岩石圈传递给大气圈，从而导致大气运动速度的改变。研究表明，在厄尔尼诺年，由于地球自转速度的减慢，在赤道四周的大气可以获得每秒 1 厘米的向东相对速度。当然，大气运动的动能也可以通过地面摩擦传递给固体地球。

第三，水圈与岩石圈之间存在着热能、动能、势能与化学能的交换。在水与岩石接触的界面上，由于岩石与水温度的差异，两个圈层之间发生热能交换。最明显的例子是海底火山、海底熔岩的溢出（如洋中脊），加热了海水和经过地区的大气、岩石与土壤。冷流则对经过区域的大气和岩石具有冷却作用。岩石圈的变动往往引起水体分布的变化，水体分布的变化也会反过来通过均衡作用引起地面岩石高程的调整。如当山地隆升到一定高度，冰川开始发育，使原来分布于海洋的水体以固态水的形式分布在山体顶部，从而让这些水的势能增大。当冰川达到一定厚度，就会导致地面的均衡下沉，反过来对岩石圈的位势产生一定的影响。水圈与岩石圈之间的物质交换也很频繁，并且存在着一系列化学反应，从而进行着化学能的交换。如水对岩石的风化、分解与溶蚀，水中碳酸盐、硅酸盐等物质的析出与沉淀，海底火山喷出大量物质到海水中，洋中脊四周熔岩与海水的反应等，都是岩石圈与水圈化学能交换的例证。

第四，生物圈与其他三个圈层之间，普遍存在着热能与化学能的交换。热能的交换很好理解，假如没有一定的气温、水温和土壤温度，生物是无法生长与发育的，生物需要从三大圈层中吸收热量以保持自身所需要的温度，也会通过呼吸等活动放出热量到三大圈层中。化学能的交换主要表现在生物生长过程中不断地从环境（三大圈层）中吸收营养物质，新陈代谢的同时也不断向环境中（三大圈层）排泄物质。生物死亡后生物体被分解，物质回归环境（三大圈层）。通过物质的循环及其化学反应，生物圈与三个圈层之间进行化学能的交换。碳、氮、氧、磷、硫、氯等物质的循环，就是一个很好的例证。

（2）地球表层系统物质迁移、循环与圈层相互作用。

能量驱动地球表层系统的物质迁移与循环，反过来，物质迁移与循环不仅带动了能量传输，而且还导致能量的转化与交换。

水循环跨越了大气圈、生物圈和岩石圈。降水发生在大气圈，水汽的运移是由大气运动完成的；径流发生在岩石圈表层（地表径流）和岩石圈内部（地下径流），是水循环的重要步骤；植物的蒸腾是水循环的重要方面，植被对降水的截留，改变了水循环的过程与速度。水循环是地球表层系统中最重要的物质循环之一，它对地球表层系统的能量起着再分配的作用。当水蒸发时，吸收大气的热量；当降水发生时，会将气态水所携带的热量释放到大气中；当蒸腾发生时，带走植物体内的热量，同时也吸收大气的热量。水循环是地球表层系统其他物质运动与循环的传送带。任何物质的运动和循环，都离不开水的运动和循环。如泥沙的搬运、沉积，岩石的风化、分解，元素的迁移等，大都是在水的参与下完成的。

3. 地球内部圈层之间有物质交换吗？

地球内部圈层之间存在物质交换和能量传输。在地球内部，地壳、地幔和地核是主要的圈层。它们之间存在物质的循环和能量的传输过程。这些物质交换和能量传输的过程对地球的内部结构和地球表面的地质现象具有重要影响，也是地球科学研究的重要内容之一。

（1）物质交换方面，主要包括以下几个过程：

熔融：在地幔深部，岩石可以在高温和高压条件下熔融形成岩浆，并通过火山喷发和岩浆上升进入地壳，形成火山活动和岩浆岩的形成。

物质循环：地球内部存在岩石圈循环，即地壳的形成和消失过程。岩石从地壳经过变质和熔融等作用进入地幔，然后再通过火山喷发和地壳拆沉的过程重新回到地壳。

热对流：地幔内部存在热对流运动，热量通过岩石的对流传输，导致地球表面的板块运动和地震活动。

（2）能量传输方面，主要包括以下几个过程：

热传导：地球内部的岩石由于温度差异，会发生热传导，实现地幔和地壳之间的热能传输。

辐射传热：地球内部的高温物质会通过辐射传热的方式向周围空间释放能量，包括地球的地热和地球表面的热辐射。

地震能量传播：地震是地球内部能量释放的结果，地震能量会通过地震波的传播方式传输到地球的不同区域。

4. 软流层属于岩石圈吗？

地壳是固体，地壳下面的地幔，其上层也有一层固体，合起来称为岩石圈。岩石圈下面是软流层。岩石圈厚约 60 千米—120 千米，为地震高波速带。大陆板块学说里面的板块实际指的就是岩石圈。

软流层又叫软流圈，位于上地幔上部、岩石圈之下，深度在 80 千米—400 千米之间，是一个基本上呈全球性分布的地内圈层。软流层的分布具有明显的区域性差异，总的规律是大洋之下位置较高（一般在 60 千米以下），大陆之下位置较深（深度在120千米以下）。软流层顶底界面不十分确定，与岩石圈之间无明显界面，具有逐渐过渡的特点。

研究表明，地震波在地幔中的传播速度基本上都是随深度而增加的，但在相当于软流层的深度上，波速却一反常态，比上层还低5%—10%，成为一个地震波低速带或低速层（称古登堡低速带）。地震波速度的降低正说明这一层的物质与上下层物质有所不同，该层的物质较岩石圈的岩石要软要热些。从多个角度分析，软流层的物质是具有流动性的可塑性固态。软流层所在深度的温度、压力极大，在强大的压力下，岩面处于一种潜在融熔态，就像烧红的玻璃，既不是液态，又有可塑性。它离地壳很近，当上覆压力减小时，物质就会由不稳定的潜在融熔态发生相变而转化为液态的岩浆，以岩浆形式喷出后再转化成固态。软流层一般被认为是岩浆的主要发源地。在软流层中，热物质从下向上升，然后扩散冷却，形成较致密物质后下沉。这种地幔对流，成了板块运动的动力。软流层保障了岩石圈与地幔的下层固体之间能够相对移动。岩石圈板块在整个地幔软流层上，就像传送带上的货物一样被传送着。

5. 塑造地表形态的自然力量有哪些？

地表形态是内力和外力共同作用的结果。内力作用包含了地壳运动、岩浆活动和变质作用。外力作用包含了风化作用、侵蚀作用、搬运作用和堆积作用。

（1）内力作用及其对地表形态的影响：

内力作用的热量来源于地球内部，主要是放射性元素衰变产生的热能。表现的形式有地壳运动、岩浆活动和变质作用。地壳运动以水平运动为主，垂直运动为辅，其运动过程缓慢，不易察觉，是塑造地表形态的主要方式。岩浆喷出地表可以瞬间改变地表形态，但作用微弱，而喷出岩又分为裂隙式（线状）喷发或中心管道式（点状）喷发。变质作用发生在地壳深处（高温高压），不能直接塑造地表形态。内力作用奠定了地表形态的基本格局，总的趋势是使地表变得高低不平。

（2）外力作用及其对地表形态的影响：

外力作用的能量来源于太阳辐射能，作用主体有风、流水、冰川、生物等。

使地表起伏状况趋向于平缓。表现形式有风化、侵蚀、搬运和堆积。风化作用会使地表岩石被破坏，碎屑物残留在地表，形成风化壳。侵蚀作用中，风力吹蚀、磨蚀地表物质形成风蚀地貌，如：风蚀石窝、风蚀柱、风蚀蘑菇、风蚀城堡等；流水会侵蚀地表，使谷底、河床加深加宽，形成V形河谷，使坡面破碎，形成沟壑纵横的地表形态，如漏斗、地下暗河、溶洞、石林、峰林等喀斯特地貌；冰川侵蚀地貌形态会形成冰斗、角峰、U形谷、冰蚀平原、冰蚀洼地。沉积作用中，冰川沉积形成杂乱堆积的冰碛地貌，流水沉积泥沙形成冲积扇（河流出山口）、三角洲（河口）、冲积平原（河流中下游），风力沉积形成沙丘（静止沙丘、移动沙丘）和沙漠边缘黄土堆积。

6. 沙漠里的沙子是土壤吗?

沙漠里的沙子不算是土壤，因为土壤是由不同粒径的颗粒、有机物质、水分和空气等组成的上覆地表的层状物质，具有一定的肥力和生物活性。而沙子主要是由砾石、石英和矿物等坚硬的颗粒组成，其粒径较大，通常超过2毫米。沙子本身不含养分，也缺乏水分和有机质，因此不能提供植物所需的生长条件，无法支持大部分植物的生长。

在沙漠地区，由于特殊的气候条件和水分缺乏，土壤形成受到限制，而沙子是该地区的主要地表覆盖物。这些沙子形成了沙丘、沙漠盖、沙漠平原等特征，构成了沙漠独特的地貌景观。所以，尽管沙漠里的沙子不是典型的土壤，但它在沙漠环境中起着重要的地质和地貌作用。

7. 土壤质地只有三种吗?

土壤中各粒级占土壤重量的百分比组合，叫做土壤质地。了解土壤质地，对农业生产具有重要的指导价值。土壤质地主要继承了成土母质的类型和特点，又会受到耕作、施肥、排灌、平整土地等人为因素的影响，是土壤的一种十分稳定的自然属性，对土壤肥力有很大影响。我国土壤质地主要分为沙土、壤土和黏土3大类11级土壤质地。其中，沙土的沙粒含量一般超过50%，包括轻沙土、中沙土、重沙土和极重沙土，极重沙土的沙粒含量超过80%。壤土的粉粒含量>40%。黏土的黏粒含量大于30%，包括轻黏土、中黏土、重黏土和极重黏土。极重黏土的黏粒含量超过60%。

20世纪90年代，美国制（USDA）粒级划分在中国得到应用，并逐渐成为主流。在这三个质地分类图中，等边三角形的三个边分别表示砂粒、粉粒、粘粒的含量。美国制土粒分级更科学可靠，因此也是目前全世界应用最多的土壤质地分类系统。

8. 如何评价土壤肥力？

土壤肥力是评估土壤适宜用于植物生长的能力，要能供应和协调植物生长和发育所需要的水分、养分、空气、热量以及其他环境条件。评价土壤肥力通常需要考虑以下几个方面：

（1）营养元素含量：评估土壤中关键的营养元素含量，包括氮、磷、钾等主要营养元素，以及微量元素如铁、锌、铜等，这些营养元素对植物生长发育至关重要。

（2）pH值：土壤的pH值影响植物对营养元素的吸收能力，不同植物对pH值的要求有所不同，一般来说，中性或接近中性的土壤pH对大多数农作物生长较为适宜。

（3）有机质含量：有机质对土壤肥力起着重要作用，它可以提供养分供植物吸收，并提高土壤的保水能力和保持土壤结构的稳定性。

（4）土壤结构和质地：评估土壤的颗粒分布、土壤质地和土壤结构对水分渗透性、根系生长和通气性的影响，合适的土壤结构和质地有利于植物根系生长和根系吸收养分。

（5）水分管理：评估土壤的保水能力和排水性，以确保植物在干旱或过湿条件下能够获得适当的水分供应。

评价土壤肥力通常需要进行土壤样品的采集和分析，包括土壤化学性质、物理性质和生物学性质的检测和测量。通过对这些指标的评估和分析，可以了解土壤的肥力状况，制定适当的土壤改良措施和施肥方案，以提高土壤肥力和农作物的产量。

9. 淡水资源分为哪几类？

通常所说的水资源是指陆地上各种可以被人们利用的淡水资源。目前人类利用的主要淡水资源有河流水、淡水湖泊水、浅层地下水，只占淡水总储量的0.3%。按空间分布分类可以分为地表水（如江河水、湖泊水、冰川）和地下水（如潜水、承压水）；按循环周期分类可以分为静态水资源（如淡水主体——冰川、内陆湖泊水、深层地下水）和动态水资源（地表水、浅层地下水、河流水），其中动态水资源与人类的关系最密切。这些不同类型的淡水资源在地球上的分布和可利用性各不相同，合理管理和保护这些资源对于人类的生活和可持续发展至关重要。

表面水资源：河流、湖泊、水库和人工湿地等地表水体的水资源。这些水体通常由降水、融雪和地下水补给，是人类生活和经济活动所使用的主要水资源。地下水资源：位于地下岩石层中的水资源。地下水的储量相对较大，具有相对稳定的水质，对于供水和农业灌溉等方面具有重要意义。冰川和冻土资源：包括高山区的冰川、极地地区的冰盖和冻土层的水资源。这些水资源以冰的形式储存，随着气候变化和季节变化，可能会释放出来，供应流域和周边地区的水源。雨水资源：降水直接收集和利用的水资源。雨水资源在干旱地区和缺乏其他水源的地方常用作生产生活替代用水。人工储水资源：包括水库、蓄水池和人工湖等人工建设的水体，用于调节水流、蓄水和供水等。这些人工水体可以储存大量的水资源，用于灌溉、发电和供水等需求。

10. 水循环有哪些方式？

水循环系统是多环节的庞大动态系统，自然界中的水是通过多种路线实现其循环和相变的。其范围可由地表向上伸展至大气对流层顶以上，地表向下可及的深度平均约1 000米。全球性的水循环称为大循环，由海洋、陆地和一系列大小区域的水循环所组成。水循环分为海陆间循环（大循环）、陆地内循环和海上内循环（小循环）。它包括以下几种主要的方式：

（1）蒸发：太阳能使水体表面的液态水转化为水蒸气，从而升华到大气中。

（2）蒸腾：植物通过其叶片表面的气孔释放水蒸气到大气中。

（3）凝结：水蒸气在冷凝核的作用下，凝结成小水滴形成云和雾。

（4）降水：云中的水滴聚集成为较大的水滴或冰晶，由于重力作用而下降到地面，形成降水，包括雨、雪、雨夹雪等形式。

（5）表面径流：降水落到地面后，一部分被土壤吸收和蓄水，一部分形成地表水流，流入河流、湖泊和海洋等水体。

（6）下渗：部分降水通过土壤中的渗透作用进入地下，形成地下水，储存在岩石裂隙或土层中。

（7）融化：在寒冷地区，冰雪可以融化形成水体，形成河流和湖泊。冰川也是水循环的重要组成部分，当冰川融化时，其中的水会进入河流和海洋。

这些方式相互作用，形成了一个连续的水循环过程。它是地球上水分分布和供应的基础，对地球上的生态系统和气候起着重要的调节作用。

11. 大气运动有哪些方式？

大气运动是指不同地区、不同高度之间的大气进行热量、动量、水分的互相交换，不同性质的空气得以相互交流，并以此形成各种天气现象和天气变化的总称。大气运动包括水平运动和垂直运动两种形式。主要的大气运动方式包括：

（1）平流运动：平流是指大气中水平方向上的空气流动，它主要由风引起。风是地球的旋转和不同区域的气压差异引起的，平流使得大气中的气体能够在不同地区之间传输和混合。

（2）垂直运动：大气中还存在着垂直方向上的运动，主要有上升运动和下沉运动，上升运动通常发生在热空气上升形成对流的情况下，如对流云的形成，而下沉运动通常发生在冷空气下沉的情况下，如高压系统形成时。

（3）对流运动：对流运动是指由地表受热而形成的垂直上升的气流。当太阳照射地表时，地表受热，热空气上升形成对流运动。对流运动在形成云、降水等天气现象中起着重要作用。

（4）转向运动：大气中的转向运动主要指的是风的转向现象。由于地球的旋转效应，地球表面上的风在不同纬度和经度上会发生转向，形成不同的风向，例如，赤道附近的风是东西向的，而极地附近的风是南北向的。

这些大气运动方式相互作用，形成了复杂的大气环流系统，驱动了天气的变化、气候的形成，也对地球上的生态系统和人类活动产生着重要影响。

12. 大气压与大气重力有关吗？

跟固体、液体一样，气体也能产生压强。大气产生的压强称为大气压。

大气压与大气重力有关吗？在没有重力的情况下，气体还能产生压强吗？

科学家发现，空间站处于微重力状态，宇航员在空间站中可以正常呼吸气体，说明了空间站中的气体可以产生压强。既然在没有重力（微重力）的情况下，气体仍然可以产生压强，恰好能说明大气压与重力无关。

那么气体压强是怎么产生的呢？从微观上来讲，气体是由大量分子组成的，这些气体在不停地做无规则运动。固体和液体内部的分子只能在较小的范围内做无规则运动，分子间作用力较强；气体则可以在较大范围内自由运动，分子间的作用力较弱，在一定条件下甚至可以忽略。做无规则运动的气体分子撞击物体表面时，会对物体表面产生力的作用，由此产生气体压强。这个过程类似于雨滴撞击伞面而对伞面产生的压力和压强。

大气压强究竟与什么有关呢？答案就是与气体分子密集程度（n/V）和温度（T）有关。温度越高，分子动能越大，撞击物体表面产生的作用力就越大；分子密集度越高，同时撞击物体表面的分子数量就越多，总的作用力也就越大。尽管气体压强与重力无关，但重力会影响气体分子的密集程度，进而对气体压强产生影响。由于重力作用，地球大气层中的气体分子呈梯度分布。海拔越高，重力越小，空气中的气体分子越稀薄，气体密集程度越低，大气压就越小。

核心概念十一　人类活动与环境

【内容标准与学业要求】

概念说明	人类只有一个地球。人类的生存和发展需要开发和利用自然资源，同时也面临着各种自然灾害的威胁。人类活动会对环境产生影响，良好的生态环境是一种重要的公共资源。坚持绿水青山就是金山银山的理念，合理利用自然资源，科学防灾减灾，践行绿色低碳生活方式，是人类社会可持续发展的必然选择。本学科核心概念的学习有助于学生形成系统与模型、稳定与变化等跨学科概念。		
学习内容	1—2 年级内容要求	3—4 年级内容要求	5—6 年级内容要求
11.1　自然资源		①说出人类利用矿产资源进行工业生产的例子，树立合理利用矿产资源的意识。 ②说出人类生活离不开水的例子，树立节约用水的意识。 ③知道土壤是农业生产的基础，树立保护土壤资源的意识。	①知道海洋为人类生存提供了能源、生物资源、矿产资源等，树立海洋国土意识。 ②知道资源可分为可再生资源和不可再生资源；以垃圾分类为例，通过践行垃圾减量与分类回收，树立循环利用资源的意识。
11.2　自然灾害			③结合实例，知道台风、洪涝、泥石流、干旱、沙尘暴等灾害及其影响，树立自我保护和防灾减灾的意识。
11.3　人类活动对环境的影响	①举例说出人类的生活与自然环境有关，知道地球是人类与动植物共同的家园。 ②知道有些材料可以被回收利用，树立节约资源、保护环境的意识。	④有些废旧材料可以被分类和回收。	④正确认识经济发展和生态环境保护的关系，结合实例，说明人类不合理的开发活动对环境的影响，提出保护环境的建议，参与保护环境的行动。 ⑤关注野生动物和濒危植物的保护，拒绝濒危动植物产品及其贸易，认识到保护生物多样性的重要性。

	1—2 年级	3—4 年级	5—6 年级
学业要求	认识地球是人类与动植物共同的家园，知道有的材料可以被回收利用。 能在教师指导下，用语言或画图的方式，表达人类生活与自然环境的关系。 能在教师指导下，初步具备收集和交流信息的能力。 关爱生命，树立节约资源、保护环境的意识。	知道矿产、淡水、土壤等自然资源对生产和生活的重要性。 能在教师引导下，分析自然资源与生产和生活的关系。 能在教师引导下，设计调查活动，了解合理利用自然资源的措施；具备收集和整理信息、得出结论和沟通交流的能力。 树立保护和节约自然资源的意识。	能举例说出海洋为人类提供的多种资源，知道我国常见的自然灾害及其对生产生活的影响，知道人类不合理的开发活动对环境的影响。 能通过比较与分类，区分可再生和不可再生资源；能结合身边的环境问题，分析问题产生的原因，提出解决建议。 能设计探究计划或项目研究活动，通过查阅资料、调查问卷、案例分析等方法，了解自然资源循环利用和濒危动植物保护面临的问题，提出改进建议。 掌握防灾减灾和应急逃生的基本方法，树立关爱生命、节约资源、保护环境的意识和责任。

7—9 年级重点词汇：水体、淡水资源、自然灾害、防灾减灾、应急救灾、水环境、化石能源、碳达峰、碳中和、绿色低碳生活、土壤污染、土地荒漠化、水土流失、人口承载量、资源短缺、生态破坏、环境污染、环境友好、生态文明建设。

【重点词汇辨析】

1. 生态环境、自然环境

生态环境：生物和环境之间相互作用的系统，是影响人类与生物生存和发展的一切外界条件的总和，由许多生态因子综合而成，包括生物因子和非生物因子。生物因子有植物、动物、微生物，非生物因子有光、温度、水分、大气、土壤和无机盐类等。在自然界，各种因子不是孤立地对人类与生物发生作用，而往往是相互联系、相互影响，综合起着作用。生物通过与环境的相互作用，获取生存所需的资源，并对环境产生影响。环境则提供了适宜的生存条件和资源供给，同时也受到生物活动的影响。一般将生态环境理解为自然环境、“生态与环境”。生态环境强调离人类居住区较远、天然因素较多的自然环境，主要由森林、草原、山岭、江河湖海等不同层次、大小的生态系统组成。

自然环境：环绕人类社会的自然界，亦称“地理环境”，包括作为生产资料和劳动对象的各种自然条件的总和。它是人类生活、社会存在和发展的物质基础和经常必要的条件，包括自然地理环境和人文地理环境。前者是气候、地貌、水文、土壤、植被与动物界有机组合的自然综合体，后者是人类通过历史的和现代的经济、政治、社会、文化等活动在原先的自然地理环境基础上所造成的人为环境。它可以加速或延缓社会发展的进程。随着社会生产力的发展，人类社会将更广泛、深刻地影响和作用于地理环境。

2. 自然资源、矿产资源

自然资源：狭义上包括天然物质与自然能量，广义上还包括自然的环境条件与系统功能，如光合作用。天然物质包括土地、矿藏、气候、水利、生物、森林、海洋、太阳能等；自然能量包括地球物理循环机能，如气象、海洋现象等，地球生物化学循环机能，如光合作用、腐败分解作用等，地球无机化学循环机能，如地热现象、化石燃料等。自然资源具有有限性、区域性和整体性特点。按其成因与增殖性能可分为可再生自然资源、可更新自然资源及不可再生自然资源。

矿产资源：地球内部存在的各种矿物和矿石资源，是由地质作用形成的，具有利用价值的，呈固态、液态、气态的自然资源。根据矿产特性及其主要用途，分为能源矿产、金属矿产（如铁矿、铜矿、铝矿等）、非金属矿产（如煤炭、石油、天然气、石灰石等）和稀有金属矿产（如稀土元素、铀等）等。

3. 土壤资源、生物资源、公共资源

土壤资源：具有农、林、牧等生产能力和环境调控能力的地表覆盖的土壤层的总称。它包含了植物生长所需的养分、水分和空气，并提供了植物根系的支

持。土壤资源包括林地土壤（林地植被下发育而成的土壤总称）、草地土壤（草地植被下发育的土壤总称，包括草原、草甸、草坪等）、农田土壤（人类开垦利用，通过耕种、施肥、灌排等措施长期种植农作物的土壤总称）等，是一种保障粮食生产、环境调控的自然资源，对农业、林业和生态系统的发展至关重要。

生物资源： 地球上各种生物的种类和数量中对人类具有现实和潜在价值的基因、物种和生态系统的总和，包括植物资源、动物资源、微生物资源和人类遗传资源。生物资源是人类生活和发展的重要组成部分，提供食物、药物、纤维等生活必需品，同时也具有生态和文化价值。

公共资源： 自然生成或自然存在的，供公众共同使用和享有的资源。它不属于个人或特定群体所有，能为人类提供生存、发展、享受的自然物质与自然条件，包括公共场所（公园、广场）、公共设施（道路、桥梁、学校、医院）、公共服务（交通、供水、供电等）等。这些资源是人类社会经济发展共同所有的基础条件。

4. 可再生资源、不可再生资源

可再生资源： 亦称“可更新资源”，通过天然作用或人工经营，可以重新利用的资源或在短时期内通过天然作用再生更新，从而为人类反复利用的资源，或是可以循环使用的自然资源，如生物、水、土壤等资源。这些资源具有可持续性，可以不断地被利用而不会耗尽。通过适当的管理和保护，可再生资源可以满足人类的需求，并对环境影响较小。

不可再生资源： 经人类开发利用后蕴藏量不断减少，在相当长的时期内不可能再生的自然资源，主要指各种金属和非金属矿物、化石燃料等需要经过漫长的地质年代才能形成的资源，是在可预见的人类时间尺度下，不能够依靠自然力得到恢复和再生的资源。又称“不可更新资源”。它们存在于地壳中有限的地质储存中，一旦耗尽就无法再生。由于不可再生资源的有限性，它们容易受到供应限制和价格波动的影响。

5. 生物多样性

生物多样性： 生物圈的一个显著特征，是一个区域内生命形态的丰富程度，包括遗传多样性、物种多样性和生态系统多样性三个层次。遗传多样性对于物种的繁衍和适应具有重要意义，也是农作物和畜禽养殖中培育优良品种的基础；物种多样性对维持生态平衡、提供生态服务、促进生态系统的稳定和可持续发展至关重要；生态系统多样性对于维持生态平衡、实现物质循环、提供生态服务和支持人类的生计具有重要作用。生物多样性是生命在其形成和发展过程中跟多种环境要素相互作用的结果，也就是生态系统进化的结果。因此，保护生物多样性，也应在基因、物种及其生态环境三个水平上加以保护。

6. 野生动物、濒危植物、濒危动植物保护

野生动物：生活在自然环境中，不受人工驯养或人工干预的动物种群。它们通常不需要人类提供食物、饮水和隐蔽条件，是自由生活在森林、草原、河流、湖泊等自然栖息地中，依赖自然环境中的食物、水源和栖息地来维持生存的动物。

濒危植物：由于植物物种自身的原因或受到人类活动或自然灾害的影响而有灭绝危险的野生植物，在实际划分中，通常指那些珍贵、濒危或稀有的野生植物，生态学中指虽未达到极危，但在可预见的将来，其野生状态下灭绝的概率依然很高的物种。这些生物种类通常比较稀少，地理分布范围狭窄，常常出现在有限的、脆弱的生态环境中。其趋于绝灭可能是因生殖力很弱，或其特殊生存环境被破坏，或由于人类过度开发、病虫害等原因所致。

濒危动植物保护：保护野生动物和濒危植物是环境保护的重要任务之一。通过建立自然保护区、加强监测和保护措施、限制非法猎捕和非法贸易等手段，可以减少野生动物和濒危植物的生态环境被破坏和人类活动对其造成的威胁。此外，提高公众保护意识、推动可持续发展和采取适当的农业、林业和城市规划等措施也能有助于保护濒危动植物。

7. 自然灾害

自然灾害：由自然界的自然力量或自然现象引起的、对人类生命和财产安全及环境造成严重破坏和损失的突发事件。这些灾害往往超出了人类的控制能力，无法完全预测和避免。主要分为地球物理（气象、地质）和生物（植物、动

物）两大类灾害，如地震、水灾、风灾、干旱、火灾、地质灾害、火山喷发、海啸、冰雪灾害等。这些自然灾害在不同地区和不同季节发生，对人类和环境造成严重影响，需要采取适当的预防、应对和恢复措施。

8. 台风、洪涝、泥石流、干旱、沙尘暴

台风：发生于西北太平洋和南海，最大风速大于或等于 32.7 米/秒（风力 12 级）的热带气旋，是热带气旋中发展最强烈的一种。发生于大西洋和东太平洋的强烈热带气旋称为飓风。台风是暖中心低压系统，中心气压一般低于 990 百帕，强台风则低于 900 百帕以下。台风的形成需要一定的海水温度和湿度条件，并且在热带海洋上空存在一定的气流环境。台风移动路径随季节而变化，夏季多西偏北路径，其他季节则以偏西和转向为主。

洪涝：由于大雨、暴雨、持续降雨、河流堤防破坏或排水系统失灵等原因导致地表或低洼地区积水过深，造成大面积的水灾现象。洪涝主要危害农作物生长，造成作物减产或绝收，破坏农业生产以及其他产业的正常发展。其影响是综合的，还会危及人的生命财产安全，影响国家的长治久安等。

泥石流：一种由山区降雨引发的自然灾害，是指由于降水（暴雨、冰川、积雪融化水）在沟谷或山坡上产生的一种挟带大量泥沙、石块和巨砾等固体物质的特殊洪流。其汇水、汇砂过程十分复杂，是各种自然和（或）人为因素综合作用的产物。泥石流具有突然性、流速快、流量大、物质容量大和破坏力强等特点。泥石流常常会冲毁公路铁路等交通设施甚至村镇等，造成巨大损失。

干旱：长期无雨或少雨，使土壤水分不足、作物水分平衡遭到破坏而减产的气象灾害。干旱亦指淡水总量少，不足以满足人的生存和经济发展的气候现象，一般是长期的现象，通常会引发农作物减产、水资源短缺、生态系统衰退等问题，对农业、生态和人类生活造成严重影响。

沙尘暴：沙暴和尘暴的总称，是荒漠化的标志，是指在干燥地区，由于风力较大和地表土壤干燥，导致土壤表层被强风吹起，使水平能见度小于 1 千米，具有突发性和持续时间较短特点的概率小、危害大的灾害性天气现象。其中沙暴是指大风把大量沙粒吹入近地层所形成的挟沙风暴，尘暴则是大风把大量尘埃及其

他细颗粒物卷入高空所形成的风暴。

9. 可持续发展、经济发展

可持续发展：科学发展观的基本要求之一。1987 年，世界环境与发展委员会出版《我们共同的未来》报告，将可持续发展定义为："既能满足当代人的需要，又不对后代人满足其需要的能力构成危害的发展。"它系统阐述了可持续发展的思想，强调经济、社会和环境的平衡，追求长期的综合性发展。

可持续发展是以保护自然资源环境为基础，以激励经济发展为条件，以改善和提高人类生活质量为目标的发展理论和战略。它是一种新的发展观、道德观和文明观。可持续发展包括经济可持续发展、生态可持续发展、社会可持续发展三方面的内容。

(1) 经济可持续性：经济活动应该能够长期持续，保持稳定增长，同时避免资源过度消耗和环境破坏，这意味着在经济发展中要考虑资源的合理利用、环境的保护和生态系统的恢复。

(2) 社会可持续性：社会可持续发展要求满足当前和未来世代的社会需求，包括人们的基本生活需求、教育、健康、公平和公正等方面。它强调社会的稳定、公众参与、社会正义和文化多样性。

(3) 生态可持续性：生态可持续发展要求保护和恢复自然环境，保持生态系统的完整性和功能。它涉及减少污染、保护生物多样性、合理利用自然资源和应对气候变化等方面。

可持续发展的核心思想是综合性发展，将经济、社会和生态三个方面纳入考虑，以实现长期的可持续性。这需要政府、企业、公民和国际社会的共同努力，制定和执行可持续发展的政策和实践，促进经济繁荣、社会进步和环境保护的良性循环。

经济发展：在经济增长的基础上，整个经济体实现了在经济、政治、社会文化、自然环境和结构变化等方面的协调、均衡、持续的增长与进步。

10. 工业生产、农业生产

工业生产：生产工业产品和提供工业性劳务等活动，是以机械设备和人工劳动为基础，利用原材料和能源进行加工和制造，生产各种工业产品和商品的过程。它涵盖了从生产原料到最终产品的全过程，包括原材料采购、加工生产、质量控制、包装和物流等环节。工业生产通常采用大规模、高度机械化和自动化的生产方式，以提高生产效率和产品质量。

农业生产：人类有意识地利用动植物，通过耕种、养殖、渔业等方式，利用土地、水源和阳光等自然资源，生产农产品和食品，以获得生活所必需的食物和其他物质资料的经济活动。农业生产包括了种植农作物、养殖家禽牲畜、渔业捕捞等活动。农业生产涉及农田管理、种植技术、动物饲养、灌溉、农药施用、农产品收获等一系列操作和管理，目的是获得高产量和优质的农产品。

11. 生活方式

生活方式：一个人或一群人在日常生活中所采用的特定方式、习惯和行为模式。它涵盖了个人的价值观、信念、生活习惯、社交互动、消费行为、休闲娱乐以及与工作、学习和健康相关的选择。

生活方式是在个人的价值观、文化背景、社会环境、经济状况、教育水平和个人偏好等多种因素影响下形成的。

生活方式对个人的健康、幸福感、社交关系和环境影响深远。一种健康的生活方式通常包括均衡的饮食、适度的运动、良好的睡眠、积极的社交互动和有效地应对压力的策略。相反，不健康的生活方式可能导致身体健康问题、心理压力、社交隔离和环境破坏。

人们的生活方式可以根据不同的需求和价值观进行调整和改变。例如，有些人选择素食主义的生活方式，以追求环保和动物权益；有些人注重健身和健康饮食，以提升身体健康；有些人选择简约生活，减少物质消费，追求简单而有意义的生活。

总之，生活方式是个人或群体在日常生活中所选择的行为模式和习惯，它可以对个人健康、幸福感和环境产生积极或消极的影响。

12. 开发活动

开发活动：人类对自然资源和环境进行利用和开发的行为。这些活动包括采矿、建筑作业、农业活动、工业活动、能源开发、城市化等，用垦殖、开采等方法充分利用荒地或天然资源。开发活动通常旨在满足人类的需求和经济发展，但也会对环境和生态系统造成影响。开发活动可以带来经济增长、就业机会和社会发展，但如果不加以适当的规划和管理，也可能对环境造成负面影响。一些常见的环境问题包括土地破坏、水资源污染、空气污染、生物多样性丧失和生态系统破坏等。

为了合理开发和保护环境，可采取一系列的措施，如环境影响评价、资源合理利用、节能减排、循环经济、生态补偿等。可持续开发是一种综合考虑经济、社会和环境因素的开发方式，旨在实现经济的可持续增长、社会的可持续发展和环境的可持续保护。

在开发活动中，重要的是平衡经济发展和环境保护的关系，确保资源的可持续利用，减少对生态系统的破坏，保护生物多样性和生态环境的健康。这需要科学规划、合理管理和全面监管，以确保开发活动符合可持续发展的原则，并最大限度地减少对环境的不利影响。

13. 海洋国土意识

海洋国土意识：一个国家或地区对自身海洋领土和海洋资源的认知、重视和管理意识，涵盖了对海洋领土的主权、海洋资源的开发利用、海洋环境的保护等方面的意识和行动。它是国家海洋政策和海洋管理的基础，对于实现海洋可持续发展具有重要意义。

海洋国土意识的核心观念是认识到海洋是重要的国土资源，具有巨大的经济、生态和战略价值。它强调国家对自身领海、专属经济区等海洋领土的主权和管辖权，要求国家制定相关政策和法律，确保自身海洋领土的合法权益。

此外，海洋国土意识还包括对海洋资源的科学开发和可持续利用的认识。海洋资源包括渔业资源、石油、天然气、矿产等，对国家的经济和能源安全具有重要意义。因此，国家需要制定合理的开发计划和管理措施，避免过度开发和环境破坏，保护海洋资源的可持续利用。

同时，海洋国土意识也强调对海洋环境的保护和可持续发展。海洋是全球生态系统的重要组成部分，海洋生物多样性和生态平衡对地球生态系统至关重要。因此，国家需要采取措施减少海洋污染、防止生物多样性丧失，促进海洋生态环境的恢复和保护。

14. 垃圾减量、垃圾分类、垃圾回收利用

垃圾减量：在产品设计、制造、流通和消费过程中采用合理措施减少废物量，通过采取一系列措施（如垃圾分类、垃圾回收和循环利用、减少包装和使用可再生材料、倡导可持续消费、推广再利用和修复、提倡资源节约、宣传教育和意识提升等）来降低垃圾的数量和对环境的负面影响。垃圾减量不仅可以减少对自然资源的消耗，还能减少垃圾处理和填埋的成本，提高资源利用效率，创造更清洁和可持续的环境。

垃圾分类：按一定规定或标准将垃圾分类储存、分类投放和分类搬运，以便更好地进行后续的处理和处置。它是通过将垃圾分成不同的类别，针对性地采取适当的处理方法，提高资源利用效率，减少对环境的负面影响，从而将其转变为公共资源的一系列活动的总称。

垃圾分类通常包括可回收物、有害垃圾、厨余垃圾和其他垃圾等类别。可回收物包括废纸、塑料、金属、玻璃等可循环利用的物品，有害垃圾包括废电池、废荧光灯管、废药品等对环境和人体健康有害的物品，厨余垃圾主要是指食品残渣、果皮、蔬菜废料等可进行堆肥或发酵处理的有机垃圾，其他垃圾则是指除上述类别外的无法进行有效回收或处理的垃圾。

垃圾回收利用：将可回收物进行收集、处理和再加工，将其转化为新的产品或材料。通过回收利用，废弃物可以成为新的资源，减少对原始资源的需求，减少环境污染和能源消耗。回收利用的过程包括收集、分拣、清洁、加工等环节。回收利用可以包括废纸回收、塑料回收、金属回收、玻璃回收等。这些可回收物经过处理后可以用于生产新的纸张、塑料制品、金属制品等，实现资源的再利用和循环利用。

垃圾分类和回收利用是可持续发展和环境保护的重要举措。通过有效的垃圾分类，可以最大限度地提高垃圾的再利用率，减少垃圾的填埋和焚烧，降低资源

的消耗和环境的污染。同时，回收利用可以减少对自然资源的开采、节约能源、减少碳排放、促进循环经济的发展。垃圾分类和回收利用需要政府、企业和社会各界的共同努力和参与，也需要个人的意识和行动，以实现资源的有效利用和环境的可持续发展。

15. 循环利用

循环利用：将废弃物或资源再利用于生产过程中，以减少对自然资源的依赖和减少废物产生的过程。它是一种可持续发展的重要策略，旨在实现资源的高效利用和环境的保护。

循环利用可以涵盖多个方面，如物质循环利用、能源循环利用和水循环利用等。在物质循环利用中，废弃物经过分类、回收、再加工等处理，可以成为新的原材料，用于生产新产品；在能源循环利用中，废弃物中的能源可以通过焚烧或发酵等方式转化为可再生能源，如热能或生物能源；在水循环利用中，废水经过处理可以再利用于农业灌溉、工业用水或环境补给等方面。

循环利用需要综合考虑技术、经济、环境和政策等多个因素，需要合理的废物管理系统和回收设施的支持。同时，也需要加强公众的环保意识和参与度，推动循环经济的发展和可持续的资源利用。

16. 防灾减灾、应急逃生

防灾减灾：采取一系列预防和减轻灾害的措施，以降低灾害发生的概率和减少灾害对人民生命财产造成的损失。它包括建立健全的灾害监测预警系统、规划和管理城市和乡村的防灾设施，增强公众的灾害意识和应对能力等。每年的 5 月 12 日是我国的“防灾减灾日”。

应急逃生：面对突发情况或自然灾害时，我们可以通过合理的措施自救，掌握急救技能及逃生技巧，在事发现场挽救生命和降低伤害程度。例如消防逃生、地震逃生等。应急逃生需要事先做好应急预案和准备工作，包括了解逃生路线、掌握应急信号、装备必要的逃生工具等。在实际逃生过程中，要冷静、迅速地行动，遵循逃生指引，避免恐慌和拥挤，确保自身和他人的安全。

【常见疑惑问答】

1. 能源和资源的界定有什么区别？

能源，是指能够提供能量的资源。因此，能源可以被视为资源的一部分，它是一种特定形式的资源，用于产生能量和驱动各种活动。资源的范围更广，涵盖了除能源以外的其他自然和人造物质，用于满足人类的各种需求。能源是资源的重要组成部分，但资源不仅限于能源。

在能源和自然资源的概念中，二者的区别是：

（1）能源和自然资源的概念外延是交叉关系，即有一些自然资源不属于能源，如，铁矿石、铝土等；而有一些自然资源本身也属于能源，如煤、石油、天然气等，还有气候资源中的太阳能、风能，生物资源中的生物质能等。有一些能源就不属于自然资源，如，核电、水电、火电等。

（2）自然资源必须直接来源于自然界，具有自然属性；而能源则不同，它既可以直接来源于自然界，也可以间接来源于自然界。能源资源还包括自然资源外的能源，如电能、汽油、柴油、酒精、煤气、氢能等二次能源，既具有自然属性又具有经济属性。

太阳能既可以被看作能源，也可以被看作资源。从能源的角度来看，太阳能被视为一种可再生能源，它是来自太阳的能量，可以转化为热能或电能，用于满足人类的能源需求。太阳能可以通过太阳能电池板等设备捕捉和转化，使其可供人们使用。从资源的角度来看，太阳能被视为自然资源的一种形式。太阳能是广泛存在于地球上的自然现象，人们可以利用太阳能作为可再生资源，用于发电、供热、光照等方面。在这个意义上，太阳能被视为一种可利用的自然资源。

因此，太阳能可以被同时视为能源和资源，它是一种可再生的能源形式，同时也是地球上的自然资源之一。

2. 土地资源是否包括矿产资源？

土地资源和矿产资源是两个不同的概念。

土地资源是具有农、林、牧等生产能力和环境调控能力的各种土壤的总称。

包括林地土壤（林地植被下发育而成的土壤总称）、草地土壤（草地植被下发育的土壤总称，包括草原、草甸、草坪等）、农田土壤（人类开垦利用，通过耕种、施肥、灌排等措施长期种植农作物的土壤总称）等，是一种保障粮食生产、环境调控的自然资源。

矿产资源指的是地球地壳中蕴藏的各种矿物质资源，如金属矿石、煤炭、石油、天然气等。矿产资源是自然界中以固体、液体或气体形式存在的矿物质，在经济和工业领域具有重要的价值和用途。

因此，土地和矿产资源都属于地球的自然资源，但土地资源主要指的是地表的土地利用，而矿产资源则是指地壳中蕴藏的矿物质资源。

3. 河水和海水的分界线是什么样的？

河水和海水之间的分界线通常是由河口形成的。河口是河流流入海洋或湖泊的地方，只要水体之间存在密度差异，就会形成锋面，所以淡水与海水之间、密度不同的淡水与淡水之间、海水与海水之间都会出现锋面。如果两种水体除了密度不同，还伴随着水色的差异，就会形成视觉上更有冲击力的“水色锋”。

不同的密度也就会出现分界线，于是在南美洲的德雷克海峡，大西洋与太平洋的交界处，一条明显的分界线赫然显现。有些海域海底有火山，火山爆发会将巨量的岩浆直接喷向海水里，这里面含有的丰富的矿物质瞬间改变了海水的浓度。还有就是不同地区的海域生活着不同的动物，气候也不一样，动物们的排泄物一样会改变海水的密度。

海洋锋就是性质明显不同的两种或几种水体之间的狭窄过渡带。在同种物质之间由于密度差异形成的交界面被称为“锋”。海水中两种性质不同的水体在相互接触时，总是密度越相近越容易相互扩散。如果密度相差较大，就会在接触面形成一个狭窄的过渡带，我们称其为“海洋锋”。

泾河与渭河出现分界线正是因为泾河与渭河两者的泥沙含量不同，河水的密度也就不一样，遇见后因为有密度差，融合过程中出现了分层。因为河面宽广，分层显得格外瞩目。同理，不同海域的海水密度也会不相同。

以德雷克海峡为例。德雷克海峡的一分为二，主要有三个原因。第一，大西洋与太平洋的密度不同，大西洋的年龄比太平洋小了很多，它的形成要追溯到侏罗纪时期。那个时候，北美洲从亚欧大陆上撕裂下来，形成了一道海峡，之后这个海峡不断扩张，形成了今天的大西洋。理论上大西洋依旧还在向西扩张，相应的太平洋在缩小。由于形成的时间不一样，因此两片大洋的整体浓度会出现差别，局部的差别也许会更大。

第二，大西洋和太平洋的温度也不一样。太平洋一侧有秘鲁寒流，而大西洋一侧有巴西暖流，同时还有西风漂流贯穿德雷克海峡。这就造成了西边的太平洋海水温度低，东边的大西洋海水温度高。在此处单看温度的话，太平洋海水密度更高，大西洋密度更低。

最后一个原因就是地球的自转，地球自转自西向东，因此位于西侧的太平洋海水会在地球的作用下，以一个撞击的姿态与大西洋相遇，两者会有一个碰撞过程，太平洋一侧的海水会比大西洋的高大约 50 厘米，两股不同速度的水也不是那么好融合的。

4. 濒危动植物保护面临的问题有哪些？

濒危动植物保护面临的问题有多种，其中包括以下几个主要问题：

（1）栖息地破坏和丧失。人类活动如森林砍伐、土地开垦、城市扩张等导致了许多动植物栖息地的破坏和丧失。失去适宜的栖息地会导致物种无法生存和繁衍。主要体现在三个方面：野生动植物保护的体系不完善，自然保护区发展不均衡，一些珍稀濒危物种得不到抢救性保护，加快物种灭绝速度；大型工程施工、开荒、放牧、药用采挖、观赏采挖等行为，严重破坏草本植物种质资源，使草本植物受威胁程度远高于木本植物；人们对野生动植物保护认识不足，乱捕滥猎现象依然存在，保护意识有待提高。

（2）气候变化。全球气候变暖、极端天气事件增加等气候变化现象对濒危动植物的生存产生了负面影响。气候变化引起的生态系统扰动、栖息地变化和种群分布变迁等都威胁着濒危物种的生存。

（3）不合理的捕猎和捕捞。非法捕猎、盗猎和过度捕捞对许多濒危动植物造成了巨大威胁。这些活动破坏了物种的种群结构和数量，导致种群无法恢复和维持。

（4）入侵物种。外来物种的引入和侵入对本地物种造成了竞争、疾病传播和生境破坏等问题。入侵物种的侵占会导致濒危动植物失去生存和繁衍的空间。

（5）环境污染。工业排放、农药使用、废弃物排放等导致的水体、土壤和大气污染对濒危动植物造成了直接或间接的伤害。这些污染物和毒物会干扰物种的生理和生态过程，损害它们的生存能力。

（6）缺乏保护意识和法律保护。人们对于濒危动植物保护的重要性缺乏足够的认识和意识，以及法律保护的不完善，使得许多濒危物种无法得到有效的保护和管理。

这些因素相互作用，加剧了濒危动植物面临的威胁和挑战。为了保护濒危物种，需要采取综合性的措施，包括保护栖息地、限制非法捕猎和捕捞、控制入侵物种、加强污染治理、增强公众意识和加强法律保护等。

5. 我国的自然资源循环利用面临哪些问题？

（1）资源稀缺和枯竭。我国资源人均少，质量总体不高，主要资源人均占有量远低于世界平均水平。矿产资源低品位、难选冶矿多；土地资源中难利用地多、宜农地少；水土资源空间匹配性差，资源富集区与生态脆弱区多有重叠。同时，许多自然资源是有限的，包括矿产资源、能源资源等。随着人口增长和经济发展，资源的需求不断增加，导致资源的稀缺和枯竭，限制了资源的循环利用。

（2）资源需求刚性增长。近年间，我国矿产资源供应量增速高于世界平均增速，对外依存度不断提高，石油、铁矿石、铜、铝、钾盐等矿产资源的国内保障程度不足，建设用地需求居高不下。随着新型工业化、信息化、城镇化、农业现代化的发展，资源需求将保持强劲势头。

（3）技术和设施限制，资源利用方式较为粗放。某些资源的循环利用需要特定的技术和设施支持，例如废物处理设备、再生能源技术等。技术和设施的限制可能会妨碍资源的有效循环利用。我国目前单位国内生产总值用水量和能耗高于世界平均水平，人均城镇工矿建设用地面积、人均农村居民点用地面积远超国家标准，矿产资源利用水平总体不高。

（4）利用国外资源的风险和难度不断加大。当前，各国围绕市场、资源、人才、技术、标准等领域的竞争更趋激烈，能源安全、粮食安全、气候变化等全球性问题更加突出，发展面临诸多不稳定性和不确定性，我国从国际上获取能源资源的难度不断加大。

（5）缺乏有效的循环体系，知识和意识不足。建立完善的循环体系需要政府、企业和公众的共同参与和合作。然而，由于缺乏合作机制和统一标准，循环利用的体系还不够完善，导致资源的浪费和损失。循环利用资源需要人们具备相关的知识和技能，并有意识地参与其中。然而，缺乏对循环利用的认识和意识可能导致资源的浪费和不当利用。

（6）经济利益和成本限制。循环利用资源需要一定的成本投入，包括收集、分类、处理等环节的费用。在一些情况下，资源的循环利用可能面临经济上的挑战，特别是当与传统的资源开采和利用相比较时。

为了解决这些问题，需要采取一系列措施，包括加强资源管理和监管，推动技术创新和研发，促进循环经济的发展，提高公众对循环利用的认识和参与度，以及加强国际合作和交流，共同推动资源的可持续利用。

6. 防灾减灾有哪些基本方法？

（1）预警系统：自然灾害的预报是制定减灾对策的首要基础，是减灾准备和各项减灾行动的科学依据。因此，应建立有效的监测和预警系统，及时获取灾害信息，提前预警，使人们能够做好防护准备。目前灾害的预报大致可分为惟象预报、理论预报、监测预报。从时间尺度的长短上可划分为长期预报、中期预报、短期预报和临灾预报（警报）等四种类型。

（2）灾害风险评估：对灾害规模及灾害破坏损失程度的估测与评定，是对潜在的灾害风险进行评估，了解灾害的潜在影响和可能造成的损失，制定相应的应对策略。灾害风险评估分为灾前预评估、灾时跟踪评估、灾后终评估。

（3）建设安全设施：通过规划和建设安全设施，如防洪堤、防火墙、抗震建筑等，提高抵御灾害的能力。

（4）灾害教育和宣传：加强灾害教育和宣传，提高公众对灾害的认知和应对能力，培养自我保护意识。除了减灾规划外，需要采取各种措施和手段来提高公众的减灾和救灾能力，以及实施科学有效的减灾法规。

（5）生态保护和恢复：维护生态系统的健康和稳定，减少环境破坏，降低灾害发生的概率和影响。其目的是通过工程手段治理和改善灾害系统的致灾环境，减少灾害产生的条件，以达到预防和减轻灾害的目的。

这些方法的实施需要各级政府、组织和个人的共同努力，通过增强灾害意识、加强预防措施和应急准备，减少灾害的风险和损失。

7. 应急逃生有哪些基本方法？

（1）制定应急计划：制定家庭或组织的应急计划，包括确定逃生路线、集合点和紧急联系人等，以便在发生灾害时能够有序逃离。

（2）熟悉逃生路线：了解周围环境，熟悉逃生路线和紧急出口，确保在紧急情况下能够迅速、安全地离开。

（3）急救技能和装备：学习基本的急救技能，如心肺复苏、止血等，准备急救装备，以便在需要时能够进行紧急救助。

（4）沉着冷静：保持冷静和清醒的头脑，遵循逃生计划，不慌乱行动，避免造成更大的危险。

（5）互助合作：在逃生过程中，与他人保持联系和合作，相互帮助，提高逃生的效率和安全性。

8. 地震发生时如何逃生？

（1）保持冷静。保持冷静和清醒，不要惊慌失措。

（2）合理避险。如果住在楼房，应迅速远离外墙及门窗的位置，可选择厨房、浴室等开间小、有支撑力的空间，千万不要跑上阳台，不要跳楼，也不要使用电梯。如果住在平房，来不及跑到户外时，可迅速躲在桌子、床等坚固的家具下面，如果来不及也可以紧挨墙根，同时注意用手边物件保护住头部。如果在户外，要避开高大建筑物，赶往没有电线杆和大树的空旷地区，远离玻璃窗、大型家具、悬挂物、楼梯和其他可能倒塌或掉落的物品。如在教室、车站、商店等公共场所，就地在桌椅、框架等牢固的物体旁躲藏，躺下或蹲下，保护好头部，同时听从指挥，有序撤离，切忌混乱奔逃，以免造成人为的拥挤踏伤。

（3）寻找避难地点。如果可能，寻找预先指定的避难地点，如紧急出口、安全区域或避难所。

（4）在安全时撤离建筑物。当地震停止后，如果没有立即威胁到安全，尽快撤离建筑物，避免停留在潜在危险的地方。

（5）注意余震。地震后可能会有余震，要保持警惕，并继续遵循逃生和安全指示。

重要的是，要根据现场情况和当地的应急计划采取适当的行动。如果可能，提前了解地震应急预案，并参与相关的培训和演习，以提高应对地震的能力。同时，听从当地政府和救援机构的指导和建议，这将有助于自己做出正确的逃生决策。

9. 高层发生火灾应该如何逃生？

在高层建筑发生火灾时，以下是一些逃生的基本建议：

（1）拨打紧急电话。拨打当地的紧急救援电话，向他们提供位置和情况，以便他们能够派遣救援人员。

（2）保持冷静。保持冷静和清醒，不要惊慌失措。

（3）评估情况。如果火灾发生在高层建筑内部，首先留在原地，迅速评估情况。检查门、门把手和门缝是否发热，以确定是否有火势。

（4）寻找安全的出口。如果有烟雾或火势，寻找最近的安全出口，如紧急楼梯或消防逃生通道。避免使用电梯，因为它们可能会被火灾影响或停电。

（5）躲避烟雾。如果需要穿过有烟雾的区域，尽量靠近地面前进。烟雾会上升，靠近地面的空气较清洁。

（6）封堵门缝。如果需要留在房间内等待救援，封堵门缝，使用湿毛巾或衣物堵住门下方的缝隙，以防止烟雾渗入。

（7）等待救援。如果无法安全逃生，留在房间内等待救援。在窗户上挂起白色布条或其他可见的物品，以吸引救援人员的注意。

（8）防止烟雾进入房间。尽量封闭门窗，用湿毛巾堵住门缝和通风口，以减少烟雾进入房间。

(9) 躲避热源。如果房间里有火源，尽量远离它，躲避热源和烟雾。

(10) 等待救援指示。听从救援人员的指示，根据他们的指引行动，以确保安全地撤离。

重要的是，提前了解建筑物的火灾逃生计划，并参与相关的演习和培训。遵循当地政府和消防部门的指导和建议，以增强自己的安全意识，并采取适当的行动。

10. 山洪暴发时应该怎么逃生?

(1) 立即寻找高处。尽快向高处移动，远离洪水涨水的地方，寻找高地、山坡或建筑物的上层。

(2) 不要试图穿过洪水。避免试图穿越洪水，即使看似水流不大。洪水的水流极为危险，可能隐藏着暗流和陷阱，可能导致被冲走或淹没。

(3) 避免进入狭窄的峡谷或沟壑。狭窄的峡谷或沟壑会加剧洪水的流速和力量，增加危险性。

(4) 注意观察水势。观察洪水的水势和方向，避免靠近洪水的涨水边缘和深水区域。

(5) 沿着山坡向上爬升。如果没有更高的建筑物可供躲避，尽量沿着山坡向上爬升，避免被洪水卷入。

(6) 不要阻塞洪水流动路径。避免造成更大的破坏和危险。

(7) 寻找安全的避难所。寻找高处的建筑物或指定的避难所，等待救援人员的到来。

(8) 不要单独行动。尽量与其他人一起行动，互相帮助和监督，增加逃生的安全性。

(9) 拨打紧急电话。如果有条件，及时拨打当地的紧急救援电话，向他们提供位置和情况。

(10) 听从救援人员的指示。一旦救援人员到达，听从他们的指示和安排行动。

11. 为什么说地下水也是矿产资源?

地下水、矿泉水属于水气矿产。《中华人民共和国矿产资源法实施细则》第四十四条指出:“地下水资源具有水资源和矿产资源的双重属性。地下水资源的勘查,适用《矿产资源法》和本细则;地下水资源的开发、利用、保护和管理,适用《水法》和有关的行政法规。”

核心概念十二　技术、工程与社会

【内容标准与学业要求】

概念说明	人类在与自然界打交道的过程中，为了适应自然、改善生存条件而产生了技术；人类对已有的物质材料和生活环境加以系统的开发、生产、加工、建造，以满足人们的需求，就产生了工程。早期技术、工程和科学相对比较独立，而现代技术、工程和科学相互影响与相互促进，越来越密不可分，共同推动了社会进步。本学科核心概念的学习内容，包括技术与工程的性质和特点，技术与工程对人们生活、生产和社会的影响，科学、技术、工程的相互影响；还包括体现上述内容且与所学科学内容有关的创意实践活动，以及利用创意作品进行自主探究。这些学习内容和活动有助于学生形成物质与能量、结构与功能、系统与模型、稳定与变化等跨学科概念。		
学习内容	**1—2 年级内容要求**	**3—4 年级内容要求**	**5—6 年级内容要求**
12.1　技术与工程创造了人造物，技术的核心是发明，工程的核心是建造	①知道我们周围的人造物是由人设计并制造出来的，观察和区别身边的自然物和人造物。 ②学会使用锤子、安全剪刀、放大镜等简单工具；应用身边的材料和工具，制作简单的手工作品。	①区别生活中常见的天然材料和人造材料，说出中国古代技术与工程方面的典型案例。 ②举例说出工具在生产和生活中的应用，知道使用工具可以更加便利、快捷和精确；学会使用常见的工具制作简单作品；拆装简单产品，了解产品的构造和特点。	①知道技术包括方法、程序和产品等；知道发明的常用方法，举例说出一些典型的发明，知道发明会用到一定的科学原理，很多发明可以在自然界找到原型。 ②知道工程以科学和技术为基础，知道工程通常由多个系统组成；知道中国主要的大科学工程（如载人航天工程）。
12.2　技术与工程改变了人们的生产和生活	③举例说出周围简单科技产品的结构和功能，知道科技产品给人们生活带来的便利、快捷和舒适。	③举例说出一些典型的技术（如交通技术、电力技术等）和工程（如高速铁路、发电站等）对人们生活的影响；尝试设计和制作某种产品的简化实物模型，并反映其中的部分科学原理。	③知道技术对提高生产或工作效率的影响，举例说明应用适当技术可以提高生产或工作效率，应用所学科学原理设计并制作出可以提高效率的作品。

续表

学习内容	1—2年级内容要求	3—4年级内容要求	5—6年级内容要求
12.3　科学、技术、工程相互影响与促进	④初步体验利用工具可以更好地进行观察与测量。	④初步说明一些技术产品涉及的科学概念或原理，尝试应用科学原理设计并制作简易装置（如传声器或听诊器）。	④初步认识技术与工程对科学发展的促进作用，应用仪器设备进行观察并进行记录；举例说明科学发现可以促进新技术发明（如激光的发明）。

	1—2年级	3—4年级	5—6年级
学业要求	能区别自然物和人造物，能描述常见简单科技产品的结构与功能；知道科技产品为人们生活带来便利。学会使用锤子、安全剪刀、放大镜等简单工具，能应用身边常见材料和简单工具制作简单的作品；能借助工具进行科学观察并进行交流。 具有动手操作的兴趣。	能区别生活中的天然材料和人造材料，知道一些常见的技术产品和典型工程。 能归纳总结常见产品或工程的主要外在特征，能拆开简单产品并复原，能举例说出一些技术产品所涉及的科学概念或原理。 能在教师引导下，利用常用工具制作某种产品的简化实物模型，并能反映其中的部分科学原理。 具有参与技术与工程实践的兴趣。	能说出技术与工程的基本特点及其对提高生产或工作效率的作用。 能举例说出常用的发明方法，能说出一些工程中的主要系统和中国的一些大科学工程；能简要说明技术与工程对科学发展的促进作用，能尝试利用仪器设备进行观察和记录。 能尝试应用所学科学原理设计并制作简单的装置，能进行模拟演示并简要解释如何提高效率。 能以事实为依据作出判断。

7—9年级重点词汇：技术发明、技术开发、技术应用。

【重点词汇辨析】

1. 科学、技术、科技、工程、大科学

科学、技术、科技、工程、大科学等一体化发展形成了现代科学技术的完整概念。科学与技术虽然同属于不同范畴，但是两者之间相互渗透、相辅相成，既有着不可分割的联系，又有重要区别。

科学：具体的事物及其客观规则。科学要解决的问题，是发现自然界中确凿的事实与现象之间的关系，并建立理论把事实与现象联系起来。科学主要是和未知的领域打交道，其进展尤其是重大的突破，是难以预料的。

技术：特定领域或行业中使用的工具、方法、技能和知识的应用，通过具体的操作和技能来实现特定的目标，例如工程技术、医疗技术、农业技术等。技术通常是基于科学研究的成果，但不限于科学本身，更侧重于实际应用和解决问题。科技为技术提供了理论基础和创新思路，而技术则是将科技转化为实际可用的工具和方法。两者相互依存，共同推动社会的发展和进步。

科技：科学与技术的合称，是对科学知识的研究和创新。通常指由自然科学、技术科学和工程技术融合而成的整体。科学解决理论问题，技术解决实际问题。

工程：利用科学原理和技术方法，对自然资源进行开发和利用，创造出能够满足人们需求的产品、系统或服务的过程。人类在与自然界打交道的过程中，为了适应自然、改善生存条件而产生了技术；人类对已有的物质材料和生活环境加以系统地开发、生产、加工、建造，以满足人们的需求，就产生了工程。综合来说，工程是一种应用科学和技术知识解决问题的实践活动，具有目标导向性、综合性、创新性、实践性和风险性等特点。通过工程的实施，我们能够创造出更好的产品和系统，提高生产效率，提高生活质量，并推动社会的发展和进步。

大科学：亦称“大科研”，是大规模集体进行的科学研究方式。“大科学”具有研究项目庞大、结构复杂和多学科协作的特点，是现代科学研究的一种重要方式，如原子弹工程、登月工程等。从运行模式来看，大科学研究的国际合作主要分为三个层次：科学家个人之间的合作、科研机构或大学之间的对等合作（一般有协议书）、政府间的合作（有国家级协议，如国际热核聚变实验堆计划ITER、欧洲核子研究中心的大型强子对撞机 LHC 等）。

2. 自然科学、技术科学、工程技术

自然科学、技术科学和工程技术是科学领域的不同分支，它们在研究对象、方法和应用方面有所区别。

自然科学： 研究自然界的物质形态、结构、性质和运动规律的科学。人类生产实践和科学实验是它产生和发展的动力，它的目的在于认识自然规律，为人类正确改造自然开辟道路。它通过观察、实验、理论推理等方法，研究自然界的物质、能量、力量、运动、结构等现象和规律。自然科学包括物理学、化学、生物学、天文学、地球科学基础科学和医学、农学、材料科学、环境科学等应用科学，旨在揭示自然界的基本原理和规律。一般把现代自然科学分为基础科学、技术科学和应用科学三大类。

技术科学： 研究技术基本理论的科学，以人工自然为研究对象，以技术客体为认识目标，通过技术理论的建立和应用给出工程技术客体的有效设计和计算方法，为人类控制和改造自然提供理论。技术科学介于基础科学和应用科学之间，是基础科学的特殊应用，对应用科学也具有普遍的指导作用。技术科学作为一个独立的领域，有它独立的内容。所以，技术科学既是介于自然科学和工程技术的桥梁，同时也是一个独立的领域。

工程技术： 应用科学和技术原理进行实际工程项目设计、建造和运行的实践领域。它将科学知识和技术应用于解决具体的工程问题，包括设计、建造、维护和改进各种工程系统和设施，如建筑、机械、电子、计算机等。工程技术涉及具体的工程实践和技术应用，追求实际效果和工程可行性。

3. 概念、原理、原型、系统

概念是对事物的抽象表达，原理是基于已知规律的普遍规则，原型是用于验证概念的初步模型，系统是由相互关联的部分组成的整体。这些概念在科学、技术和工程领域中都有重要的应用。

概念： 反映对象的特有属性或本质属性的思维形式。人们通过实践从对象的许多属性中抽出其特有属性或本质属性概括而成。简单地说，概念是对事物或思想的抽象和一般化的表达。它是一种理论或思维上的构造，用于描述、定义和理解特定的对象、现象或观念。概念通常以词语、符号或图形的形式呈现，并具有特定的含义和概括性质。概念的形成，标志着人的认识已从感性认识上升到理性认识。概念不是永恒不变的，是随着认识对象和人类认识的发展而变化的。

原理：基于已知事实或经验的基础上得出的普遍规律或原则，是描述自然现象、科学理论或技术操作的基本规则或规律。原理提供了对事物运作机制的解释，并在科学研究、工程设计和技术开发中提供指导。原理是在大量实践基础上通过概括抽象得到的。从原理出发可以推演出各种具体的定理、命题等，从而对有关理论的认识和发展及进一步的实践起指导作用。

原型：基于某个概念或设计而制作的初步模型或样本。它通常用于测试、评估和验证概念的可行性和功能。原型可以是物理模型、虚拟模型或概念性的表示，它帮助我们更好地理解和演示概念的实际效果，并进行改进和优化。

系统：根据研究目的人为界定的，由一些有关联的物体或元素（成分）组成的有序整体。简单地说，系统就是我们关注或研究的对象，系统包含边界、元素（成分）和相互作用。这些元素相互依赖、相互影响，并协同工作以实现特定的功能或目标。系统可以是物理系统（如机械系统、电子系统）、生物系统（如生态系统、人体系统）或抽象的概念系统（如信息系统、管理系统）。系统的设计和分析考虑了元素之间的关系、相互作用和整体行为，以实现预期的结果。

4. 材料、物质材料

通过科学描述，我们能够更好地理解材料的特性和行为，为材料设计、工程应用和科学研究提供基础和指导。这有助于开发新的材料、改进现有材料的性能，推动技术和工程的进步，并应用于各个领域，如制造业、建筑业、能源产业等。

材料：可以用来制造物品或构建结构的物质。材料具有特定的物理和化学性质，可以通过加工、处理和改变其结构和组成来满足特定的需求和用途。材料的选择取决于其特性、性能、可用性以及制造成本等因素。

材料是人类赖以生存和发展的物质基础。20 世纪 70 年代，人们把信息、材料和能源誉为当代文明的三大支柱。20 世纪 80 年代，以高技术群为代表的新技术革命，又把新材料、信息技术和生物技术并列为新技术革命的重要标志。这主要是因为材料与国民经济建设、国防建设和人民生活密切相关。材料除了具有重要性和普遍性以外，还具有多样性，因此没有统一的分类标准。

物质材料：用于制造和构建的具体物质，它们可以是单一的物质或由多种物质组成的复合物。物质材料具有特定的物理、化学和机械性质，可以被加工、塑造和利用来满足各种工程和技术需求。常见的物质材料包括金属、塑料、陶瓷、玻璃等。

5. 科学发现、技术发明

科学发现是对自然界和社会现象的认识和理解，旨在扩展知识和揭示规律，而技术发明是将科学知识转化为实际应用的创新活动，旨在解决问题和满足需求。科学发现推动了技术发明的进步，而技术发明则可以促进科学的应用和发展。两者相辅相成，共同推动人类社会的进步和发展。

科学发现：对自然界或社会现象的新知识或原理的发现。它是通过科学研究的观察、实验、推理和分析来获得的结果。科学发现的目的是增加人们对自然界和社会的理解，揭示事物的本质和规律。科学发现通常是基于对已有知识和理论的深入研究，通过研究者的创造性思维和科学方法的运用，得出新的发现。

科学发现是一切科学活动的直接目标，重要事实或理论的发现是科学进步的主要标志。这两类发现是互相联系、互相促进的。重大的科学发现，特别是重大理论的提出，往往构成某一学科甚至整个科学的革命。科学理论的发现是创造思维的结果，往往需要直觉和现象力，涉及科学家的文化素养、心理结构甚至性格特征等复杂的个人因素，同时具有很大的偶然性。整体而言，任何科学发现都是一定社会文化背景中的社会实践和科学自身需要的产物，特别是科学事实的发现往往直接受到社会生产水平和仪器装置制造技术的制约。因此，科学发现在科学发展的总进程中是必然的、合乎规律的。

技术发明：通过创造性的思维和实践，利用科学知识和工程技术手段，创造出新的产品、工艺、设备或系统。技术发明是为了解决实际问题、提高生产效率、改善生活质量等进行的创新活动。它是将科学知识应用到实际中，通过创新的方式发明出能够满足人类需求的实用技术。技术发明通常是基于科学研究的成果，但其关注点更加着重于实践应用和解决问题。

在技术领域中为解决特定问题而提出创新方案、措施的过程及成果，通常为前所未有的人工自然物模型、新工艺、新方法等，具有新颖性、先进性、实用性等基本特征。按创新程度不同，可分为开创性技术发明和改进性技术发明两种。

技术发明是新颖的技术成果，不是单纯仿制已有的器物或重复前人已提出的方案和措施。一项技术成果，如果在已有技术体系中能找到在原理、结构和功能上同一的东西，则不能叫作发明。

技术发明不仅要提供前所未有的东西，而且要提供比以往技术更为先进的东西，即在原理、结构特别是功能效益上优于现有技术。发明总是既有继承又有创造，在一般情况下大都有先进性。例如，造纸术就是一种技术发明。蔡伦总结前人经验，改进造纸工艺，用树皮、麻头、破布、旧渔网等植物纤维为原料造纸，让纸的质量大大提高。

技术发明必须是有应用价值的创新，它有明确的目的性，有新颖的和先进的实用性。发明方案既要反映外部事物的属性、结构和规律，又体现自身的需要。发明者创造出新产品、新工艺前，已在观念中按功能要求预构所设计的对象，并在发明过程中不断地按优化的功能目标来完善其方案。

6. 生产效率、工作效率

生产效率和工作效率是相关但不完全相同的概念。

生产效率：固定投入量下，制程的实际产出与最大产出两者间的比率，可反映出达成最大产出、预定目标或是最佳营运服务的程度，亦可衡量经济个体在产出量、成本、收入或是利润等目标下的绩效。它是衡量生产过程中资源利用效率和产出水平的指标，高生产效率意味着在相同的资源投入下能够产生更多的产品或服务。生产效率关注的是生产过程中资源的利用效率和产出的数量，它可以应用于各种生产领域，包括制造业、农业、服务业等。

工作效率：工作产出与投入之比，通俗地讲就是在进行某任务时，取得的成绩与所用时间、精力、金钱等的比值。产出大于投入，就是正效率；产出小于投入，就是负效率。工作效率是评定工作能力的重要指标，提高工作效率就是要求正效率值不断增大。一个人的工作能力如何，很大程度上看工作效率的高低。它衡量了在完成特定任务或工作时的时间利用效率和工作质量。高工作效率意味着在相同的时间内能够完成更多的工作或任务，并且保持一定的质量标准。工作效率更侧重于个体或团队在完成特定任务或工作时的时间和质量的管理。工作效率可以应用于各种工作场景，包括办公室工作、生产线作业、项目管理等。

7. 技术产品、典型工程

技术产品和典型工程在本质上都是基于科学和技术的应用，但区别在于其规模和范围的不同。技术产品通常是单个物品或设备，可以是成品也可以是部件，而典型工程涉及更大范围的工程项目，需要整体规划、设计和施工，并涉及多个工程部门和专业。

技术产品：既包括新发现、新发明、新理论、新工艺、新程序等知识形态产品，也包括新材料、新器件、新设备等实物形态产品，具体包括专利权、商标权、版权、许可证、专有技术、设计方案、技术说明书、技术情报和软件等。

技术产品作为特殊商品，其价格的构成主要由以下三部分组成。①在技术产品转让过程中所发生的直接费用。比如，派人洽谈所需的旅差费、资料费以及签约后复制的大量技术文件资料的费用等。但这种直接费用在整个技术产品价格中所占比例很小。②技术产品研究开发费用的分摊。它取决于该项技术产品所处的生命周期，一般来说所占比例也不大。③技术产品创造利润的能力，即供方依利润分享原则所应分得的份额。供方把技术产品转让给受方进行生产和销售意味着供方将失去一些地区的整个市场和部分市场，从而将失去部分利润，这就要求受方给予补偿，弥补其利润损失。受方则需考虑利用该项技术后能得到多少追加利润，支付给供方多少费用才不至于白忙一场。这个因素是技术产品价格构成的主要部分，所占比重很大，往往是商务谈判中讨价还价的筹码。

典型工程：在特定项目或任务中应用科学原理和工程技术进行设计、建造和管理的工程项目。它们通常涉及大规模的基础设施建设或复杂的工程系统，如大型桥梁、高楼大厦、水坝、发电站、城市交通网络等。典型工程需要综合考虑各种因素，包括设计、施工、材料选择、环境影响、安全性等，并通过科学方法和工程技术实现可靠和高效的工程建设。

8. 自主探究、创意实践

自主探究和创意实践都是学习者进行学习实践的主要方式，但是主要培养的能力有所不同。

自主探究：学习者主动进行独立的、探索性的学习活动，学习者自发仿照科学研究的过程学习科学内容，体验、理解和应用科学研究方法，获得科学研究能力的学习方式，是当今新课程理念所提倡的一种学习方式。它要求学生要做课堂的主人，要在老师的引导下发挥自己的主观能动性，调动自己的各种感觉器官，通过动手、动眼、动嘴、动脑，主动地去获取知识。在自主探究中，学习者通过提出问题、制定假设、收集和分析数据、进行实验和观察等方式，积极参与知识的探索和构建过程。自主探究强调学习者的主动性和自主性，鼓励他们主动思考、独立学习和解决问题。

创意实践：通过创造性思维和创新的方式，将知识和技能应用于实际问题的解决和创造性的活动。在创意实践中，学习者被鼓励思考和提出新颖的想法，尝试不同的方法和策略，并通过实践来验证和实现这些想法。创意实践强调创造性思维、创新能力和实践能力的培养，鼓励学习者在解决问题和创造性活动中发展自己的潜力和创造力。

9. 产品构造、产品特点

产品构造关注产品的组成和结构，描述了产品的内部组织和工作原理；而产品特点则强调产品在外观、性能、功能等方面与其他产品的差异和优势。产品构造决定了产品的形态和实现方式，而产品特点则是产品在市场上的竞争优势和价值体现。

产品构造：产品在物质和结构上的组成方式和设计布局，它描述了产品的各个组成部分、零部件、连接方式以及它们之间的关系。产品构造决定了产品的形态、功能和性能，并直接影响产品的制造、装配和维护过程。它涵盖了产品的物理结构、工程参数、工作原理等方面。

产品特点：产品在外观、性能、功能等方面与其他产品不同或突出的特点。产品特点是产品在市场上区分自身和竞争对手的重要因素，它体现了产品的独特卖点和价值主张。产品特点可以是产品的外观设计、技术创新、功能扩展、性能优势、用户体验等方面的特点。

10. 天然材料、人造材料、自然物、人造物

人造材料、天然材料、自然物、人造物在生活中随处可见，但他们的制造工艺有所不同。

天然材料：在自然界中存在的材料，它们未经过人为加工或合成。天然材料可以是从地球的自然资源中提取的，如木材、矿石、石油等，也可以是由生物体产生的，如棉花、羊毛、丝绸等。天然材料通常具有原始的物理、化学和机械性质，广泛应用于建筑、制造业、纺织业等领域。

人造材料：又称合成材料，人造材料是指通过人工加工和合成制造出来的材料，它们通常由人类利用天然资源或其他原始材料经过一系列的化学、物理或工艺处理而得到。人造材料可以具有特定的物理、化学和机械性质，用于满足特定的需求和应用。常见的人造材料包括塑料、合成纤维、合金等。

自然物：在自然界中存在的物质实体，包括岩石、水、空气、植物、动物等自然界各种形态的物质。自然物通常不经过人为的加工或改变，是自然界的组成部分。

人造物：人类通过工艺和技术手段创造的具有一定功能和用途的物体或构造物，它们是人类的创造成果。人造物可以由天然材料或人造材料制成，具体取决于制造过程和材料选择。人造物可以是工具、机器、建筑物、交通工具等各种人工制品，也可以是人工设计的园林景观、艺术品等。人造物是人类文明和科技发展的产物，通过人类的智慧和创造力实现各种实用和美学的目的。

【常见疑惑问答】

1. 中国有哪些主要的大科学工程？

要进行基础研究，离不开宏大的科学工程。大科学工程被称为“国之利器”，是建设科技强国必需的标志性技术、标志性工程。我国的大科学工程已经

成为时代的标志，将为当前转变经济增长方式、建设创新型国家提供有力支撑。

长江三峡工程：世界上最大的水利水电工程，包括三峡大坝和水电站，具有调节水流、发电和航运等多项功能。

北斗卫星导航系统：中国自主建设的全球卫星导航系统，提供全球定位、导航和授时服务，类似于美国的GPS系统。

载人航天工程：中国的载人航天计划，包括载人飞船工程和空间站工程，实现了中国的载人航天能力的发展。

量子科学实验卫星（墨子号）：中国的量子通信卫星，用于开展量子通信和量子科学实验，实现了量子密钥分发和量子纠缠分发等关键技术的突破。

500米口径球面射电望远镜（FAST）：世界上最大的单口径球面射电望远镜，位于贵州省，用于天体观测和射电天文研究。

这些大科学工程代表了中国在不同领域取得的重大科技成就，推动了相关科学领域的发展，并在国际科学研究中发挥了重要作用。

2. 科学发现与技术发明之间有什么关系？

科学发现是对自然界和社会现象的新知识、原理或规律的发现。技术发明是通过创造性的思维和实践，利用科学知识和工程技术手段，创造出新的产品、工艺、设备或系统。科学发现与技术发明都是人类智慧和人类思维发展的体现，都是人类特有的理性和非理性相统一的思维活动和实践活动，常常互为因果、互相促进：科学发现为技术发明提供原理理论支持，技术发明为科学发现提供试验设备及条件。特别是在现代技术越来越多地运用科学发展成果的当下，科学发现和技术发明之间的联系更加密切。

总的来说，科学发现注重对自然界和社会现象的认知和理论推进，而技术发明注重将科学知识应用到实际中，解决问题和改善生活。科学发现推动了技术发明的进步，而技术发明则反过来促进了科学的应用和发展。两者相辅相成，共同推动人类社会的进步和发展。

3. 工程技术有哪些基本特点？

工程技术具有以下几个基本特点，这些特点使工程技术成为一门独特的学科和实践领域，为社会发展和人类福祉做出重要贡献。

（1）实用性。人们改造客观自然界的活动，都是为了人类的生存和社会的需要，工程技术按照人的用途去选择、强化和维持客观物质的运动为人类造福，而要限制、排除那些不利于人类和社会需要的可能性。

（2）可行性。任何工程技术项目都有具体目标，但是这个目标的实现，要受到许多条件的约束，即受到工程技术项目的选择、规模、发展速度、资金、能源、材料、设备、人力、工艺、环境等条件的约束。某项工程在设计的构思阶段，都必须考虑国家经济和社会发展的需要和可能，往往可以形成几种方案，然后对各种方案一一进行分析和评价，从中选出既满足实用性要求，又能满足上述约束条件的最佳方案。

（3）经济性。工程技术必须把促进经济、社会发展作为首要任务，并要有好的经济效果，从而达到技术先进和经济效益的统一。因为工程技术的物化形态既是自然物又是社会经济物。它不仅要受到自然规律的支配，还要受到经济规律的支配。

（4）综合性。工程技术通常是许多学科的综合运用。它不仅要运用基础科学、应用科学等知识，同时也要运用社会科学的理论成果。

（5）创新性。工程技术鼓励创新和改进，追求技术的突破和提升。工程师需要不断地研发新技术、改进现有技术，以适应不断变化的需求和挑战。

（6）可持续性。工程技术注重可持续发展，考虑经济、环境和社会的可持续性。它强调在工程项目的规划、设计和实施中考虑资源的合理利用、环境保护和社会责任，以确保长期的可持续发展。

4. 完成一项工程活动需要经过哪些环节？

（1）立项和规划。确定项目的目标、范围、预算和时间计划等，制定项目计划和执行策略，进行可行性研究和风险评估。

（2）设计和工程准备。进行详细设计，包括工程结构、材料选择、设备布置等。准备工程所需的资源，如人力、物力和财力，确保具备开展施工的条件。

（3）施工和实施。根据设计方案进行工程的具体施工和实施，包括土建、设备安装、系统集成等环节。协调各项施工活动，确保按照计划进行。

（4）监控和质量控制。对施工过程进行监控和管理，确保工程质量符合要求。进行现场检查、测试和评估，及时处理问题和风险。

（5）资料整理和验收。整理施工过程的相关资料和文档，包括施工记录、测试报告、图纸等。进行工程的验收和评估，确认工程的完成和符合规定标准。

（6）结算和总结。进行工程结算和成本核算，确保资金的使用合理和透明。总结工程活动的经验教训，提出改进意见和建议，为未来类似工程提供参考。

以上环节是一般工程活动的典型流程，不同类型的工程活动可能会有一些特殊的环节或步骤，具体的流程会根据项目的性质、规模和要求而有所差异。

5. 有哪些发明方法适用于儿童的工程与设计活动中？

（1）思维导图。使用图形化的方式记录和展示思维过程，帮助发现思路的关联和创意的新组合。

（2）萃智理论（TRIZ）。一种系统化的创新方法，通过分析问题的模式和原则，提供了解决问题的工具和思维模式。

（3）逆向思维。从相反的角度考虑问题，即寻找与传统思维相反的解决方案，可以激发创造力和独特的创新思维。

（4）设计思维。注重以用户为中心的解决方案设计，强调观察、洞察用户需求，并通过原型制作和迭代改进来实现创新。

（5）问题解决法。将问题细化为具体的子问题，逐个解决，然后将解决方案整合起来形成完整的解决方案。

选择适合的发明方法取决于具体的情境和问题。关键在于灵活运用这些方法，结合实际需求和创新目标，通过实践和反思不断完善自己的创新能力。此外，团队合作和跨学科合作也是促进创新的重要因素，可以汇集不同的观点和专业知识，为解决问题带来更多的创意和可能性。

6. TRIZ 理论是什么？有什么用途？

TRIZ（Theory of Inventive Problem Solving）是一种系统性的创新方法和理论，旨在帮助解决问题和推动创新，是苏联的发明家和工程师阿尔图尔·盖尔巴赫

（Genrich Altshuller）在20世纪50年代的研究和实践中提出的。TRIZ的核心思想是通过发现和利用通用的创新原理和模式来解决技术问题。TRIZ认为创新是有规律可循的，并提供了一套系统性的方法来引导创新过程。

TRIZ的应用可以帮助工程师和创新者在解决问题和开展创新过程中更加系统和高效。它提供了一种结构化的方法来寻找创新的解决方案，避免了盲目的尝试和重复的努力。TRIZ的方法和工具可以应用于各个领域和行业，不仅包含技术创新，也包括产品设计、流程改进等方面的问题解决和创新活动。

TRIZ理论提出了39个发明原理，这些原理是通过分析大量的创新案例和发明成果总结而来的。以下是对这39个发明原理的简要描述：

分割：将对象分割成不同的独立部分，以改变其性质或方便处理。

提取：从对象中提取有用的元素，以改善其性能或应用。

局部负面效应转换：将对象中产生的负面效应转换为正面效应。

局部负面效应消除：消除或减少对象中产生的负面效应。

组合：将不同的对象或部件组合在一起，以创造新的功能或效应。

完整性：增加对象的完整性或强度，以提高其耐久性或性能。

空气、气体、液体引入：引入气体、液体或空气以改善对象的性能。

反馈：利用反馈机制来控制对象的性能或行为。

回环：在对象中建立循环流动的过程或能量传输路径。

先进轻量化：采用轻量化材料或结构，以减少对象的重量或体积。

条纹结构：在对象中引入条纹或波纹结构，以改变其性质或效应。

物理或化学参数变化：通过改变对象的物理或化学参数，如温度、压力、湿度等，来实现所需的效应。

中间质体：引入中间质体以实现所需的效应或功能。

逆过程：利用逆过程来改变对象的性质或效应。

多级性质变化：通过多级变化来改变对象的性质或效应。

短时间操作：在极短的时间内操作对象，以实现所需的效应。

改变颜色：改变对象的颜色或外观，以满足需求或创造新的效应。

物理场改变：改变对象所处的物理场，如重力、磁场、电场等，以实现所需的效应。

维度转换：在不同维度之间转换对象，以改变其性质或应用。

远离：将对象或部件远离主体，以改变其性质或影响。

逆方向振荡：在对象中引入逆方向振荡的元素，以实现所需的效应。

非连续作用：在对象中引入非连续或间歇性的作用，以实现所需的效应。

嵌套：将对象或部件嵌套在其他对象或部件中，以实现所需的效应。

中断或改变流动：中断或改变对象或能量的流动路径，以实现所需的效应。

自动化：引入自动化或自控系统，以改善对象的性能或操作。

复制：复制对象的部件或结构，以增加其性能或效应。

通孔：在对象中引入通孔或通道，以改变其性质或应用。

变形：通过变形改变对象的形状或结构，以实现所需的效应。

磁场作用：利用磁场的作用来改变对象的性质或效应。

弹性变形：利用弹性变形来改变对象的形状或结构，以实现所需的效应。

空间孔隙：在对象中引入空间孔隙，以实现所需的效应。

逆反馈：利用逆反馈来控制对象的性能或行为。

动态润滑：在对象的接触面上引入动态润滑，以减少摩擦或磨损。

逆方向作用：引入逆方向作用来改变对象的性质或效应。

物理隔离：通过物理隔离来改变对象的性质或效应。

压缩：通过压缩或压力作用来改变对象的性质或效应。

热传导：利用热传导来改变对象的性质或效应。

动态平衡：在对象中建立动态平衡的状态，以改善其性能或操作。

耐久性改变：改变对象的耐久性或寿命，以适应不同的需求或环境。

这些发明原理可以作为启发和指导，帮助创新者在解决问题和设计过程中发现新的思路和解决方案。具体应用时需要根据问题的特点和要求进行选择和组合。

7. 提高生产效率和工作效率要注意哪些方面？

提高生产效率和工作效率可以通过优化生产流程、提高工作方法和技能、合理分配资源、采用先进技术等手段实现，这样可以提高生产力、节约资源、降低成本，并提高经济效益和工作质量。

流程优化：分析工作流程，找出繁琐、重复或低效的环节，并进行优化和简化，通过流程改进和自动化，减少不必要的时间和资源浪费。

时间管理：合理规划工作时间，设置优先级，避免拖延和分散注意力，使用时间管理工具和技巧，如番茄工作法、时间块等，提高工作效率和集中力。

集中注意力：创造一个专注和无干扰的工作环境，减少干扰因素，集中精力完成任务，可以采用时间段管理、关闭通知等方法来提高专注度。

合理分配任务：根据员工的能力和专长，将任务分配给最合适的人，避免资源浪费和重复劳动，合理安排工作量和工作内容，确保每个人能够高效完成任务。

团队合作与沟通：建立良好的团队合作和沟通机制，促进信息的流动和协作，明确任务目标和责任分工，减少沟通误差和重复工作。

技术工具应用：充分利用现代科技和工具，如办公软件、项目管理工具、协作平台等，提高工作效率和团队协作能力。

持续学习与提升：不断学习和掌握新的知识和技能，关注行业的最新发展和趋势，提高自身的工作能力和专业水平。

健康管理：保持良好的身体和心理状态，注重工作与休息的平衡，合理安排休假和休息时间，以保持高效的工作状态。

以上是提高生产与工作效率的一些常见方面，具体的方法和策略应根据实际情况和工作环境进行调整和应用。

核心概念十三　工程设计与物化

【内容标准与学业要求】

概念说明	工程活动的本质是创造人工实体，设计与物化是其中的重要环节。工程首先要定义和界定问题，明确需要满足的标准和受到的限制条件，形成多种可能的解决方案，基于证据进行优化并确定方案；物化是选择合适的工具和材料，实施设计方案，做出初步的产品或实物模型。经过对结果的评估，发现存在的问题并进行改进，对于比较复杂的产品或实物模型，可能需要多次迭代改进。本学科核心概念的学习有助于学生形成物质与能量、结构与功能、系统与模型、稳定与变化等跨学科概念。通过体验和实践操作，学生可以在理解学科概念的同时，更好地领会和理解跨学科概念的内涵。		
学习内容	1—2 年级内容要求	3—4 年级内容要求	5—6 年级内容要求
13.1　工程需要定义和界定	①通过观察，提出并描述简单的制作问题。	①描述简单的设计问题，包括材料、时间或成本等限制条件。	①定义简单工程问题，包括材料、时间或成本等限制条件，提出验收标准。
13.2　工程的关键是设计	②学会使用简单的草图，说出自己的思路。	②借助表格、草图、实物模型、戏剧或故事等方式说明自己的设计思路。 ③根据需求和限制条件，比较多种可能的解决方案，并初步判断其合理性。	②利用示意图、影像、文字或实物等多种方式，阐明自己的创意，初步认识设计方案中各影响因素间的关系。 ③基于有说服力的论证，认同或质疑某些设计方案，并初步判断其可行性和合理性。
13.3　工程是设计方案物化的结果	③学会使用简单的工具，对生活中常见的材料进行简单的加工处理。 ④制作简单的实物模型并展示；尝试通过观察发现作品中存在的问题并提出改进方案。	④利用常用工具，对常见材料进行简单加工处理。 ⑤知道制作过程应遵循一定的顺序，制作简单的实物模型；尝试发现实物模型的不足，改进并展示。	④利用工具制作简单的实物模型，根据实际反馈结果进行改进并展示。

	1—2 年级	3—4 年级	5—6 年级
学业要求	能基于观察提出并描述一个简单的制作问题。 能利用具体形象思维进行设计，并用简单草图说出设计思路。 能使用常见的工具和材料制作简单实物模型，能发现实物模型的不足。 具有实物制作的兴趣，乐于表达、讲述自己的想法。	能提出满足一定限制条件的简单设计问题和多种设计方案。 能用多种方式说明设计思路，选择适当的方案。 能完成实物模型制作，发现实物模型的不足并进行改进。 具有技术与工程方面的操作兴趣，愿意动手尝试。	能提出满足一定限制条件的简单工程问题，知道验收标准，了解设计方案中各种因素间的关系。 能基于所学科学知识，应用创造性思维的方法提出多种设计方案，基于批判性思维评价并优化设计方案。 能制作实物模型，并基于证据改进实物模型的设计和制作。 乐于尝试多种设计方案，初步具有质疑、创新的态度；知道技术与工程需要实事求是，能如实记录相关信息和正确对待作品的缺陷。

7—9 年级重点词汇：定义和界定、实际工程问题、限制条件、验收标准、模拟分析、检验作品、迭代改进、实际工程问题及验收标准、模拟分析和预测、计算思维、批判性思维、检验作品、质疑。

【重点词汇辨析】

1. 设计、工程设计、物化

设计、工程设计、物化这三个概念在工程设计领域中经常被使用。

设计：是基于一定设想、有目的、有规划的创造活动，设计是工程中的关键环节，是指在解决问题或实现目标的过程中创造性地构思和规划出一个产品、系统或解决方案的过程。技术创新、技术产品开发、新工艺的改进、工程制作等都需要设计。设计强调的是在理论和概念层面上的创造性思维，通过分析、评估和优化来确定最佳的设计方案。设计过程通常涉及需求分析、概念设计、详细设计等阶段，以及用图纸、模型、算式等方式进行设计表达和验证。设计的概念范围更宽泛，还包括艺术设计、教学设计等。设计不仅仅是解决问题，更多的是关于对人造事物的构想与规划，为了解决人与人交互中的棘手问题而进行的对人造事物的构想与规划。

工程设计：在建设工厂、矿山、铁路、桥梁及建筑工程之前，按照国家标准，结合生产实践、科学技术及经济发展情况，经过调查研究和科学分析，进行周密思考及计算绘图工作，最后提出作为建设施工依据的设计文件及图纸的过程。也是人们运用科技知识和方法，有目标地创造工程产品构思和计划的过程，几乎涉及人类活动的全部领域。

物化：人的思想观念通过实践转化为具有物质形态的现实存在，是使作品从设想变为现实。在工程和科学领域，物化是将设计、计划或想法转化为可见、可测量或可操作的实际产品或系统的过程。物化过程涉及使用适当的材料、技术和方法，以及实施必要的加工、装配和制造过程。工程中物化的最终结果是物质的而不是想象的。在工程中，我们经常需要把设计方案物化，也就是将设计方案具体化、实体化。它通过使用各种工具和技术手段，将设计方案转化为实际的产品、系统或解决方案的形态。设计方案物化可以包括绘制图纸、制作模型、编写详细说明书、制作样品等，以便更好地展示和传达设计的内容和意图。在物化的过程中，加工处理是必不可少的，加工处理是指对材料进行加工和处理的过程，以获得所需的形状、尺寸、性能或其他特性。加工处理可以包括各种加工方法，如切割、成形、焊接、热处理等。通过加工处理，原始材料可以转化为最终产品或组件，并具备所需的功能和性能。

总而言之，设计是一个创造性的过程，涉及构思和规划一个产品、系统或解决方案。工程设计是有目标地创造工程产品构思和计划的过程。设计比工程设计更广泛，还包括艺术设计、教学设计等。物化是将抽象的概念转化为实际的产品或系统的过程，设计方案物化是将设计方案具体表达出来，使之成为实际可见的形态，而加工处理则是将材料转化为最终产品的关键步骤。

2. 人工实体、产品、结果

人工实体、产品、结果这几个概念在工程和项目管理中经常被使用。

人工实体：人工创造或制造出来的具体物体或系统，与自然存在的实体相对。人工实体可以是人类设计、构建或制造的产品、工具、设备、机器等，也可以是人类创造出来的艺术作品、建筑物、交通系统等。人工实体的创造是人类智慧和技术的结晶，人类利用它们来满足各种需求或解决问题。人工实体的范围非常广泛，涵盖了科学、工程、艺术、技术等领域中人类创造的各种物质和非物质形式。

产品：工程的结果，是经过加工、制作，用于销售的动产，是指由人工加工或制造而成的可用、有形的物品、设备、工具或系统。产品可以是最终消费品，如电子产品、家具或汽车，也可以是用于生产其他产品的组件或设备。产品的开发和制造通常涉及从概念设计到工程设计、原型制作、生产制造等一系列过程。科学课程中的物化，是实际工程的简化，主要集中在工具的使用、材料的选择和加工等方面。不属于产品的物品包括：①动物，动物也是物，但不是产品，因为动物并非人们加工、制作的动产；②军工产品，武器装备、弹药及其配套物品，包括专用原材料、元器件等，属于禁止流通物，不能任意进入市场流通；③电力，人类制造或者生产、控制、输送和在商业中推销的能源之一，属于产品的范畴，但因其有高度危险，不认为其是产品；④人体器官。

结果：在哲学上与“原因”相对，构成辩证法的一对范畴，是指通过实施特定活动、过程或计划所获得的最终成果或输出。在工程和项目管理领域，结果是指项目目标的实现或预期的成果。结果可以是产品、服务、数据、信息或其他可衡量或可观察的成果。结果可以根据预定的指标、标准或要求进行评估和验证。

3. 立体模型、戏剧、故事

在工程实践中，立体模型、戏剧和故事都是用来传达和表达信息的工具或形式，但它们有着不同的特点和用途。

立体模型：根据实物、设计图或设想，按比例、形态或其他特征制成的同实物相似的物体。是通过物理构建或数字建模的方式呈现出来的三维实体。模型通常是经过处理的简化系统，但能体现原系统的本质特征，是描述和理解系统的有效工具。真实世界很复杂，但可以用简化的模型来描述，例如在设计阶段，示意图也是一种模型。立体模型主要用于展示和演示物体的形状、结构和功能，以便更直观地理解和沟通设计方案。它在工程实践中被广泛应用，用于设计评审、原型验证、展示推广等方面。

戏剧：由演员扮演角色，当众表演情节、显示情境的一种艺术，是综合艺术的一种，在中国，戏剧是戏曲、话剧、歌剧等的总称。它是一种艺术形式，通过演员表演、舞台布景、对白等手段来展现故事情节和人物形象。在工程实践中，戏剧可以用于教育和宣传的目的，通过生动的表演和情节讲述，向观众传递相关的工程知识、技术原理或社会问题。戏剧可以激发观众的兴趣，增进他们对工程实践的理解和认识。例如，科普剧就是以戏剧的形式围绕某一科学主题开展的学习、交流和表演等展示活动。这类学习活动的目的是让学生学以致用，把学到的抽象知识用具体的行为展示出来。在活动中，学生扮演不同角色，从不同的角度去认识同一个事物，从而学会辩证地看待事物的意识和习惯。

故事：文学体裁的一种。侧重于事件过程的描述，强调情节的生动性和连贯性。它是一种叙事方式，通过描述一系列事件、情节和人物来传达特定的信息和主题。在工程实践中，故事可以用来讲述和解释工程项目的背景、目标、过程和成果。通过构建一个引人入胜的故事情节，将抽象的概念和技术内容转化为生动的故事情节，有助于吸引听众的注意力、加强对信息的记忆和理解。

总而言之，立体模型主要用于呈现物体的形状和结构，戏剧主要用于表演和教育宣传，故事主要用于叙述和解释工程项目的过程和结果。它们各自在工程实践中发挥着独特的作用，并可根据具体的目的和需求进行选择和应用。

4. 操作兴趣、创意、创新、创造

操作兴趣、创意、创新和创造是相互关联的，是创造性思维和行为的相关概念，但它们又有一些区别。

操作兴趣：一个人对于参与某项活动或进行某种操作的兴趣、喜好或愿望。

它是个人对于特定任务或领域的积极态度和投入程度，使其愿意主动参与并享受其中的过程和结果。操作兴趣可以涉及各个方面的活动和领域，例如科学实验、艺术创作、体育运动、手工制作等。当一个人对某项操作或活动产生兴趣时，他们往往表现出主动性、持久性、心理满足感、自我驱动力等几个特点。操作兴趣对于个人的发展和成长具有重要意义。它可以激发个人的创造力、积极性和动力，促使个人在感兴趣的领域中不断学习、实践和提升。对于教育和培养来说，了解和培养学生的操作兴趣非常重要，可以帮助他们找到自己的兴趣所在，并在相关领域中发展和成长。

创意：创造新意或新的意境，开创性的想法、构思等，指产生新颖、独特和有价值的想法、观念或概念的能力。创意强调的是思维的灵活性和独创性，能够提出新的解决方案、设计、构思或方法。创意可以是个人的，也可以是团队的，它是创新和创造的起点。

创新：抛开旧的，创造新的，是指将创意转化为实际应用的过程。创新是通过对创意进行改进、开发和实施，使其能够产生实际价值和影响。创新可以是技术上的，也可以是商业上的，它强调的是将新的想法、产品或服务应用到实际生活或市场中，实现变革和进步。

创造：做出前所未有的事情，制造、构建或产生新的物质实体、艺术作品或概念。创造可以是艺术上的，也可以是工程上的，它强调的是通过独特的创造过程和手段，产生新的实体或表达。创造可能涉及创意和创新，但它更着重于创作的过程和结果。

创意是创新和创造的源头，创新是创意的实践，而创造则是创新的表现形式之一。这些概念常常在创造性思维和创造性活动中相互交织和互相促进。

5. 形象思维、创造性思维、批判性思维

形象思维、创造性思维和批判性思维是三种不同的思维方式。

形象思维：通过感知、观察、想象来理解和表达事物的思维方式，是艺术欣赏和艺术创作过程中所进行的主要的思维活动和思维方式。它强调使用感官、直觉去感知和理解世界，通过形象化的思维过程来探索事物的特征、关系和意义。

形象思维常常与艺术、设计和创造性活动相关，可以帮助人们以图像、图表、模型等形式表达和传递想法。它遵循认识的一般规律，即通过实践由感性阶段发展到理性阶段，达到对事物本质的认识和把握。但又有其特殊规律：即须通过特殊的个体去显现它的一般意蕴，因此形象思维不能脱离具体的形象，不能抛弃事物的现象形态。形象思维又常常伴随着强烈的感情，情感的逻辑起着重大的作用。

创造性思维：人类的一种独特的思维活动，是一种能够产生新的、有独创性的观念和解决方案的思维方式。它涉及突破传统思维模式和创新思考，鼓励人们以不同的角度看待问题，寻找新的关联和联系。创造性思维通常需要激发想象力、培养开放的心态，并使用各种创造性技巧和方法，如联想、随机性、逆向思维等。它具有开放性、开拓性、灵活性、独创性、新颖性等基本特点。主要有横向思维、求异思维、发散思维、想象思维、直觉思维等表现形式。在创造性思维中，敏锐的洞察力、丰富的想象力、渊博的科学知识等智力因素，正确的动机、浓厚的兴趣、热烈的情感、坚强的意志和独立自主的创造性性格等非智力因素，都起着重要作用。

批判性思维：亦称“审辩式思维”，通常指一种有目的、反思性的思维过程或判断力，是一种评估和分析观点、论据和信息的思维方式。它强调通过逻辑推理、证据分析和评价技巧来评估思想的合理性、可靠性和有效性。批判性思维涉及质疑和审查现有观点，并寻求更准确和有根据的解释。它有助于人们培养批判性思考、逻辑推理和解决问题的能力。

6. 设计问题、制作问题、工程问题

设计问题：关于如何创造一个新的产品或系统，以满足特定的需求或解决特定的问题。它涉及对用户需求的理解、市场趋势的分析以及技术可行性的考虑。设计问题的求解过程是从调查需求、分析信息开始的。它强调的是在理论和概念层面上的创造性和创新性思维，以及通过分析、评估和优化来确定最佳的设计方案。设计问题通常关注功能、性能、可靠性、可制造性等方面的要求，并通过绘图、模型或计算等方式进行设计表达和验证。

制作问题：主要关注如何将设计转化为实际的产品或系统。它强调的是如何

按照给定的要求、规范和指导进行具体的操作和加工，以完成预定的制造任务。制作问题涉及材料选择、加工工艺、装配过程、成本控制等具体的制造细节和操作步骤的决策。例如，如何选择合适的材料来制造一个产品，或者如何确定最佳的生产流程来降低成本并提高效率。

工程问题：涉及技术实现、性能优化、安全性评估等方面的决策，是关于如何实现一个已经存在的产品或系统，以满足特定的要求或标准。例如，如何确保一个机械装置的稳定性和可靠性，或者如何优化一个电子系统的性能。工程问题涵盖了制作和设计问题，并扩展到更广泛的范围，包括项目管理、资源调配、风险管理、成本控制等方面的考虑。工程问题通常需要综合运用多学科的知识和技术，以达到项目目标和要求。

这些问题在工程实践中经常出现，它们有不同的关注点和挑战。设计问题注重创造性思维和最佳解决方案的确定，制作问题强调具体的操作和加工细节，而工程问题则需要综合考虑多个方面的因素，并解决实际项目中的各种挑战和问题。

7. 定义问题、界定问题

定义问题和界定问题在解决问题的过程中都是必不可少的步骤，但它们的含义和目标各不相同。

定义问题：对一个问题的本质特征或一个概念的内涵和外延的确切而简要的说明。换句话说，定义问题是要明确问题的主题和关键要点，确定问题的具体内容和范围，以便更好地理解问题的本质和目标。定义问题的过程通常包括确定问题的关键词、概念和要素，阐述问题的背景和目的，并清楚说明需要解决的具体方面。

界定问题：进一步限定问题的范围、条件和约束。它涉及对问题进行边界设定，以便明确问题的限制和可行性。界定问题的过程通常包括确定问题的范围、时间、空间限制，考虑问题的条件和限制因素，并确定解决问题的可行性和可操作性。包括划清问题的边界、判断问题的轻重、梳理分析问题的方向等内容。界定问题是要确保我们对问题的理解是准确的，没有遗漏或误解。这通常涉及对问题的深入探究，以揭示其背后的原因和动机。

定义问题强调对问题本质和目标的明确描述，是要确定“什么是问题”，而界定问题强调对问题范围和条件的明确限定，是要确定“问题在哪里”以及“问题究竟是什么”。两者相辅相成，都对解决问题起到重要的指导和约束作用。

8. 限制条件、工程标准、验收标准

在工程中，存在许多限制条件，这些条件可以影响工程设计、施工和运行等各个方面。而工程标准和验收标准在质量管理和项目评估中具有不同的作用和含义。

限制条件：一些常见的工程限制条件有时间限制、资源限制、质量要求、环境影响、成本限制、技术限制、法律和法规要求等。时间限制：工程项目需要在预定的时间范围内完成，包括设计、施工和交付等阶段，时间限制可以是硬性的，例如合同约定的截止日期，也可以是项目管理的要求。资源限制：工程项目需要合理配置和利用资源，包括人力资源、物资和设备等，资源限制可以涉及成本、供应链、技术能力等方面。质量要求：工程项目需要满足一定的质量标准和规范，确保工程的可靠性、安全性和功能性，质量要求可以涉及材料选择、工艺控制、测试和检验等方面。环境影响：工程项目需要考虑对环境的影响，并遵守相关的环境法规和标准，这可能涉及减少污染、节能减排、生态保护等措施。成本限制：工程项目需要在预算范围内进行，并控制成本的增长，成本限制可以包括材料成本、人工成本、运营成本等。技术限制：工程项目需要考虑整体可行性和技术可行性，根据可用的技术和资源来设计和实施，技术限制可能涉及技术标准、设备能力、工艺限制等。法律和法规要求：工程项目需要遵守相关的法律法规和行业标准，包括建筑法规、安全标准、劳动法规等。这些限制条件在工程项目的不同阶段会有不同的影响，工程团队需要综合考虑这些限制条件，并在其范围内进行设计和实施，以确保工程的顺利进行和达到预期的目标。比如，在制作救援降落伞的工程任务中，学生需要考虑每个环节的时间限制，要考虑测试资源和材料资源的限制，要考虑降落伞的质量要求，要考虑外界环境的影响，要考虑制作的成本限制，制作的技术限制，以及关注安全守则（法律和法规）等具体要求。

工程标准：为了确保工程项目在设计、施工、测试、验收和运营过程中达到一定质量和安全要求，从而实现一致性、可靠性和可持续性的指导性文件或准则。这些标准通常由专业组织、行业协会或政府机构制定，以规范工程领域的实践。

验收标准：2016 年公布的管理科学技术名词，是项目交付物必须满足的标准，包括工作结果要求说明书，以及各项重要的条件，是在特定项目或任务中用于评估和确认工作完成情况的一组规范或标准。验收标准根据项目的具体要求和目标进行制定，它们描述了在完成项目或任务后需要满足的特定条件、质量标准、性能指标等。验收标准通常与特定的合同、协议或项目规范相关联，用于确保项目交付的质量和符合预期的要求。在工程领域中，工程验收标准是在工程项目完成后，进行验收和交付之前所必须满足的一系列要求和检查项目。这些标准的目的是确保工程项目按照预定的设计要求和规范完成，满足客户的需求，并符合相关法律法规和行业标准。比如，制作降落伞的工程项目中，降落伞要能自主开伞、平稳降落并携带约 200 克的重物等。

总之，限制条件可以影响到工程设计、施工和运行的各个方面，工程标准是一种普遍适用的工程准则或规范，用于指导和规范特定领域的活动，而验收标准是在特定项目或任务中用于评估和确认工作完成情况的一组规范或标准。限制条件是必须考虑和遵守的，标准是更广泛和通用的，而验收标准是更具体和项目相关的。

9. 设计思路、草图、设计方案

设计思路、草图和设计方案是设计过程中不同层次和形式的表达和思考方式。

设计思路：设计师在解决问题或实现目标时采取的思考方式、理念和策略。它是设计师在设计过程中形成的关于问题的理解、目标的定位以及解决方案的方向性思考。设计思路强调的是设计的理念、创意和方法，它对整个设计过程起着指导和驱动的作用。

草图：一般不用制图仪器，而徒手绘出的工程图样，不要求十分精确，常用来作为绘制正式图样的依据。草图是设计过程中用来表达和记录创意和设计思路的简单、快速的手绘或草稿。草图通常是初步的、粗糙的表达，用于捕捉设计师的想法和构思，展现设计的大致方向和形态。草图可以是简单的线条图、示意图或图纸，用于展示设计的外形、功能、布局等关键要素，有助于设计师和团队之间的沟通和讨论。

设计方案：对拟建项目产品方案、技术方案、总图等方面从技术经济角度所做出的具体安排，是根据设计思路制定的具体的实施方案。它是在设计思路的基础上，通过对问题进行分析、评估和细化，提出具体的设计方案和解决方案。设计方案包括了设计的具体内容、构思和实施的方法、设计的要素和特点等，它是设计思路在实践中的具体体现。一个拟建项目可采用的设计方案可以是多种多样的。因此，在可行性研究中，应根据具体情况进行多方案的比较。多方案比较可以针对整个设计方案，也可以针对设计方案的某一环节或某方面的内容而定。

这三个概念在设计过程中有不同的层次和关联，是设计过程中不同阶段和表达形式的重要组成部分。

10. 反馈结果、优化设计、迭代改进

反馈结果、优化设计、迭代改进这几个概念在工程领域中非常常见。

反馈结果：在一个系统或过程中，根据输出的结果或效果返回的信息或评估，用于评估和调整系统的运行，以便使系统能够更好地达到预期的目标或要求。在工程实践中，反馈结果起着重要的作用。它可以提供有关系统性能、效果或质量的信息，以便评估系统是否满足设计要求或达到预期目标。反馈结果可以包括实验数据、测量结果、用户反馈、性能评估等。通过分析和解读这些反馈结果，工程师可以了解系统的运行情况，发现问题或改进的空间，并采取适当的措施进行调整和优化。反馈结果在工程实践中具有评估系统性能、发现问题和改进机会、调整和优化系统、改善用户体验等作用。

优化设计：通过对产品或系统的设计进行改进和调整，以提高性能、效率、质量或其他方面的优点。优化设计的目标是找到最佳的设计方案，使其在满足需

求的同时尽可能地优化各个方面。这通常涉及分析和评估不同的设计选择，进行模拟和实验，并根据结果进行调整和改进。

迭代改进：通过逐步、渐进的方式对产品、过程或系统进行改进。迭代改进的过程通常是循环性的，包括评估现有状态、识别问题、制定改进方案、实施改进措施，然后再次评估和反馈。这种持续的循环可以不断优化和改进产品或系统，使其逐步达到更高的性能和具有更好的效益。

总而言之，反馈结果在工程实践中是一种重要的信息来源，它可以帮助评估系统性能、发现问题，以及调整和优化系统设计和运行方式。优化设计和迭代改进是提高产品和系统性能的重要手段。它们在工程实践中相互关联，共同为实现工程目标提供支持和方法。

11. 可能性、合理性、可行性

可能性、合理性和可行性是三个相关但不完全相同的概念，它们在不同的背景下有不同的含义。

可能性：某件事情发生或存在的程度或概率。它涉及事情实现的可能性或发生的可能性，可以是高或低的程度。可能性并不一定表示事情的合理性或可行性，仅仅表示事情发生的可能性大小。

合理性：哲学概念，指事物所具有的合乎理性的性质、状态或存在方式，是事物或行为与逻辑、常识、道理相符合的程度。它涉及事物的合理性、合乎情理和合乎常规。合理性强调的是逻辑的合理性、推理的合理性以及符合人们的思维方式和认知规律。

可行性：事物或行为能够在实践中有效地实现的程度。它涉及事物的可行性、可实施性和可操作性。可行性考虑的是实际操作的可行性，包括技术上的可行性、经济上的可行性和资源上的可行性。

综上所述，可能性、合理性、可行性在评估、决策和规划等方面都起着重要作用，但强调的侧重点略有不同。

【常见疑惑问答】

1. 成人（工程师）工程活动包括哪些任务类型？

成人工程活动涵盖了多个任务类型，根据不同领域和专业的需求可能会有所不同。以下是一些常见的成人工程活动任务类型：

（1）设计任务。成人工程师通常从头开始设计和开发新产品、系统或解决方案。他们需要收集需求、制定设计目标、进行概念设计、详细设计和验证等工作。

（2）分析任务。成人工程师可能需要进行各种分析任务，如性能分析、结构分析、风险分析等。这些分析任务可以帮助他们评估设计的可行性和可靠性。

（3）优化任务。在已有设计基础上，成人工程师可能需要进行优化任务，以改进产品或系统的性能、效率或成本。这可能涉及参数调整、材料选择、工艺改进等。

（4）检测和测试任务。成人工程师需要进行产品或系统的检测和测试，以确保其符合规范和要求。这可能包括性能测试、功能测试、可靠性测试等。

（5）技术支持任务。成人工程师可能需要提供技术支持，解决产品或系统使用过程中的问题，与客户或团队进行沟通和协作。

（6）项目管理任务。对于大型工程项目，成人工程师可能需要负责项目管理任务，包括计划制定、资源管理、进度控制、团队协调等。

（7）创新任务。成人工程师可能需要进行创新任务，如研发新技术、改进现有技术、提出新的解决方案等。这些任务类型并不是互相独立的，通常在实际工程项目中会相互交叉和综合应用。不同的领域和专业可能有特定的任务类型，但以上列举的任务类型涵盖了成人工程活动的主要范畴。

一个完整的工程实践活动主要包括以下环节：策划、评估、决策、设计、施工、竣工验收。

2. 儿童和成人的工程活动有哪些区别？

儿童的工程活动与工程师的工程活动，既有一定的联系，又有明显的区别。

无论是儿童还是工程师的工程活动目标都是为了解决问题，主要环节也是类似的。但工程师的工程活动目标更加明确，一般指向制造，而儿童的工程活动指向的是儿童学习。面向儿童的工程活动和成人工程师的工程活动在以下几个方面存在区别：

（1）复杂程度。面向儿童的工程活动通常更简化，针对性强，以适应他们的认知水平和技能发展阶段。这些活动通常涉及基础的科学原理和简单的工程原则，以帮助儿童理解基本概念和培养兴趣。而成人工程师的工程活动则更加复杂和专业化，需要较多的领域知识和技术能力。

（2）设计目标。面向儿童的工程活动通常注重培养创造力、解决问题和团队合作的能力，鼓励他们在实践中探索和发现。这些活动的设计目标是激发兴趣、培养动手能力和启发创新思维。相比之下，成人工程师的工程活动更加注重解决实际问题和满足特定需求，涉及更多的工程原则和技术应用。

（3）工具和材料选择。面向儿童的工程活动通常使用简单的工具和材料，以确保安全性和易操作性。这些活动的工具和材料通常经过特别选择，适合儿童使用。而成人工程师的工程活动则使用更多的专业工具和材料，能够支持复杂的设计和工程实践。

（4）指导和监督。面向儿童的工程活动通常需要更多的指导和监督，以确保他们的安全和学习效果。成人工程师的工程活动则更加独立和自主，他们通常有更高的专业知识和技能，可以独立进行设计和实施。

总而言之，面向儿童的工程活动主要注重启发兴趣、培养创造力和动手能力，而成人工程师的工程活动则更加专业和复杂，注重解决实际问题和满足特定需求。

3. 技术与工程活动包括哪些任务类型？

《义务教育科学课程标准（2022 年版）》提出工程需要经历 6 个过程：①明确问题：要考虑材料、时间、成本等限制条件和验收标准等；②设计方案：利用各种方式说明设计思路，提出可能的方案，选择优化方案；③实施计划：利用适当的工具和材料，制作出作品；④检验作品：发现实际作品与设计方案的差距；

⑤改进完善：修改作品的缺陷，包括修改设计方案；⑥发布成果：作品展示，相互交流，制作实物模型并依据实际反馈结果，对实物模型进行迭代改进，最终进行展示。

科学教育中的工程活动通常包括以下任务类型：①设计任务：学生通过设计和构建实际的产品或系统来解决问题，这可能涉及制作模型、设计实验、构建机械装置等；②调查任务：学生通过实地考察、采集数据、进行观察和实验等方式，收集和分析信息，了解问题的背景和现状；③问题解决任务：学生面对具体的问题或挑战，通过运用科学知识和技能来提出解决方案，并进行实验和测试以验证解决方案的有效性；④数据分析任务：学生需要收集、整理和分析数据，通过图表、图像和统计方法等方式，从数据中提取有用的信息，并得出结论；⑤模型构建任务：学生使用模型、图表、图像等方式，展示和解释科学概念和原理，帮助理解复杂的现象和过程；⑥团队合作任务：学生在团队中合作完成工程项目，分工合作、共同解决问题，并展示和分享成果；⑦创新任务：学生被鼓励提出新颖的想法和解决方案，推动科学的发展和创新，培养创造性思维和实践能力。这些任务类型有助于学生在科学教育中运用科学知识和技能，培养解决问题、合作和创新的能力。工程活动通过实践和实践中的科学探究，激发学生的兴趣和好奇心，培养他们的科学思维和实践能力。

4. 工程需要定义、界定什么？

在工程活动中，需要进行问题的定义和任务的界定。工程需要定义简单的实际工程问题，分析限制条件，提出验收标准等。工程的重点是从明确问题开始，从简单的制作到复杂的装置，均满足一定的要求和流程。与技术相比，工程更注重规范和流程，而不仅仅是做出一个作品。在工程实践中，各学段都需要先明确工程的要求，差别是不同学段的要求逐渐增加，从最开始的手工制作逐步到解决实际问题，即工程实践从模拟向真实过渡。

问题的定义是明确和界定工程活动要解决的具体问题或需求。这包括了识别和描述问题的性质、范围、目标和限制条件等。问题的定义阶段需要充分了解背景信息、收集相关数据和进行必要的分析，以确保对问题的理解准确和全面，这里重点指向工程活动中的问题定义。

任务的界定是对工程活动的具体任务、目标和要求进行明确和界定。这包括了确定需要完成的具体任务、制定实施计划、明确资源需求、工程活动的具体内容和流程、约束条件、设定时间表和评估标准、工程质量的检测项目等。任务的界定阶段需要考虑到问题的需求、可行性、可实施性以及相关的约束条件，以确保工程活动能够达到预期的目标，这里重点指向工程活动中的任务界定。例如工程需要遵循社会道德伦理、公正公平准则，坚持以人为本、资源节约、环境友好、循环经济、绿色生产等原则。

通过问题定义和任务界定，工程才能够明确目标、确定方向，并为后续的工作提供指导和依据。这两个步骤是工程活动中至关重要的一部分，它们确保了工程活动能够明确问题和任务，从而有效地进行规划、执行和评估。

5. 工程设计活动通常包括哪些环节？

工程设计是编制建设工程设计文件的活动，它一般分为四个步骤：做可行性研究报告、做初步设计、做施工图设计、对施工队进行施工交底。在进行工程设计时，要注意做出的设计符合科学性、经济性、合理性三大原则，工程设计是否经济合理，对工程建设项目造价的确定与控制具有十分重要的意义。

工程设计活动通常包括以下环节：①需求分析：对问题或需求进行深入的调研和分析，了解客户或用户的具体需求和要求，明确设计的目标和约束条件；②概念设计：根据需求分析的结果，生成多个创意和概念方案，并对它们进行评估和筛选，选择最具可行性和设计方案；③详细设计：在选定的概念方案基础上，进行详细的设计工作，包括制定具体的设计方案、绘制详细的图纸、进行工程计算和分析等；④材料采购和准备：根据设计方案的要求，确定所需的材料和设备，并进行采购或准备工作，确保所需的资源能够及时到位；⑤建造模型：根据设计方案和详细图纸，进行实际的制造和建造工作，包括原型制作、构建物体、安装设备等；⑥测试和验证：对产品原型进行测试和验证，确保其符合设计要求和功能需求，同时检查是否存在问题或缺陷；⑦调整和改进：根据测试和验证的结果，对设计进行调整和改进，修正存在的问题或缺陷，提高产品或系统的性能和质量；⑧交付和使用：完成设计和制造后，将产品或系统交付给用户或客户，并提供相应的培训和支持，确保其正确使用和维护。以上环节并非严格的线性顺序，往往需要反复迭代和调整。工程设计活动是一个动态的过程，需要不断优化和改进，以满足需求和达到预期目标。

小学科学的工程设计：①阐述设计思路，可以借助表格、草图、立体模型等，说明自己的设计思路，重点突出创意部分；②提出多种解决方案；根据需求和限制条件，比较多种可能的解决方案；③探究各种影响因素；初步认识设计方案中各影响因素间的关系；④判断方案的可行性和合理性。基于有说服力的论证，认同或质疑某些设计方案，并初步判断其可行性和合理性；⑤优化设计方案，依据不同来源的证据、限制条件等因素，从需求层面优化设计方案。

6. 可以采用哪些教学策略来支持学生的学习？

在儿童工程活动中，可以采用以下典型的教学策略来支持学生的学习：

（1）探索式学习。鼓励学生主动观察、发现和探索，通过实际操作和实践经验来获得知识和理解。提供一系列开放性问题和任务，让学生自主探索解决方案，如头脑风暴、亲和图的教学策略。

（2）合作学习。组织学生进行小组合作，共同解决问题和完成任务。鼓励学生相互交流、分享观点和合作思考，培养团队合作和沟通能力。

（3）制定假设和工程迭代。引导学生提出问题、制定假设，并设计实验或工程迭代来验证假设。通过实际实验、观察结果和工程迭代，培养学生的科学方法、实证推理能力以及工程实践能力。如小组循环的教学策略。

（4）反思和总结。引导学生反思他们的学习过程和经验，总结所获得的知识和技能。鼓励学生表达他们的思考和观点，并与他人分享和讨论。

（5）基于项目的学习。以实际的工程项目为基础，让学生通过设计和制作实际产品或解决实际问题的方式来学习。将学科知识与实践结合起来，增强学生的应用能力和创新思维。

（6）提供丰富资源。让学生可以自由选择和利用各种资源和材料，包括图书、工具、模型、技术设备等，帮助学生更好地实践和实施他们的设计和构思。

（7）建立反馈机制：提供及时的反馈和评估，帮助学生了解他们的进展和改进的方向。通过教师评估、同伴评价和自我评价等方式，激发学生的学习动力和提高学习效率。

这些教学策略能够激发学生的学习兴趣、培养解决问题的能力、发展创新思维和提高团队合作能力，并将理论知识与实践应用结合起来，帮助学生在儿童工程活动中获得全面的学习经验。

参考文献

［1］辞海编辑委员会．辞海第七版［M］．上海：上海辞书出版社，2020.

［2］中国大百科全书编辑委员会．中国大百科全书（第三版）［M］．北京：中国大百科全书出版社，2021.

［3］中国社会科学院语言研究所词典编辑室．现代汉语词典（第7版）［M］．北京：商务印书馆，2016.

［4］胡卫平、刘守印．义务教育科学课程标准（2022年版）解读［M］．北京：高等教育出版社，2022.

［5］许洪才等．浅谈自然界能量·转化·守恒·成矿［J］．科技创新导报，2013，(01)：255-256.